北大中文文库

徐通锵文选

徐通锵 著／李娟 编选

北京大学出版社
PEKING UNIVERSITY PRESS

图书在版编目(CIP)数据

徐通锵文选/徐通锵著;李娟编选.—北京:北京大学出版社,2010.10
(北大中文文库)
ISBN 978-7-301-17811-9

Ⅰ.徐…　Ⅱ.①徐…②李…　Ⅲ.汉语-语言学-文集　Ⅳ.H1-53

中国版本图书馆 CIP 数据核字(2010)第 183130 号

书　　　名：徐通锵文选
著作责任者：徐通锵 著　李　娟 编选
责 任 编 辑：欧慧英
标 准 书 号：ISBN 978-7-301-17811-9/H·2646
出 版 发 行：北京大学出版社
地　　　址：北京市海淀区成府路 205 号　100871
网　　　址：http://www.pup.cn
电 子 邮 箱：zpup@pup.pku.edu.cn
电　　　话：邮购部 62752015　发行部 62750672　编辑部 62753374
　　　　　　出版部 62754962
印　刷　者：北京大学印刷厂
经　销　者：新华书店
　　　　　　650 毫米×980 毫米　16 开本　19 印张　360 千字
　　　　　　2010 年 10 月第 1 版　2010 年 10 月第 1 次印刷
定　　　价：35.00 元

未经许可,不得以任何方式复制或抄袭本书之部分或全部内容。
版权所有,侵权必究　举报电话：010－62752024
　　　　　　　　　　电子邮箱：fd@pup.pku.edu.cn

目　录

那些日渐清晰的足迹(代序)……………………………………… (1)
前　言…………………………………………………………… (1)

宁波方言的"鸭"[ε]类词和"儿化"的残迹
　　——从残存现象看语言的发展………………………………… (1)
音系中的变异和内部拟测法 ……………………………………… (17)
变异中的时间和语言研究 ………………………………………… (40)
结构的不平衡性和语言演变的原因 ……………………………… (63)
语义句法刍议
　　——语言的结构基础和语法研究的方法论初探 ……………… (87)
音系的结构格局和内部拟测法
　　——汉语的介音对声母系统演变的影响…………………… (114)
说"字"
　　——语言基本结构单位的鉴别与语言理论建设……………… (143)
编码的理据性和汉语语义语法形态的历史演变
　　——附论语言结构异同的比较研究与语言理论建设……… (163)
字组的生成和语汇中的语法规则………………………………… (200)
字的语法化的"阶"和汉语语义句法的生成……………………… (226)
语言范畴的性质和表达的研究…………………………………… (243)
有定和无定………………………………………………………… (257)

徐通锵先生主要学术活动年表…………………………………… (270)
编后记……………………………………………………………… (278)

那些日渐清晰的足迹(代序)

随着时光流逝,前辈们渐行渐远,其足迹本该日渐模糊才是;可实际上并非如此。因为有心人的不断追忆与阐释,加上学术史眼光的烛照,那些上下求索、坚定前行的身影与足迹,不但没有泯灭,反而变得日渐清晰。

为什么?道理很简单,距离太近,难辨清浊与高低;大风扬尘,剩下来的,方才是"真金子"。今日活跃在舞台中心的,二十年后、五十年后、一百年后,是否还能常被学界记忆,很难说。作为读者,或许眼前浮云太厚,遮蔽了你我的视线;或许观察角度不对,限制了你我的眼光。借用鲁迅的话,"伟大也要有人懂"。就像今天学界纷纷传诵王国维、陈寅恪,二十年前可不是这样。在这个意义上,时间是最好的裁判,不管多厚的油彩,总会有剥落的时候,那时,什么是"生命之真",何者为学术史上的"关键时刻",方才一目了然。

当然,这里有个前提,那就是,对于那些曾经作出若干贡献的先行者,后人须保有足够的敬意与同情。十五年前,我写《与学者结缘》,提及"并非每个文人都经得起'阅读',学者自然也不例外。在觅到一本绝妙好书的同时,遭遇值得再三品味的学者,实在是一种幸运"。所谓"结缘",除了讨论学理是非,更希望兼及人格魅力。在我看来,与第一流学者——尤其是有思想家气质的学者"结缘",是一种提高自己趣味与境界的"捷径"。举例来说,从事现代文学或现代思想研究的,多愿意与鲁迅"结缘",就因其有助于心灵的净化与精神的提升。

对于学生来说,与第一流学者的"结缘"是在课堂。他们直接面对、且日后追怀不已的,并非那些枯燥无味的"课程表",而是曾生气勃勃地活跃在讲台上的教授们——20世纪中国的"大历史"、此时此地的"小环境",讲授者个人的学识与才情,与作为听众的学生们共同酿造了诸多充满灵气、变化莫测、让后世读者追怀不已的"文学课堂"。

如此说来,后人论及某某教授,只谈"学问"大小,而不关心其"教学"好坏,这其实是偏颇的。没有录音录像设备,所谓北大课堂上黄侃如何狂放,黄节怎么深沉,还有鲁迅的借题发挥等,所有这些,都只能借助当事人或旁观者的"言说"。即便穷尽所有存世史料,也无法完整地"重建现场";但搜集、稽考并解读这些零星史料,还是有助于我们"进入历史"。

时人谈论大学,喜欢引梅贻琦半个多世纪前的名言:"所谓大学者,非谓有大楼之谓也,有大师之谓也。"何为大师,除了学问渊深,还有人格魅力。记得鲁迅《关于太炎先生二三事》中有这么一句话:"先生的音容笑貌,还在目前,而所讲的《说文解字》,却一句也不记得了。"其实,对于很多老学生来说,走出校门,让你获益无穷、一辈子无法忘怀的,不是具体的专业知识,而是教授们的言谈举止,即所谓"先生的音容笑貌"是也。在我看来,那些课堂内外的朗朗笑声,那些师生间真诚的精神对话,才是最最要紧的。

除了井然有序、正襟危坐的"学术史",那些隽永的学人"侧影"与学界"闲话",同样值得珍惜。前者见其学养,后者显出精神,长短厚薄间,互相呼应,方能显示百年老系的"英雄本色"。老北大的中国文学门(系),有灿若繁星的名教授,若姚永朴、黄节、鲁迅、刘师培、吴梅、周作人、黄侃、钱玄同、沈兼士、刘文典、杨振声、胡适、刘半农、废名、孙楷第、罗常培、俞平伯、罗庸、唐兰、沈从文等(按生年排列,下同),这回就不说了,因其业绩广为人知;需要表彰的,是1952年院系调整后,长期执教于北大中文系的诸多先生。因为,正是他们的努力,奠定了今日北大中文系的根基。

有鉴于此,我们将推出"北大中文文库",选择二十位已去世的北大中文系名教授(游国恩、杨晦、王力、魏建功、袁家骅、岑麒祥、浦江清、吴组缃、林庚、高名凯、季镇淮、王瑶、周祖谟、阴法鲁、朱德熙、林焘、陈贻焮、徐通锵、金开诚、褚斌杰),为其编纂适合于大学生/研究生阅读的"文选",让其与年轻一辈展开持久且深入的"对话"。此外,还将刊行《我们的师长》、《我们的学友》、《我们的五院》、《我们的青春》、《我们的园地》、《我们的诗文》等散文随笔集,献给北大中文系百年庆典。也就是说,除了著述,还有课堂;除了教授,还有学生;除了学问,还有心情;除了大师之登高一呼,还有同事之配合默契;除了风和日丽时之引吭高歌,还有风雨如晦时的相濡以沫——这才是值得我们永远追怀的"大学生活"。

没错,学问乃天下之公器,可有了"师承",有了"同窗之谊",阅读传世佳作,以及这些书籍背后透露出来的或灿烂或惨淡的人生,则另有一番滋味在心头。正因此,长久凝视着百年间那些歪歪斜斜、时深时浅,但却永远向前的前辈们的足迹,有一种说不出的感动。

作为弟子、作为后学、作为读者,有机会与曾在北大中文系传道授业解惑的诸多先贤们"结缘",实在幸福。

陈平原
2010 年 3 月 5 日于京西圆明园花园

前　言

徐通锵先生(1931年11月16日—2006年11月25日)是中国当代著名的语言学家,浙江宁海人。1952年徐先生从浙江省立宁波中学高中毕业,考入北京大学中文系语文专业。1956年毕业留校后,在中文系语言学教研室师从著名语言学家高名凯先生从事理论语言学的教学和研究,先后任北大中文系助教、讲师、副教授、教授。徐先生毕生工作在教学一线,几十年培养了大批学生,同时在汉语音韵、方言、语法等领域都有广泛深入的研究,尤其在语言学理论研究方面颇多创见,对中国理论语言学的发展产生很大影响。

由于特殊的社会历史原因,从20世纪50年代末到70年代末,高校正常的教学科研环境受到很大影响,因此直到20世纪70年代后期,徐先生才真正得以专心于语言教学与研究。他的主要学术成就也都集中于此后的研究。

徐先生的研究大致可分为三个阶段。第一个阶段是从20世纪70年代末到80年代初,与同在北大中文系语言学教研室任教的叶蜚声先生合作,对中国现当代语言学研究历史进行系统的梳理和反思,总结成功的经验和失败的教训。这是一个正本清源的过程。徐先生晚年回顾自己的学术研究历程时,多次谈到这个阶段的历史总结在其个人学术探索中的重要性。这使他的研究从一开始就立足于对汉语研究历史和现实的较为清醒的认识上。实际上,这种认真系统全面的反思对当时刚刚重新步入正轨的中国语言学研究也是极为必要的。这期间徐先生和叶先生合作发表了《"五四"以来汉语语法研究评述》(1979)、《译音对勘与汉语的音韵研究》(1980)等多篇分量很重的论文,在学界很有影响。徐先生认为,中国语言学研究必须改变理论上的"空对空"或生搬硬套,要立足于汉语走西方理论和汉语言实际相结合、现代理论和中国传统研究相结合的道路。这成为徐先生在此后的语言研究中所一直坚持的方向。

　　二位先生合著的《语言学纲要》也是这一时期的成果。这部关于基础语言学理论的教材以结构主义语言观念和理论方法为基础,结合汉语的特点,对语言系统的性质做了简明清晰的阐述,在各高校的语言学教学中影响非常广泛。

　　对历史的回顾也促使徐先生明确了自己进一步语言研究的切入点。他认为,从语言理论和汉语实际结合的历史看,汉语的历史音韵研究要比汉语语法研究成效好,它的研究思路是值得借鉴的。由此徐先生开始侧重于历史语言学研究,进入其语言研究的第二个阶段。80年代初徐先生曾赴美国加州大学柏克莱分校进修访学一年。他把主要时间精力用于了解历史语言学的最新进展和发展趋向,尤其对新兴的语言变异的思想非常感兴趣。这影响了他后来的历史语言研究。在这一研究阶段,徐先生做了大量深入细致的方言调查。他努力把西方语言学的理论方法和现代方言材料、传统音韵学的文献材料及研究成果结合起来,为解释汉语的方言变异现象和历史音变的关系,探求其背后的机制原理,寻找到新的途径。这一时期,徐先生发表许多有影响的论文,代表性著作为《历史语言学》。这部著作介绍了西方历史语言学的各种重要理论方法,并结合汉语方言和文献材料,对许多汉语音变现象做出深入的分析阐释,同时还从"文白异读"现象入手,结合语言变异理论,提出了"叠置式音变"这一新的音变方式,突破了原有音变理论的局限,推进了历史音变理论的发展完善。

　　徐先生的历史语言学研究在理论上不同于传统结构主义同质的、静态的、封闭的语言观念,强调语言系统的多层次性、变异性和动态平衡的状态,同时也揭示出语言结构中语音、语法等不同层面间的结构关联。这种新的理论视角和在历史研究中遇到的一些问题促使徐先生对汉语结构特点以及汉语研究的根本点有了许多新的思考。根据与徐先生的私人交流及公开发表的访谈录,在80年代后期,他就已经开始思索此类问题。随着研究的深入,徐先生的关注点开始由汉语的历史音韵研究转向对汉语言整体的研究。90年代初,徐先生提出了以"字本位"为核心的语言理论,进入他语言学研究的第三个阶段。

这一阶段徐先生发表论文数十篇,论著多部,代表性著作为《语言论》(1997)和《汉语字本位语法导论》(2008)。徐通锵先生的字本位理论从最初提出到后期的发展,中间经过不断的修改、补充和完善。李娟《徐通锵先生的字本位语言理论概述》(2008)中曾把整体理论观念概括总结为七个方面:

1. 语言是对现实的编码体系。编码机制是制约整个语言结构运作的根本,它取决于最基本的结构单位的音义关联方式。编码机制的差异造成不同语言类型的差异。

2. 编码中如何借助理据关联,是导致整个编码机制的根本,音义关联方式是其表现。这一原则导致在各层单位的结构构成中有的语言重语义关联,有的语言重语形关联。对于前者,研究中重要的是要揭示语义范畴的性质,对于后者,要归纳语法范畴的功能。

3. 语言的表层形式是容易发生演变的,但底层的编码原则是稳定的,要揭示这一底层的原则要把语言的历史和现状结合起来,作统一的解释,不宜割裂语言的共时和历时。

4. 不同性质的文字与有声语言间有不同的关联方式。文字不仅仅是对语言的记录,文字反映着语言的特性,还有对语言的反作用,在某些情况下影响语言的演变过程。

5. 从以上几方面看,字是汉语中最基本的结构单位,这一性质贯穿古今。汉字文字编码与汉语结构单位字的编码原则有相当大的一致性,语义关联是编码原则的基础。字的编码原则延伸至字以上的结构。

6. 在汉语语法中,字无疑承担了语法功能,但无论是字类还是虚字都是以基本的语义属性起到结构关联的作用,与语形语法有所不同。

7. 汉语语法中各种语义范畴最终体现在表达中,与说话者的主观性不可分。其中有定范畴是最重要的,这一范畴在汉语和印欧语中的差异,正与汉语句子的开放性和印欧语句子的封闭性相对应。语言编码机制的不同,最终在语言表达的实现中,表现出不同语言巨大的差异。

综观徐先生的三个研究阶段,成果卓著,著述甚丰。这本篇幅有限的文选该如何取舍呢？总体看来，徐先生前两个阶段的研究在学界影响更为广泛，代表性的著述已收入《徐通锵自选集》以及自选论文集《汉语研究方法论初探》，而徐先生第三阶段有关字本位理论的研究，用时最长成果最丰富，其研究成果虽然在第二本自选论文集《汉语研究方法论初探》中收入多篇，但从整个理论体系的阐述来看还不够完整，特别是徐先生晚期在遗著《汉语字本位语法导论》一书中阐述的一些重要思想在以往的文集中都反映不出来，这对于读者理解其后期的语言研究观念是个缺憾。基于以上考虑，反复斟酌后，确定这样一个选编原则，在尽可能较完整地反映徐先生语言学思想的前提下，侧重收入后期的著述。下面是选取文章的题目，括号内为首次发表时间：

1. 宁波方言的"鸭"[ε]类词和"儿化"的残迹(1985)；
2. 音系中的变异和内部拟测法(1989)；
3. 变异中的时间和语言研究(1989)；
4. 结构的不平衡性和语言演变的原因(1990)；
5. 语义句法刍议(1991)
6. 音系的结构格局和内部拟测法(1994)
7. 说"字"(1998)
8. 编码的理据性和汉语语义语法形态的历史演变(2004)
9. 字组的生成和语汇中的语法规则(2008)
10. 字的语法化的"阶"和汉语语义句法的生成(2004)
11. 语言范畴的性质和表达的研究(2008)
12. 有定和无定(2008)

大致上前四篇是徐先生历史语言学研究时期的著述，第五篇到第十二篇是字本位理论时期的著述，但所涉及的内容不能截然二分。第四篇已隐含字本位的思想，第六篇主要是关于历史语言学理论的阐述。下面就每篇著述的内容做简要介绍评述，希望对阅读理解有所帮助。

1.《宁波方言的"鸭"[ε]类词和"儿化"的残迹——从残存现象看语言的发展》

这篇论文首次发表于《中国语文》1985年第3期，此后曾收入河南教育出版社出版的《徐通锵自选集》(1993)和商务印书馆出版的自选论文集《汉语研究方法论初探》(2004),是徐通锵先生历史语言学研究的一篇重要的论文。

宁波话"鸭"有两种语音形式,一为[aʔ],一为[ɛ]。以往赵元任等语言学者认为[ɛ]类语音为白读形式,当地人也认为是口语形式,但论文通过分析论证,否定了这一说法,证明"鸭"[ɛ]类语音为儿化合音的残迹。论文首先从时间层次、历史音韵地位等方面分析了"鸭"类词和一般的文白异读现象的原则区别,指出"鸭"类词的[ɛ]韵是和咸山摄归并的结果,也就是说原本是有鼻音韵尾的,同时和宁波方言中另一类"伯"[pã]类词相比较,指出其鼻化韵源于原有的鼻音韵尾,"鸭"类词和"伯"类词消失的鼻音韵尾不是原有的,而是外加的高于语音层面的语言单位。这一推断也得到了历史文献材料的印证。进而论文与其他方言相比较,进一步分析这种残存因素的性质。通过对相关材料的研究,论文指出这两类词的变音的性质是儿化形式。接着,论文就儿化的性质对儿化在各个方言的表现做了比较分析,探讨了儿化这一语素平面的事实如何在变化中逐渐消退的过程以及这一过程和纯语音演变的复杂关系。这篇论文由语言中的变异现象入手,深入发掘各种材料,区分出语言不同层次的音变,分析论证精彩独到,对于历史音变、方言、儿化变音等许多研究领域都称得上是一个经典的研究范例。

2.《音系中的变异和内部拟测法》

论文首次发表于《中国语言学报》1989年第三期,后曾收入论文集《徐通锵自选集》和《汉语研究方法论初探》。这是一篇结合汉语事实,探讨结构、变异和音变间的制约关系的研究论文。论文全篇分四部分。

第一部分:概述内部拟测法的产生和基本观点,指出其原有的理论的局限并提出改进方法。原有的内部拟测法立足于索绪尔的语言系统同质说,着眼于规则结构中的不规则的差异,限制了研究范围,具有局限性。论文提出,改进语言内部拟测的研究,就要着眼于言语社团中实际运用的语言状态,把语言看成有序异质的结构,从中理出语言演变的线索和层次。从变异中进行结构的动态分析,用语言事实本身说明发展的原因、过程、取向和规律的,都属于语言内部拟测的研究。

第二部分:探讨分析汉语语音变异中的文白异读现象。论文区分了两种不同类型的叠置:1. 不同系统的同源音类的叠置;2. 同一系统异源音类的叠置。两种不同性质的叠置中的白读有不同的演变命运。前者取决于和文读形式的竞争结果,后者决定于与其叠置的异源音类的演变。论文分别以山西闻喜方言、祁县方言等为例,分析两种不同类型的叠置式音变的演变过程,揭示出共时语音结构中沉积的历史时间层次,并指出这是以语言系统同质说为基础的内部拟测法难以做到的。

第三部分:讨论离散式变异现象。论文以宁波方言声调的变异为例,分析其调类在语素读音中的逐一变化的过程,论证了离散式音变的性质和特征。论文以离散式音变的特征解释了《诗经》异调相押的现象,指出汉语声调从无到有、从逐步形成到最后定型,是通过扩散的方式进行的,这是导致所谓异调相押现象出现的原因。离散式音变在演变的过程中如果有一种新的音变力量介入,就有可能中断,在音系中留下差异,宁波方言中覃韵字的演变体现了这一点。

第四部分:从理论上阐述了从差异中探索语言的发展是语言史研究的重要方法论原则。论文把语言系统中的差异看做是从结构分析中探求语言演变的突破口,同时认为方言间的比较以及文献资料的运用,也是内部拟测研究的重要补充,提出在内部拟测研究中结合历史比较法和书面文献材料,可以更好地认识音变的过程和时间层次,探求音变规律。

论文有理论阐释,有对不同层次的变异现象的个案分析,是徐先生关于语言变异和历史音变理论的一篇代表性文章。

3.《变异中的时间和语言研究》

论文首次发表于《中国语文》1989 年第 2 期,后收入《徐通锵自选集》和《汉语研究方法论初探》,也是徐通锵先生关于变异、结构和音变间的制约关系的一篇重要理论著述。

论文首先大致回顾了从比较语言学到结构主义语言学研究的历史,反思这些语言观念中的时间观,指出对时间的认识是语言研究方法论的重要基础,历史语言学强调时间的线,结构主义强调时间的点,但点与线是分离的,因而在研究中都遇到了一些难以克服的困难。论文进而提出,通过语言变异的分析,可以对时间进行综合性的全局的考察。论文以北京话合口呼零声母 w/v 的变异、宁波话的声调为例,说明共存的变异形式浓缩着时间的量,是时间的一种横向表现形式。这需要找出变异形式与社会因素的相关关系,弄清变异形式的先后、方向、目标。通过对变异的分析对时间进行空间计量。

论文认为,处于变异过程的连续性单位,体现了系统的连续变化。变异产生之初是无序的,当变异比较广泛地被某一社会人群接受,与社会因素有了倾向性的稳定的联系,才会转化为有序的变异。其中年龄因素与时间的关系最为密切。而有序的变异转化为结构之前,又表现为无序。有序无序的相互转化是语言结构动态性的一种表现。论文以宁波方言尤、幽韵读音的变异为例,分析了变异和音系结构调整的关系。变异的目标是尤、幽韵和鱼、虞韵的合流,当有序的变异实现自己目标后,控制变异的各种因素则退出了演变过程。当出现语音的合流时,心理认同先于言语行为。当实际言语行为的差异也完全消失后,这一变异的有序、无序的相互转化运动也就结束,连续性的变异转化为离散性的结构。摆脱变异的连续性,实现离散化是一个复杂的过程。论文以宁波方言谆、真韵知、章组字的变异为例,分析了其中的不同时间层次、不同性质(文白),揭示出复杂的变异形式背后隐含的演变轨迹。

论文以多个变异形式分析的实例,从横向时间的研究侧面揭示出语言演变的历史。这一研究视角吸收了历史比较法的精神,同时又完全立足于语言现实,立足于语言的结构,避免原子主义的缺陷,克服了以往研究中共时结构中时间的点与历史演变的时间线相互分离的欠缺,展现出一个新的研究领域。

4.《结构的不平衡性和语言演变的原因》

论文首次发表于《中国语文》1990 年第 1 期,后收入《徐通锵自选集》和《汉语研究方法论初探》,总体上仍属从语言变异和结构的关系探讨语言历史演变原因的研究。

论文首先回顾了前人对语言演变原因的研究,对萨丕尔、马尔丁内以及社会语言学的变异理论关于音变原因的解释做出了评述。进而论文提出了改进因果关系研究的途径。论文提出,语言系统并非一个封闭的静态的系统,而是开放的,具有自发的自我调整机制的系统,是有弹性的。变异是探讨这种自发的自我调整的杠杆和机制的理想材料,把变异和结构联系起来,从结构中考察变异的产生和演化,就可能发现系统进行自我调整的原因。论文指出,线性的组合结构难以系统地解释语言的演变,研究语言演变的结构基础只能从非线性结构中探索语言演变的因果关系。

进而论文提出了"结构关联"的概念,是指突破了线条性的单位之间的相关关系。论文认为,在一个结构层面内部或者在各个结构层面之间,如果能通过对非线性的结构关联的分析而找到结构不平衡性,那也就找到了探索语言演变因果关系的重要线索。语言是有层次的,某一层次的结构平衡性运动可能导致另一层次的不平衡。如果语言结构处于完善的平衡对称状态,语言的生命就完结了。论文以北京等地方言浊声母的产生、宁波话韵母系统的变异以及声母的浊音清化等例说明,不平衡性导致的变异会促使结构自我调整,达到新的平衡。进而论文以山西祁县方言的卷舌音以离散式变异渐次归入舌尖塞擦音系列为例,说明结构的不平衡涉及语音层面和语法层面、语义层面的结构关联。结构的不平衡性决定了语言演变的必然性,而具体的演变途径和方式则和偶然性相关。论文以实例论证了偶然性在演变中的作用。

值得注意的是,这篇论文已经指出,音节与词的一对一的关系是汉语结构的重要特点。对音节和词的一对一对应的干扰破坏会使结构不平衡,促使结构关联自发调整。论文认为,汉语中的变声、变韵和变调都是用单音节结构规则去改造融化复音词的语音面貌,使之单音节化,以保持音节与词之间一对一的平衡对应的结构关联。在对语言变异和音变原因的探讨中,徐通锵先生已经开始转向对语言结构整体特征的把握。其中,在这篇论文中提出的"结构关联"的思想以及对汉语音节与词一对一的结构特征的认识也是徐先生后期字本位理论的基本观念,可见其语言研究思想的连续性。

5.《语义句法刍议》

论文首次发表于《语言教学与研究》1991年第3期,后收入《徐通锵自选集》和《汉语研究方法论初探》,在收入这两本论文集时略有修改,这里选用的是修改后的文本。

这篇论文是徐通锵先生明确提出其汉语字本位观点的第一篇论文,也是徐通锵先生第三个研究阶段开始的标志。论文进一步阐述了以往提出的结构关联的思想,同时明确提出了汉语"1音节·1概念·1字"的基本结构格式,以此为基础探讨了关于汉语语法研究的新思路。

论文首先分析语法研究的发展过程,指出语义作为语法结构的一项内容已经确立了在语法研究中的重要地位。论文借鉴兰姆(S. M. Lamb)层次语法的思想提出了语义句法的概念,认为语义句法在不同结构类型的语言中所处的地位和所占的比重不同,这取决于语言系统的内在结构基础。不同结构类型的语言,其结构基础的结构常数都是"1",其结构关联方式就体现在"$1\times1=1$"这样一个结构格式中。论文提出,英语等印欧语的结构基础是句子,其结构格式"$1\times1=1$"表现为:1个主语×1个谓语=1个句子。印欧语控制语言结构特点的常数"1"在句法层,词受制于句子,词类划分由句子控制,名词和动词是两大基本类别。以主语和谓语一致原则为基础构成基本的形态句法规则,是语法型语言。汉语的结构关联基点是字,其结构格式"$1\times1=1$"表现为:1个音节×1个概念=1个字,是语义型语言,突出语义句法。语言结构基础不同决定了它们语法规则的重大差异,需要用不同的理论、方法去描写。

论文在探讨不同语言的结构关联时讨论了不同语言的编码原则问题。这个问题是徐先生字本位理论中的核心问题,不仅音义结构关联与此相关,语言整体结构方式及语言范畴的确定等都受制于此。徐先生在此后的研究中对此不断深入探讨,这里提出的一些观念在晚期研究中有更深入的阐述。

这篇论文初步提出了汉语语义句法的结构框架,认为"主语—谓语"和"话题—说明"是两种不同的结构原则,二者有许多不同,应严格区别开,不宜把"话题—说明"纳入到"主语—谓语"的结构框架中去认识。汉语语义句法可以用"话题—说明"的结构框架来研究。这个语义句法框架只是个初步设想,与徐通锵先生字本位研究后期系统的理论体系几乎没有可比性,不过以字的语义关系为基础研究汉语语法结构,这一点没有改变。

6.《音系的结构格局和内部拟测法》

论文原载于《语文研究》1994年第3—4期,后收入《汉语研究方法论初探》,收入时有修改,现依据修改后的文本。这篇论文从研究内容上看属于历史语言学研究,探讨如何运用内部拟测法的基本精神,扩大研究视野,用现实语言的音变机理解释历史上已经完成的音变,从而在理论上深化内部拟测法的内涵,扩大理论的解释范围。另一方面,这篇关于汉语历史音变理论的论著也是徐先生汉语"字本位"观点在汉语历史研究中的体现。这篇论文正是从"字"的音节结构着眼阐述了汉语的音系结构格局和音变机理,从而揭示了现代方言和历史音变的关系。

论文提出,内部拟测法的基本精神是就语言系统的内部根据去解释语言的演变。以往内部拟测法所依据的内部根据的表现形式只是印欧语的结构特点,我们可以根据不同语言的结构特点扩大内部拟测法的基础,找到普遍适用的原理和原则。论文借鉴了萨丕尔(E. Sapir)关于语音格局的理论和拉波夫(W. Labov)"用现在解释过去"的一致性原则,提出语音是易变的,但音系结构格局是稳定的,二者的对立统一控制着音变的范围、方向和目标。现实的或历史的音变都难以超越格局所允许的范围。这种格局控制音变的机制也是内部拟测法的一种结构基础,可以透过现代方言事实中各种歧异的音变发现其背后演变的机制和原理,用来解释和拟测历史的音变。

就汉语的结构特征而言,"字"是汉语基本的结构单位,是语音、语义、语汇和语法层面的交汇点,音节是字的语音表现形式。汉语的音系结构格局隐含在"字"的音节规则中。音节结构格局可以概括为声母、韵头、韵腹、韵尾以"1"为基础的特定结构位置和在此位置中语音单位的交替和运转机制,韵头、韵尾的产生、消失和变化导致声母和韵腹发生变化的机制,声韵调相互制约的机制,以及这些机制背后的音变机理。

论文着重探讨了汉语音节结构中的介音(特别是 i 介音)对于声母系统的影响。论文首先分析了汉语众多方言点中介音的影响导致的双唇、舌尖及舌根三个基本发音部位声母的音变过程,指出"汉语方言的声母系统的变化大多与介音的作用有关,变化的方式大体为分化、合流和回归"。进而论文把从方言演变中总结出的演变机理投射到历史音变中,以此解释历史上声母的演变,如章、庄声母的形成和演变,开合口和"等"的形成等。论文在最后一部分讨论到音系格局的调整,认为音系结构格局虽然远比具体的语音单位稳定,但也并非是一成不变的,只是它的变化是非常缓慢的,新旧格局间前后有继承性。汉语一个字一个音节,这一点先秦前后没有变化,变化的是声韵调三部分是否都只允许一个结构成分出现,包括声调的产生。这些变化与汉语和其他语言间的接触相关。

这篇论著既探讨了音系的结构格局与内部拟测法的相关性,为历史语音研究提供了新的方法论原则,同时也揭示出字的编码与汉语音系结构格局的重要关系,反映出字在汉语结构系统中的重要地位。

7.《说"字"》

论文首次发表于《语文研究》1998 年第 3 期,后收入《汉语研究方法论初探》。

徐通锵先生的字本位理论提出后,引起语言学界的关注,同时也引发出一些争议。这其中也包含一些对理论本身的误解。而误解的产生直接涉及到对"字"的概念的理解。针对此类现象,这篇论文系统地阐述了"字"的内涵,字在汉语系统中的地位,字的生成机制,对语言基本结构单位的共性特征以及相关的语言理论建设提出了自己的观点。

论文的一个重要语言观念是,语言是对现实的编码体系,音义关系是语言研究的最基本、最重要的问题。而"字"是音义关联的基点,是汉语的基本结构单位。

论文阐述了字与语素在系统中的地位和音义关联模式上的根本不

同。语素是单一的语法层面的单位,在印欧语中不是语言的基本结构单位,不是语言音义关联的基点。基本语言结构单位具有现成性、离散性和在语言社团中的心理现实性。根据这一原则,印欧语中的词是基本结构单位。

论文认为,不同语言的音义关联的基点各不相同,是由于不同语言语音感知方式和感知单位的特殊性,而追根究底,又是与基础性编码机制相关。这一部分的有些提法在后来的研究中有更改(详见《文选》中的编者注释),如果和《文选》下一篇论文的内容相互参照会更容易理解。一个很有启发性的观点是,理据的实质是语言与现实的关系,是语言规则的语义基础,也是研究规则的成因,因为任何语言的研究都在研究它自己特有的理据。论文提出了"基础性编码理据"的概念,一种语言的基础性理据在哪个层次,哪个层次就会成为该语言的研究重点。汉语基础性编码的理据存在于字,所以三位一体的字成为传统研究的重点。印欧系语言的基础编码理据表现为符号间的组合,所以构词法和造句法成为研究重点。徐先生在后来的研究中,把这种编码理据直接称为"语法"。

论文第三部分讨论了音义的相互转化和字的生成机制,涉及到汉语特定的音义关联方式和编码机制对汉语类似构词和变词的制约。在这部分论文提出了汉语音义关联的三个时期:a. 音义一体时期,文字表现为象形、指事、会意;b. 音义相互转化时期,文字上体现为形声;c. 字组时期。三个时期的音义关联都具有理据性特征。论文概要阐述了汉语音义关系在这三个时期的特点和其间的变化发展。最后论文讨论了字的研究和语言理论建设的关系,论证了语言特性研究和探求语言共性原理之间的关系。

这篇论文对于理解徐先生字本位理论的基本观念非常重要。

8.《编码的理据性和汉语语义语法形态的历史演变》

论文发表于《语言学论丛》2004年第三十辑。这篇3万多字的论文包含的思想容量很大,反映了徐通锵先生晚年对语言结构性质和语言研究方法的独特认识和思考。论文的主体思想在他的遗著《汉语字本位语法导论》上编中也得到深入阐述，可以相互参看。

和以往一样，徐通锵先生的研究仍然基于语言是对现实的编码这样一个基本的语言观念。他认为，在语言编码中，理据是语言规则的语义基础，理据载体以及载体间的相互关系是一种语言语法研究的基础，语言的理据性和约定性并不是对立的，而是统一在一起。因此，编码的理据性是语言研究的核心，语法可以界定为理据载体组合为语言基本结构单位的规则。这篇论文突出了语义语法的重要性。

论文提出一种理论假设，汉语的理据载体与印欧语的理据载体的性质有别。汉语型的理据载体为成分理据，印欧语型的理据载体为组合理据；有成分理据的语言一定有组合理据，而有组合理据的语言不一定有成分理据。这两种不同性质的理据载体使两种语言的结构向着不同的方向发展，形成彼此间的重大差异。所谓汉语的成分理据，是指汉语的基本结构单位字的音义关系及其变化发展都具有理据性。汉语的理据是通过字表现出来的，因而字就成为汉语传统的研究重点，分别从文字、音韵、训诂几方面去分析字的结构规则，生成汉语的语义语法；印欧系语言通过结构单位的组合而取得理据，因而语素如何组合成词的规则、词如何组合成句的规则就成为该语言研究的重点，也就是现在一般所说的词法和句法。两种语言的语法形态虽然各异，但实质一样，讲的都是理据载体组合为语言基本结构单位的规则。

进而论文对汉语音义关联的理据性载体做了详细的分析论证。指出汉语编码的理据性从第一期的声、韵承载转化为第二期的声（符）、形承载，最后转化为字的承载，进入一个新的转型期，研究的重点从字内的构造规则转向字外的组合规则，或者说，从造字法转向组字法。这一转型与古代汉语发展为现代汉语相对应。结构单位的理据载体虽有这种变化，但字法的基本结构原理未变，即字组的字义组配规律仍是"义象＋义类"，结构方式仍是向心和离心以及以此为基础的递归，不同的只是表现形式发生了变化。

这篇论文在对汉语理据载体的阐述中包含着对于文字和语言的关系以及文字和语言研究的关系等问题的重新认识。其中的一些理论假设也许还需要更多的研究论证，但无疑这些新的研究思想具有更开阔的语言研究视野,同时也揭示了汉语研究传统和汉语特征的统一。

9.《字组的生成和语汇中的语法规则》

选自徐通锵先生遗著《汉语字本位语法导论》中编"结构论"的第一章,也是全书的第七章。在徐先生的"字本位"理论体系中,语法被看做是从语汇中抽象出的规则。语法与语汇之间没有截然的界限,都是音义相结合的对现实的编码。语汇侧重于概念性结构单位的研究,语法侧重于语句的结构,重点研究语汇单位间的关系。字组是字与字线性组合的基本结构,是具有新概念的语汇单位。而字组生成中蕴涵着汉语语义句法的基本规则。这篇选文就是要通过对字组的结构关系的研究来探讨汉语语义句法的结构原理,是理解徐先生语义句法理论的重要著述。

徐先生在上一篇论文中提出了汉语理据性编码和语义语法形态的三个时期,这篇选文探讨的语义句法针对的是第三个时期。当汉语语汇的编码方式由单字编码格局转向双字编码后,二字组结构渐成为语汇单位的主流。字组结构从根本上讲是语义结构,字组结构规则的基础是字义的组合。其中的单字是对语言中共同语义特征的提取,是字组编码的理据载体,在字组结构的"序"中实现其语义句法功能。

著述提出了一个重要的观点,每个单字在字组生成中都具有句法语义功能的二重性,一是反映现实现象,表达概念意义,二是显示它在不同上下位概念交叉体系中的地位,表现语义特征。这种二重性使得每一个字作为生成字组的核心字,都具有两方面的特征,既可在字组中表义象又可表义类。当核心字用于表义类时,用于后字,指向自身的概念意义,前字是说明核心字的语义特征,这时字组对于核心字而言是向心结构;当核心字用于表义象时,用于前字,不指向自身概念义,而是作为语义特征修饰限制后字的概念义,这时字组对于核心字而言就是离心结构。所以这两种语义功能的表达与字组中字的前后位置相互依存。字组中的前后位置就是"序位"。序位就是使字具有特定句法语义功能、实现语义功能二重性的结构位置。

义类与义象的语义关系是字组深层的概念性语义结构关系,这种关系投射在语汇结构中则生成向心、离心结构模式,投射于句法语义结构则形成限定、引导和并列三种类型。由此从字组生成中抽取出基本的语义句法规则。

这篇选文是徐先生关于字本位语义句法理论的重要阐述,其中提出的字在结构中的语义功能二重性的观点是其理论的重要基础,揭示出汉语基本结构单位的重要性质特征,在表义中既指向外部世界,也同时指向语言自身。正是这种语义功能的二重性使字虽不具有语法形态,也同样具有结构功能,这对于理解汉语语法结构具有重要启示作用。

10.《字的语法化的"阶"和汉语语义句法的生成》

论文发表于杨自俭主编的《英汉语比较与翻译》(上海外语教育出版社 2004 年出版)。这篇论文是徐通锵先生字本位理论后期对汉语字以上结构语义句法的理论阐述,虽然其发表时间早于前篇选文,但皆属于字本位理论后期著述。从内容看,是对字组以上汉语语义句法结构的进一步阐述,为方便读者理解,故而排在前文之后。

字的语法化的"阶"的理论首先提出了汉语字以上的结构层级,字—字组—字块—句(包括形句和意句,前者意义不完整,相当于传统的"读")。字为基本结构单位,是"因字而生句"的基础。字构成字组以上的结构时,需要具有其结构功能,论文用"语法化"这个术语指称字的各种结构功能的形成发展。这个语法化需要经过若干层级,形成不同的"阶"的结构单位。

论文把字的语法化分为三个"阶"。语法化的初阶是指在字组形成中,字在字组中体现不同的结构功能,构成向心、离心两种主要的字组结构。总体的语义结构原则是字组中前字位置和后字位置分别代表语义结构中的义象和义类,在具体的语义结构关系分析中则形成字类,名动是两大类。字类是语义类,字类的形成是语法化的第一步。限定、支配和并列就构成汉语中三种最重要的语义关系。

语法化的次阶是指字块构成中实字虚化,具有了结构标记功能。字块是字或字组通过标记构成的更大的结构单位,它把两个不同的概念通过结构联结成为一个概念。在这一过程中，一些字意义虚化，成为字块结构中的标记。虚字是对实字的进一步范畴化的限定，如源自名字的量字是对名字的语义分类，来自动字的介字是通过引介名字限定动字。论文还专门讨论了限定性标记"的"。

语法化的末阶是指，在形句和意句形成中说话人的主观因素参与渗透到语句结构中，使结构带有浓重的主观色彩，对所陈述的事件表现出他的主观感情、态度和意向。这一层级结构的形成需要语气的表达和语气字的使用。语气字的运用是说话人将他对所陈述事件的主观感情、态度或意向的主观因素"化"入客观的语法结构，使之成为语句的一个有机组成部分，因此它是汉语语法化的一种最高表现形式，这也就是将它称之为末阶的原因。

语法化的三个阶的理论，阐述了汉语语义句法的构成方式和途径，总体原则是"借助于另一个字，以已知求未知"，从两种结构单位的相互关系中去揭示每一种结构单位的语法化潜能，以语序和虚字为视角整理汉语的语法规则。对比《语义句法刍议》中提出的初步研究框架，可以看出徐先生的语义句法理论体系已经有很大发展。

11.《语言范畴的性质和表达的研究》

这篇文章摘自徐通锵先生遗著《汉语字本位语法导论》下编"表达论"第十四章。

徐通锵先生的这部论著把语法研究分为结构研究和表达研究两大部分，表达是对结构规则的灵活运用，最大特点是主观因素的参与。前面介绍的关于字的语法化的"阶"的理论中，其中语法化的末阶就是属于表达部分。徐通锵先生认为，不同的语言其主观性与语言结构的关系存在差异，这种差异直接影响语言范畴的类型和生成途径。

总体上，形态型语言语法范畴丰富，语义型语言则生成语义范畴。语法范畴与语义范畴一样源于对现实认识的分类概括，但语法范畴与基本结构单位的形态变化相联系，这使得对现实现象的分类概括经过了形态变化规则的调整，成为结构构造规则的标记。特定形态表现的语法意义与现实现象的实际性质不一定是一致的。而语义范畴是根据对现实现象的认识直接概括出来的分类体系,没有经过形态变化规则的影响。现实对于认知者来说是同一的,但是由于不同语言的观察视角的差异,不同语言或同一语言的不同时期,语义分类也不尽相同。这里摘选的论著第十四章就此对语言范畴的性质和表达做了深入透彻的理论阐述,并对汉语的语义范畴及其研究途径和方法做出了精当的分析论述,提出"从外到内"的角度偏重对语言结构的理解,"从内到外"的角度偏重于表达的研究。语义范畴的确定是"从内到外"的研究。研究中两种途径要互相补充,"从外到内"的研究需要补之以主观性因素的参与,探索主观化的途径,而"从内到外"的研究则需要补之以结构规则的梳理。

这篇著述再次体现出徐先生在语言研究中一贯具有的总揽全局抓住核心和关键问题的特点,其阐述的内容无论是从普通语言学研究看还是从汉语研究看,都很具有启发性。

12.《有定和无定》

文章选自《汉语字本位语法导论》第十九章《有定和无定》的前三节。

《导论》在阐述了语言范畴的性质后,用了较大篇幅对汉语中重要的语义范畴进行分析研究,而有定性是实现语言表达最重要的语义范畴。本篇著述对有定性范畴的性质做出新的解释,指出有定性范畴处于语言结构中的核心地位,是联系语汇和语法的枢纽,以语义定指为基础,联系着句中各结构成分,驾驭相关的语法规则,是语法体系的核心。一种语言的语法研究应建立在有定性范畴的基础上。

有定性范畴在不同的语言中表现方式不同,形成各具特点的语法体系。汉语的有定性范畴以名性成分的定指为基础,话题位置是这一范畴的最一般的标记形式;印欧语的有定性范畴的基础是谓语动词,定式动词是语法结构的语义核心。文中还对汉语的有定性范畴研究历程做了概要的梳理和总结,揭示出有定性研究在汉语语法研究的重要性。

无疑,这又是语言研究中的一个关键性的问题。对于语言中的有定性范畴问题,徐先生一直非常重视,此前曾有单篇论文论述,可相互参看。

　　理解徐先生的著述需要注意两个方面。首先,徐先生的学术探索具有一贯执著的特点。虽然从他的研究内容看,涉及很多研究领域,但其内在的研究目的始终如一,就是立足汉语探求语言的基本原理和语言研究的方法论原则。他的研究不是零散的随机的,而是系统的完整的。这一点充分反映在其著述中,可以从著述中发现其语言学思想的延续和不断发展。因此,对待有些文章,特别是后期字本位研究的著述,不能简单地以某一篇论述代表其理论体系全部。其次,徐先生在研究中有大量的对具体语言现象的描写、分析和解释,这些精彩的个案研究反映出他对语言现象观察的细致和敏锐,但从研究总体上看,作为一位理论语言学家,他的研究重心不在对语言现象的描写上,而是对现象背后的语言机制的探求。他非常重视理论阐释,他的每一篇著述都是基于汉语事实的语言学理论的研究。

　　徐先生一贯重视历史。在研究中,他对宏观的语言学史,汉语的研究发展过程,以及他个人的研究思想脉络,都经常回顾反思。审视历史,可以对自身所处的位置和走向做出清醒的判断,并做出自觉的调整和修正。徐先生的语言研究历程就是从反思历史开始的。在许多具体论述中,他都花很大篇幅,回顾梳理反思以往研究,从中理出矛盾所在,发现问题的关键。这反映出徐先生对学术探索的真诚和执著。读者也宜从历史的、发展的角度解读徐先生的著述,理解他的语言学思想。

宁波方言的"鸭"[ɛ]类词和"儿化"的残迹
——从残存现象看语言的发展

【提要】 语言中一些不合音变规律的例外现象在语言史研究中有重要意义。本文试图从宁波方言的"鸭"类词的异于语音规律的发音入手探索语言发展的规律。全文分三部分:第一部分根据语音发展规律重建"鸭"[ɛ]类词的词尾的原始形式-n、-ŋ。第二部分着重与邻近方言的比较,论述这种-n、-ŋ尾的性质,指明它是一种儿化形式。第三部分分析这种儿化形式的形成、发展和消失的过程,其中特别强调构词的语法现象怎样跟着语音规律一起演变,从而形成音变规律的例外;这是汉语语音演变中的一种重要特点。

一

宁波方言的"鸭"字有两个读音:aʔ和ɛ。① 当地人认为ɛ是"鸭"的口语形式,即aʔ和ɛ是"鸭"的文白异读。赵元任(1928,55)在《现代吴语的研究》中也说:"鸭_白:ɛ_上"。总之,在很长的一段时期里,从专家到普通

---

① 宁波方言的声调比较复杂,多的有七个:阴平42,阳平(包括浊去和大部分浊上)24,阴上435,阳上313,去声44,阴入5,阳入23;少的只有四个:原清平、清上、清去合为一类,单念时音值多为42,原浊平、浊上、浊去合为一类,调值多为24,再加上阴入5和阳入23。"鸭"读ɛ的声调,据《鄞县通志》(新中国成立前编纂,新中国成立后出版)第3892页说作"唵"平声,据赵元任的《现代吴语的研究》读上声,根据我们在调查中所听到的调值则为44,似又应属去声。这种不一致的情形可能与宁波话的声调正处于简化的过程有关。今天即使能读出七个声调的人,其中去声多与阴平混,一小部分阴上字也归阴平。"鸭"念ɛ⁴⁴的调值又可能与连读音变有关,因为宁波话的舒调清声母字在作连读变调的后字时常念44的平调,而"鸭"[ɛ⁴⁴]类词不用作复合词的前字。鉴于这些复杂的情形,本文在行文中不标声调。

的老百姓都认为ε音是"鸭"的口语形式。如果说,aʔ与ε是"鸭"的文白异读,那么,这种"文白异读"与一般的文白异读现象有原则的区别。首先,文白异读是一种语言的不同时期的语言状态在语言共时系统中的共存形式,大体上体现为标准语与土语的关系,文读形式以其语音系统所许可的范围接近某一标准语,而白读形式则代表本方言的土语;在语言发展的时间层次上,白读早于文读形式还是晚于文读形式,需要根据不同方言的情况进行具体分析。就宁波方言来说,文读形式大多是受北方方言的影响而产生的新形式,而白读形式还维持本方言的旧读,它自然早于文读形式。例如"蚊"字,口语读mʏŋ,书面语读vʏŋ;"蚊"是文韵微母字,mʏŋ的读法还保留着微母字音值的痕迹。有时候,两个音类在方言中已经合并为一类,但在另一方言的影响下仍有可能使这种已经合为一个音类的语音重新分化为两个音类,因而出现文白异读的共存形式。例如宁波方言以kɔ为语音形式(暂不计声调)的字有:

高膏羔糕稿告;胶~水绞~~毛线铰~链教~书叫~花子酵~发~(早时还有)交~易较~计~

分号前的kɔ是原效摄一等豪韵字,分号后是二等肴韵字。在宁波方言中这两个音类早就合并为一类,后来可能是由于北方官话的影响,分号后的二等字出现文白异读的形式:口语为kɔ,文读为tɕiɔ;①文读形式是其他方言影响的产物。一般说来,文白异读的并存是语言发展的过渡时期。随着时间的推移,白读的语音形式会让位于文读形式而退出历史舞台,上述"胶"等读kɔ的口语形式现在只能在极其有限的语词中出现,一般都读tɕiɔ。从文白异读的这种性质来看,"鸭"的aʔ和ε两种形式似乎与这种性质无关。"鸭"原来是咸摄二等狎韵字,收-p尾,今天的aʔ是狎韵字*ap的发展,不是在其他方言影响下的产物;从文白异读的时间层次看,如果说ε是早于aʔ的语音形式,我们从文献资料、从现实的汉

---

① 根据1876年出版的《宁波方言字语汇解》(*An Anglo-Chinese Vocabulary of the Ningpo Dialect*, W. T. Morrison, 1876, 上海)的材料,文白两种形式当时已经相当普遍,但在日常交际中似以白读的形式为主。这一类文白异读现象,更早始于何时,现在无从查考。

语方言的比较来看,都找不到根据,也无法从音理上加以解释。

其次,语言中一个音类的文白异读一般不会和另一个音类的文白异读形式相同,这就是说,不同的音类不可能有相同的白读语音形式,例如"胶"和"家",前者在宁波话中的白读形式为 kɔ,后者为 ko、tɕyo 或 tɕio,相互间泾渭分明,绝不相混。但是"鸭"类词的所谓"文白异读"现象,情况正好相反,不同的音类有相同的"白读"形式。请比较下列现象(我们把上述的所谓"文读"形式称为"本音","白读"形式称为"变音"):

例字	韵类	本音	变音	读变音的语词举例
鸭	狎	aʔ	ɛ	水~,野~
猫	肴	mɔ	mɛ	小~,香狸~
帕	祸,陌①	(p'aʔ)	p'ɛ	绢~
牌	佳	ba	bɛ	纸糊~,扑克~

不同的韵类有相同的白读形式(韵母都为-ɛ),我们在方言中没有发现先例,而且,这与前述的文白异读的性质大相径庭。所以,我们完全有理由否定 aʔ 和 ɛ 是"鸭"的文白异读形式。

不同的音类有相同的语音表现形式,从语言发展的观点来看,这是一种很重要的异常现象,说明在语音的发展中隐含有一种高于语音结构层面的结构规则;对于这种规则来说,音类只是一种个别的事实,犹如词相对于语法规则来说是一种个别的事实那样。不同的音类受到这种一般规则的支配,才能使不同韵类的音值发生相同的变化。不过这类规则现在似已消失,至少在说话人的意识中已不再存在,只是在日常的口语中还留存着一点残存的痕迹。现在我们需要顺着这种残存痕迹去恢复或重建已经消失了的一般规则,然后进一步弄清楚有关现象的发展线索。

宁波方言的-ɛ是原来的咸、山摄字的发展。请比较下列现象:

---

① "帕"有两个反切,一为普驾切,祸韵,根据音变规律,宁波话应念[p'o];一为莫白切,陌韵,根据音变规律,宁波话念[p'aʔ]。现代宁波方言"帕"字单念时只有后一种读音。"帕"的 p'ɛ 音,从意义上看,应该来自祸韵的"帕"。

pɛ	扮班斑颁板扳般(山)	p'ɛ	盼攀襻_纽~(山)
bɛ	办瓣扮(山)	mɛ	迈慢漫幔(山)
tɛ	耽担胆(咸)丹单旦(山)	t'ɛ	坍毯(咸)滩坦炭叹摊(山)

……

咸摄字原来以-m收尾，山摄字以-n收尾，在语言发展中，-m合并于-n，这就是说，现代宁波方言的-ɛ韵字原来都有一个-n韵尾。根据这种音变规律，上述的"鸭"类词的-ɛ韵原来也应该有一个-n韵尾，否则就无法解释它今天何以会与咸、山摄字同韵。"鸭"类词就其所属的韵类来说，本身不可能有-n韵尾，它之所以能随同咸、山摄字演变，说明在"鸭"类词的后面曾经外加了一个-n，而且加上这个-n之后，使不同韵类的区别趋于消失，即：使不同的韵类具有相同的语音形式。这个-n应该是高于语音层面的语言单位。

和"鸭"类词相同的还有一种"伯"类词。"伯"在宁波方言中有两个读音paʔ和pã。据《鄞县通志》记载："甬呼父之兄曰'伯伯'，下'伯'字读若'浜'，俗音去声……""甬呼父之弟曰'叔叔'，亦呼'阿叔'，下'叔'字皆读若'宋'。至对人称其父弟，虽曰'阿叔'，然'叔'字读若'宋'平声，有时亦读本音，略有区别。""浜"在现代宁波话读pã，"宋"读soŋ。读音与"伯""叔"类似的还有"脚"和"雀"，"脚"的本音为tɕiaʔ，但在"拐脚"(瘸子)一词中"脚"读变音tɕiã；"雀"的本音为tɕ'iaʔ，变音为tɕiã，如"麻雀"：mo tɕiã。"雀"的本音与变音除韵母有区别外，声母也不同，本音的声母送气变音不送气。"雀"原来是精母字，应该不送气，变音的声母还保留精母字的特点。

现代宁波方言的鼻化音ã、ɔ̃来自江、唐、阳和庚、耕韵字(赅上、去)，oŋ来自通摄的舒声字，古代都收-ŋ尾。这就是说，上述的"伯"类入声字的-ŋ韵尾与"鸭"类词的-n韵尾一样，不是原有的，也是外加上去的，因而同样也是一个高于语音层面的语言单位。

以上都是根据音变规律做出的推断。这个推断如果能找到历史材料的印证，那它就更有说服力了。很幸运，我们找到了一本1876年出版的《宁波方言字语汇解》(*An Anglo-Chinese Vocabulary of the Ningpo Dialect*, W. T. Morrison, 1876, 上海，以下简称《汇解》)，其中收录的宁波方言材料相当丰富,记音也大体可靠,为研究宁波方言的历史演变提供了一些宝贵的资料。在这本著作里,我们不仅看到了上面所推断的-n、-ŋ韵尾,而且还可以在其他韵类后看到这两个鼻韵尾,这就使我们的分析有了更可靠的根据。现在先把含有鼻音尾的有关"鸭""伯"类词摘录如下(原文没有标声调;标音的符号与国际音标类似,这里照录原文,只在有碍理解的情况下加注国际音标):

例字	《汇解》注音	语词举例	例字	《汇解》注音	语词举例
鸭	ah	～蛋,～肉	眉	me	
	æn	野～,水～		min	～眼
猫	mao	～拌饭	味	mi	～道
	mæn	小～,香狸～		min	气～
帕①	p'æn	绢	孩	'en[ɦien]	木头～,菖蒲～,玉～
娃②	wæn	小～	挖	wah	爬山～岭(此例仅取字音)
牌	ba				
	bæn	纸糊～,神主～,一副纸～	虾	wæn	镂耳朵～(挖耳勺)
				hô[hɤ]	～仁,～米
筷	k'uæn			hon	一只～
茄	gyia[dʑia]		锯	ken	～齿
	gyiæn[dʑiæn]	小辣～,番～	雀	tsiang	麻～
头	deo[dœɤ]	奶～	叔	soh	
	den	门口～,奶～,娘子～,山顶～,伯③		song	阿～
				pah	～～,阿～(指父亲)

---

① 在《汇解》中没有发现"帕"的本音。本表中只有一种带鼻音尾的例字,情况同此。

② 《汇解》没有找到合适的汉字,只在英文 child 后注"siao wæn——小儿"。"娃"字是我改加的,因为宁波话称女孩儿为"小娘","siao wæn"是"小娘"的对称说法。

③ 《汇解》的"伯"类字还有"骨"(kwang),如"脚骨"的标音是 kyiah kwang(第270页,原文标音送气,恐系排印错误),arm(手臂)条下标 siu-kwang,汉字也写"手骨"。实际上 kwang 是"梗",即"手梗""脚梗"。李荣《切韵》与方言《方言》1983年第3期)一文曾对此字有很好的比较研究,可参考。另外,《汇解》中还有一些字的注音似有变音的可能,例如"烂泥 kwang 着"(现在也有"面包上 kwang 点奶油"的说法)、"水 kwang 清"中的 kwang,我们弄不清这些音所代表的本字,为分析的可靠起见,本文暂时不予讨论。

　　　　　　老～,脚指拇～　　　　pang　　　　阿～(指伯父)

这些带鼻韵尾的语音形式,就其本音的发展来说,都是违背语音发展规律的。但是另一方面,不同的韵类可以具有相同的语音形式,特别是不该有鼻韵尾的韵类出现鼻韵尾的情况,为语言史的研究提供了很多宝贵的信息,说明语音层面的变化隐含着非语音层面的(语素的,语法的)因素。现在需要进一步弄清楚的是这种残存因素的性质及其与音变的关系。

二

要弄清楚"鸭""伯"词的-n、-ŋ的性质,可以比较"鸭""伯"类词的本音和变音在意义和使用范围上的异同。本音和变音在使用范围上有一个很重要的区别,就是本音在使用上没有什么限制,单用或在复合词中做前字、后字都可以,而变音一般只能单用或做复合词的后字。例如:

例字	本音		变音	
猫	mɔ	～头鹰,～眼	mɛ<mæn	小～,一只～
雀	tɕʻiaʔ	～斑,燕～	tɕiã<tɕiaŋ	麻～,麻～牌

也有几个例外,《汇解》收录了这样几个例子:

眉毛	min-mao		雁鹅	ngang ngo
眉眼	min-ngæn		锯齿	kentsʻ[tsʻŋ]

这些例外大概是后起的,"眉""锯"原来都是单音词,后来在复化过程中这些词的带-n的单词形式仍保留在复合词中,犹如"牌"加在"麻雀"mo tɕiã后面构成"麻雀[tɕiã]牌"一样。现在很多人已不知"麻雀[tɕiã]牌"中的[tɕiã]的本字,误认为是"麻将牌"。

本音和变音在意义上的区别,宁波话已不甚明显,但在有些复合词中还可看到一些感情色彩的痕迹。请比较下列现象:

例字	本音意义	变音意义
鸭	泛指一般鸭子,现在一般不单说,单说要加"子"。	同前。
猫	泛指一般的猫。	同前,但在"小猫"一词中"猫"的口语总念 mɛ。
牌	大小牌子都可用。	多指小的牌子("神主牌")和玩具("纸牌")。
麻雀	一种小鸟。	同前。
老头	泛指老年男子,"头"读 dœɤ。	"头"现在读 dɛɪ①,与"队"同音。原指使人讨厌的老年男子,《汇解》时还特别注明 not respectful。"老头"一词的感情色彩现在似有变化,有亲昵色彩。
伯	指父亲的哥哥。	同前。

这些情况说明,本音和变音之间意义已无多大区别。语言的交际讲求经济性、明晰性和区别性,本音和变音所要表达的意义闪烁与同与不同之间,这一点很可疑,但宁波话的例子实在太少,前一节列举的,差不多就是我们所发现的全部例词,我们很难从中窥知本音和变音之间原来有没有区别。在这种情况下,我们只能求助于同其他临近的方言的比较。赵元任(1928,55)《现代吴语的研究》中注明"鸭"在余姚的口语中读"小者:ẽ上",可以从中知道一点变音所表达的意义。但《研究》只举了一个例子,难以有效地说明问题。宁波旁边的定海县(舟山群岛)的方言与宁波话大同小异,据"五四"前夕出版的《定海县志·方言志》记载:"宁属七邑,鄞慈镇自成一音系,奉象南又自成一音系,定海则得鄞系十之八九,而得奉系十之一二。"定海方言的"鸭""伯"类词虽然也是一种残存现象,但比宁波话多一些。现把"鸭""伯"类词列举如下(原文用改造的注音符号注音,这里参照《汇解》的注音和方言情况,改写成国际音标):

---

① 宁波方言的-ɛɪ来自-e,而-e韵中有一部分字来自-en。"老头"的"头",《汇解》时读 den。

"鸭"类词	本音	变音	"鸭"类词	本音	变音
哥	ko	kuøn	背	pe	pen
弟	di	din	奶	na	næn
姊	tsi	tsin	泪	le	lin
妹	me	men	瞎	haʔ	hæn
		men	鹅	ŋo	ŋuøn
鸡	tɕi	tɕin	鸭	aʔ	æn
婆	bo	buøn	狗	kəy, kiəy	kin
眉	me	min(~毛)	猫	mao	mæn
	mi(皱~头)		梅	me	men
头	dəy	den	茄	dʑia	dʑiæn

"伯"类词	本音	变音	"伯"类词	本音	变音
伯	paʔ	paŋ	雀	tsʻiaʔ	tsiaŋ
叔	soʔ, syʔ	soŋ	虾	hɔ, ɕia	hoŋ(城)
脚	tɕia, tɕiʔ	tɕiaŋ			hiɛ(乡)
鹊	tɕʻia	tɕʻiaŋ	镬	ɦoʔ	ɦoŋ
鸭	ia, yɔ, ɔ	ɔŋ	六	lɔʔ	loŋ

这些词的本音和变音,不少在意义上还有明显的区别,这有助于我们了解宁波方言"鸭""伯"类词的变音的性质。现抄录几例,以资参照(文中"读音"指文读,"土音""城乡土音"指白读或变音,"语音"系泛指,兼指文白两种语音形式):

例字　　　　　　　　注释

猫　　读音为mao,语音有二,在名词之首者为mao,如"猫头""猫饭";在名词之末或独用者为mæn,如"小猫""一只猫"。

婆　　读音、土音皆为bo,惟称老年妇人曰"老太婆"(习惯以为不尊称之称),"太"呼tʻao音,"婆"呼buøn音。

背　　读音为pe,语音有二,通常皆呼pe,惟名词之人格化者则呼pen,如"驼背"。

奶　　读音为na,语音有二,如"乳母"称"奶娘"及有身份之妇人称"奶奶",皆呼na音;而"乳房""乳汁"及"乳母"亦皆称为"奶奶",惟音变为ŋæn。

瞎　　读音为haʔ,语音通常皆为haʔ,惟名词之人格化者,乡间呼为hæn,如推星命之瞽者曰"算命瞎"(hæn)。

脚　　读音为 tɕiaʔ，语音有三，通常皆呼 tɕiaʔ，乡间或呼 tɕiʔ，惟名词之人格化者则呼 tɕiaŋ，如"拐脚""烂脚"等。

鹊　　读音及城乡语音皆为 tɕʻiaʔ，乡间语音则为 tɕʻiaŋ，如"鸦鹊"呼为 ɔ tɕʻiaŋ。

六　　读音、语音皆为 loʔ，惟俗语望日前后曰"十五六"，则"五"呼为 ŋ，"六"呼为 loŋ。

这些例词对我们了解"鸭""伯"类词的-n、-ŋ尾的性质很有帮助。它们明显地显示出"鸭""伯"类词加上-n、-ŋ之后，在意义色彩上有了明显的变化，这就是说，这个-n、-ŋ本身是有意义的，与"班""晏"和"浜"类词的纯语音性的韵尾-n和-ŋ，在性质上是完全不同的。定海方言虽然与宁波城区的方言有些小区别，但无关紧要，比较同源成分在两地的差异，有助于分析语言的演变，一般说来，中心城市比边缘地区变得快一些，城市比农村快一些，边缘地区和乡间的语言的一些特点往往代表城区语言的早期状态。拿定海话与宁波话比较，定海话的"名词之人格化者"的"鸭""伯"类词，在宁波话中已极为罕见，这说明有明显构词作用的"鸭""伯"类词首先消失，而残存的只是一些构词作用在发展中已被磨损，即不大明显的语词，因而才显出本音和变音没有多大差别的状况。所以，定海方言的"鸭""伯"类词为宁波话所没有的特点完全可以用来说明宁波话"鸭""伯"类词的变音的性质。

"鸭""伯"类词变音的上述（使用范围和意义）两个方面的特点，说明这两类词中的-n、-ŋ不是语音单位，而是一种语素，至于这是一种什么样的语素，我们从两个特点中自然会联想到北京话的"儿化"，或者说，这个语素就是"儿"，所谓"变音"就是"儿化"。李荣(1978,1983)在谈到温岭方言、广州方言与连读变调不同的特殊变调时把这些特殊变调称为"变音"，认为"变音跟北京的儿化一样，如'花儿''鸟儿'，这个'儿'是有意义的，这个意义虽然很含混，很概括，但是能说出来"。宁波方言的"鸭""伯"类词的变音与温岭方言的特殊变调（升变音和降变音）的作用一样，也是一种儿化形式。我们如把宁波话、定海话的变音与北京话的儿化作一比较，就可以进一步了解宁波话的变音的儿化性质：

例字	宁波	定海	北京
牌儿	bɛ	← bæn	pʻɛr
鸭儿	ɛ	← æn	iɛr
（麻）雀儿	tɕiā	← tɕiaŋ	tɕʻiɑor

北京的"儿"已与前面的韵母"化"为一体,语音上已经难以自成一个音素,但北京周围的一些地区,如房山县,"儿"在构词中还是一个自成音节的儿尾,说明北京话"儿化"的"化"的时间还是不太久远的事情。如果北京话的儿化像书面语所写的那样（"牌儿""猫儿"）,宁波、定海方言的-n、-ŋ与北京话的"儿"的对应关系就显得很清楚。现在,北京话的"儿"在儿化中"化"掉了,但还有明显的痕迹；宁波话的"儿"在"儿化"中也"化"掉了,但是比北京话"化"得早,"化"得彻底,甚至连痕迹都难以找寻。所以,两地方言的这些共同的特点（意义上、使用范围上和语音的"化"的特点上）都说明宁波话的"鸭""伯"类词的变音相当于北京话的儿化,就是说,宁波话在历史上也曾经有过一个儿化的时期。

"儿"在今天的宁波方言里有两个读法,文读"l̩",白读"ŋ"；"l̩"是在北京话影响下产生的后起的语音形式,这里可以不予置理,因为这与本文所要讨论的问题无关。从与宁波周围的一些方言（如宁海、奉化等）的比较来看,宁波话的"儿"在念"ŋ"之前还有一个念"n̩"的时期；"ŋ"是"n̩"舌位后移的结果。"鸭""伯"类词的-n、-ŋ既然是语素"儿"的语音形式,那么,为什么同一语素有两种不同的语音形式？这些不同的形式是代表时代的先后？还是同一语素的两个语素音位变体？仔细分析这这两个鼻音尾的出现条件,大体看来,应该说它们是同一语素的两个变体,"鸭"类词的变音大体来自原来的阴声韵和以-p、-t结尾的入声韵,"伯"类词来自以-k结尾的入声韵；宁波、定海两地没有发现原来阳声韵的儿化形式,这可能是由于儿化与阳声韵的语音形式完全相同,两者早就混在一起,分不出来了。这就是说,入声韵在儿化时随着有关的舒声韵演变,因而同一语素呈现出不同的语音形式。宁波、定海两地的"鸭""伯"类词的变音大体符合这一规律,但有几个例外。宁波话的"雁"读ŋã←ŋaŋ、定海话的"鸦"读ŋ、"虾"读hoŋ,按规律应属于"鸭"类词,而现在却属于"伯"类词,这可能与语音的同化作用有关。"雁"只在

"雁鹅"一词中可读ŋã←ŋaŋ,这可能是由于受后字"鹅"[ŋo]的声母的同化;定海话"鸦""虾"的主要元音都是后元音,后元音的变音根据《定海方言志》的材料无-n尾。

三

儿化是一种指小爱称形式。指小爱称可能是人类共同具有的心理状态,所以不同的语言都有自己的指小爱称形式,例如俄语的кнṷжка、кнṷжечка 是кнṷга(书)的指小爱称形式,俄语中这一类词很丰富;德语名词后如加-chen,-lien 就表明这是一种指小爱称形式;英语的mammy(妈妈)、dad(爸爸)虽不指小,但也是 mother、father 的一种爱称形式。汉语的各地方言的情况大体与此类似,都可能有自己的指小爱称形式。随着方言研究的深入,汉语中各种指小爱称的儿化现象也逐渐为人们所关注。过去一般认为只有北京话有儿化,实在是一种极大的误会。

"儿"是支韵日母字,它的中古音,高本汉拟测为nzie̦,李荣拟测为n̦ie,其声母是一个鼻音。随着语言的发展,这个词的语音在不同的方言中发生了不同的变化,在吴方言的口语中还保持着鼻音的读法,只是原来的韵母全部丢失,变成一个声化韵,读n̩或ŋ̍,宁波方言现在都读ŋ,而在北方方言中它大多演变为一个卷舌元音ɚ。"儿"的读音的音质差异必然会给不同方言的儿化带来差异。从语言的发展的阶段来看,鼻音早于卷舌元音,宁波方言的儿化现象也早于北京话的儿化现象。残存现象也好,新兴现象也好,都是观察语言发展的一个窗口。

儿化是一种构词现象,是语素平面的问题,就其本质来说,不是语音问题。青年语法学派、布龙菲尔德(1933,452—453)等人认为"语言包含两个习惯层次,一个层次是音位的……组成了语言的音系。另一个层次包含形式—意义习惯……这些习惯组成了语言的语法和语汇",而音变是纯粹的语音过程。如果情形确实是那样,那么为什么在宁波方言中的构词现象会成为语音的变化,表现为本文第一节所述的语音规律(从本音来说,则是语音规律的例外)?也就是说,语音变化中为什么会包含非语音的事实,从而表现为非纯语音的过程? 这可能与汉语的语音结构特点有关。

根据《切韵》以来的韵书、韵图的记载和汉语各地方言的语音表现,汉语的音节结构只有-p、-t、-k(或-ʔ)和-m、-n、-ŋ等少数辅音可以做韵尾。① 汉语语素的语音结构基本上是单音节的,只有少数语素(如"玻璃"之类)不止一个音节。"儿"是一个语素,儿化就是在一个语素之上再加一个"儿",然后达到"化",使原来属于两个不同音节的语素挤进一个音节的框架,实现单音节化。在实现这种"化"的过程中,由于"儿"在不同的方言中有不同的语音表现,因而在儿化时与前面的音节就发生不同特点的关系,表现出不同的儿化形式。北京话的儿化是使前一音节的韵母发生语音变化,山西的平定方言、山东济宁的金乡方言的儿化是使"儿"(l̩ 或 r)插入声母和韵母之间而成为一种中缀(请参看徐通锵,1981;马凤如,1984);这些特点与"儿"的读音有关,因为北京话的"儿"(ɚ)和平定的"儿"(l̩)、金乡的"儿"(r)在实现单音节化的时候不允许处于音节末尾的位置上,因为汉语的音节没有这种类型的结构。吴方言的"儿"在口语中读"n̩"或"ŋ̍",儿化时把n、ŋ加在音节的后面,与传统带-n、-ŋ韵尾的音节结构的特点没有矛盾,因而在实现单音节化时可以"岿然不动",充当韵尾,使儿化的形式与传统带-n、-ŋ的阳声韵在语音结构上出现相同的面貌。当然,儿化的"化"的过程的实现也不是一朝一夕的事情,有一个发展的过程。先请比较下列几点的浙江方言现象:②

---

① 赣方言的-l(如"笔"[pil])是-t 的转化。
② 平阳、义乌的材料引自李荣的《汉语方言调查手册》第 140—141 页。金华的材料是北京大学中文系 1980 级学生朱加荣提供的。定海的材料据"五四"前出版的方言志,宁波 1876 年的材料据《汇解》。

方言点＼例字	刀儿	被儿	茄儿	李儿	狗儿	碗儿①	鸡儿	鸭儿
平阳	tœ⁴⁴ŋ¹³	bi⁴⁵ŋ¹³						
	tœːŋ³⁴		dʑiːŋ¹³	liːŋ²¹				
义乌					kyːnᵓ	uaːnᵓ	₌tɕiːn	
金华	₌tuɯn			linᵓ	kɯnᵓ	uanᵓ	₌tɕin	uanᵓ
定海			dʑiæn		kin			æn
宁波 1876			dʑiæn		ki②			æn
宁波 现代			dʑiɛ, dzɛ					ɛ

　　这些方言差异大体上可以说明从儿尾到儿化再进而到消失的过程。平阳方言的儿尾看来是一种残存形式，可看成为发展的第一阶段，犹如北方有些地区的儿尾那样。由于音节后加一个-n或-ŋ的鼻音韵尾符合汉语的音节结构特点，因而"儿"(-n或-ŋ)逐渐黏附在前一音节的后面，但开始时还有黏附的痕迹，因为它使前面的元音变成长元音。这时候两个语素已开始"化"成一个音节，平阳方言的多数儿化形式和义乌的儿化还处于这一阶段。金华方言的儿化在发展的时间层次上又比平阳、义乌前进了一步，连元音的音长色彩也消失了，说明两个语素已融为一体，与传统的阳声韵的语音结构完全一样。"碗儿"[uanᵓ]中的-n是一个假韵尾、真语素。在金华方言中，由于前低元音后的阳声韵的韵尾早已丢失，而且原为上声字的"碗"现在却读去声，与规律不一致，因而还容易使人们意识到uanᵓ是"碗"的儿化形式。但是，定海、宁波两地的情况就不同了，在儿化的时候原来阳声韵的韵尾还没有消失，因而在"化"为一个音节的时候语音上就与相应的阳声韵合并，因而在宁波方言中找不到原来阳声韵的儿化形式。宁波方言的儿化发展到这一步就进入走向消失的关键时期，因为语言中的儿化形式为数不多，而阳声

---

① "碗"原是阳声韵，但它在义乌、金华方言的口语中早就丢掉了鼻韵尾，两地都读ᶜua，所以这里的-n不是原来鼻韵尾的遗留，而是儿化的标志；上声字读成去声的变调也证明了这一点。"鸭""狗"在儿化后也念去声。

② 《汇解》没有"狗"的儿化材料，这里据赵元任的《现代吴语的研究》。

韵的字是大量的,这样,少数的儿化形式就淹没在多数的阳声韵中,随着儿化的构词等语法作用的消退,人们对儿化的心理意识也就逐渐淡薄。《汇解》的作者在该书的前言中说到的 na-hwun(指"婴儿"infant)一词是这方面的一个很好的例子。na 是"奶",人们没有分歧;hwun 的汉字该怎么写,众说纷纭,有的人说是"欢",有的人说是"唤",还有人说是"花"(hwô[huɔ]),都弄不清该写什么字。据《定海方言志》记载,hwun 是"花"的"音转":"俗呼食乳之婴儿曰'奶欢',或作'奶花',谓乳汁培养若花也。'花'音转为'欢'。"所谓"音转"也就是儿化,只不过当时人们已经只是"知其然而不知其所以然"罢了。这样,儿化混迹于阳声韵中,而它在人们的意识中又逐渐消失,因而在语言的发展中就随着同形的阳声韵以"语音规律无例外"的整齐、划一的条件式音变演变,即处于音节末尾的鼻音尾或消失(-n),使"鸭儿"与"晏"同音,现代同为ε;或弱化(低元音后的-ŋ)为鼻化音,使"雀儿"与"酱"同音,同为 tɕiã。这样,语素平面的事实在变化的时候完全等同于语音的过程。从宁波方言的发展来看,青年语法学派和布龙菲尔德认为音变是纯语音过程的看法需要作一点修正,至少需要作一点限制,因为在实际的音变现象中确实可以包含一些非语音的事实。萨丕尔(1921,116)在《语言论》中曾说过这样一段话:"如今的趋势,把语音和语法孤立起来当做互不相关的语言学领域,是一件不幸的事。它们之间和它们各自的历史之间可能有基本关系,只是我们现在还没有充分掌握而已。"这个论断是对的,萨丕尔当时的假设现在已得到语言事实的支持,因而我们在研究音变的时候不能完全局限于纯语音的过程,而需要根据不同的情况,联系它与其他结构层面的关系才能弄清某些音变的性质。

儿化韵虽然随着阳声韵演变,但它毕竟是一种异类分子。阳声韵中的每一个字只有一种语音形式,而儿化韵字现在都已变成单字音,本地人又意识不到"儿"的任何痕迹,因而出现一个字两种读法的情形,如"鸭",一为 aʔ,一为 ε,aʔ 是 ε 的本音。这样,混迹于阳声韵中的儿化韵字又面临着一次拉锯战:是继续同阳声韵混为一类呢,还是回到本音中去?本音字的使用频率高,范围广,而且随着文化的普及和提高,与读书音不一样的口语形式在使用中逐步消退,这些情况都会使儿化韵字的使用频率越来越低,逐步与原阳声韵字摆脱关系而向本音靠拢。不过这次演变的方式与原来跟着阳声韵一起演变的条件式音变不一样,因为儿化韵字各有自己的本音,每一个本音的各方面条件(如使用频率、使用范围等)都不同,不像音位及其变体那样有机械的分布条件,因而只能采用散兵式、扩散式地一个一个地回到各自的本音中去,变得快一点的,就失去了任何儿化的痕迹,变得慢一点的,就在语言中留下了残存现象,正是这种残存现象为我们根据音变规律去探索语言的发展线索提供了可能的条件。拿定海方言与宁波方言相比,由于宁波是中心城市,语言变得快一些,因而儿化的残留现象也就少一些,到"五四"前,当定海话还留存着"哥""姊""弟""妹"之类的儿化残存形式的时候,《汇解》时代的宁波话,这些词的儿化形式已无踪影;不是与临近方言的比较,我们就无由得知宁波话也曾可能有过这方面的儿化现象。即使就每一个儿化韵的残存形式的消失来说,它也是逐步退出"历史舞台"的,一般是在一些不常用的语词组合中先消失,而在一些常用的语词组合中消失得晚一些。我们现在还可以从"狗"的儿化形式的消失中得到一点启示。据《定海方言志》载:"狗"的"读音为kɐɣ,语音有三,城厢为kɐɣ,乡间为kiɐɣ,惟'黄狗'连言则呼kin",即只有在常用的"黄狗"一个词中还留存着儿化的痕迹。宁波方言在20世纪20年代"狗"还有ki说法,现在已经没有了。儿化的残存形式就是这样一个一个地、一步一步地走向消失,越是中心城市,消失得越快,宁波比定海消失得快,而上海又比宁波消失得快。根据1911年出版的材料(Silsby, 1911),"筷"的上海话读kʰwan,与安徽休宁的"筷"[kʰuan]、宁波、定海的"筷"[kʰuɛ<kʰuæn]一样,说明上海话也曾有过儿化的现象;"虾"在现代上海话的口语中念hø,与"安"同韵,似应看成儿化的残存形式之一,不过上海话已难得见到这类现象了。

根据现代学者对吴方言的研究,看来吴方言在其发展过程中曾有过自己的儿化韵。由于语言发展的不平衡性,吴方言的儿化现象在现在江、浙、皖地区呈现出不同的分布状态,就总的情况看,南部(如温州)比北部(如皖南的休宁)丰富,西部(如金华、义乌等地)比东部(如宁波、上海等地)明显(请参看李荣,1978;郑张尚芳,1980—1981;平田昌司,

1982);或者换一个角度说,北方的休宁比南部的温州变得快,东边的宁波、上海比西部的金华、义乌变得快,已接近于消失。总之,吴方言的儿化有自己的发生、发展和消失的规律,与北方方言很不一样;宁波方言的儿化的残存形式以及我们从中所能得到的启发,正是这种发展规律的一个缩影。

引用书目

布龙菲尔德,1933,《语言论》(袁家骅等译),商务印书馆,1980。

李 荣,1978,《温岭方言的变音》,《中国语文》第2期。

李 荣,1983,《关于方言研究的几点意见》,《方言》第1期。

马凤如,1984,《山东金乡话儿化对声母的影响》,《中国语文》第4期。

平田昌司,1982,《休宁音系简介》,《方言》第4期。

萨丕尔,1921,《语言论》(陆卓元译),商务印书馆,1964。

徐通锵,1981,《山西平定方言的"儿化"和晋中的所谓"嵌 l 词"》,《中国语文》第 6 期。

赵元任,1928,《现代吴语的研究》,科学出版社,1956年重印。

郑张尚芳,1980—1981,《温州方言儿化词的语音变化》,《方言》1980 年第 4 期和 1981 年第 1 期。

Silsby, 1911, *Introduction to the Study of the Shanghai Vocabulary*,上海广协书局。

(原载于《中国语文》1985 年第 3 期)

音系中的变异和内部拟测法

【提要】 语言中的差异是语言史研究的客观基础。内部拟测法着眼于由条件音变造成的不规则的结构差异,把结构分析法用之于语言史的研究,解决了一些历史比较法难以解决的问题。音系中还有其他类型的差异,如以文白异读为代表的叠置式变异、体现为字的读音的逐一变化的音类离散式变异等。以结构理论为基础的内部拟测法由于把语言看作为一种同质的系统(homogeneous system),因而它在方法论上没有办法通过对这些差异的考察去解决语言发展中音系间的相互影响、语音的合流、语言发展的时间层次等重要问题。要改进内部拟测法,一要摆脱语言系统同质说的束缚,二要扩大它的语言基础,根据音系中差异的特点分别进行内部拟测的研究。文白异读反映语言的统一和接近,隐含着两种性质的叠置:不同系统的同源音类的叠置和同一系统的异源音类的叠置,前者反映两音系之间的关系,可使共时音系历时化,后者可用以分析音位的合流及其他发展中的重要问题。离散式变异为分析语言发展的时间层次提供了一些重要的线索,历史上的一些不合规律的现象也可以从中得到合理的解释。这些都是只注意条件式、连续式音变所造成的结构差异的内部拟测法无法解决的难题。

一

内部拟测法(internal reconstruction)是语言史研究的一种重要方法,它可以弥补历史比较法的不足,使难以运用历史比较法的领域也可以进行语言的历史研究。

内部拟测法一般认为是结构分析法在语言史研究中的运用,是西方语言学家比萨尼(V. Pisani)、侯尼希斯瓦尔特(H. M.

Hoenigswald)、蓬芳特(G. Bonfonte)等学者在20世纪三四十年代作为工作原则提出来的,目的是从语言材料的共时分析中得出历时的结论。著名的结构语言学家库里洛维奇(J. Kuryłowicz,1962)在《论内部拟测法》一文中曾对这个问题进行过全面的讨论,认为内部拟测法就是要从语言系统的事实本身,即语言要素的相互关系去探索语言的发展规律,而排除一切非语言的要素,例如社会变动、移民、战争、发音……去解释语言的发展,"被研究的因素之间的内部关系的变化才是唯一有关的事实。变化的外部动因与音位系统的变化是没有任何关系的""语言研究的范围看来应该限制在所研究因素的语言的方面,也就是变化前后的实际状况。变化应该作为系统的变化而加以分析和说明……"根据这种方法论原则,音系结构中的空格(例如北京话的舌根音声母k、k'、x在音位组合中没有齐、撮二呼)、对立的中和(例如中古见、精两组声母在i、y前的合流)、不规则的形态交替(morphological alternation)等就成为内部拟测法首先注目的对象[①];特别是不规则的形态交替,很多语言学家认为它是进行语言内部拟测的主要突破口,因为这种交替是由有规则的条件音变造成的,可以从此入手找出音变的规律,使不规则的现象规则化。例如,拉丁语 genus(种类)的主格 genus 和属格 generis 的 s~r 的不规则交替被认为是由元音间的 s 变成 r 这一条件音变造成的。"根据共时形态交替的少量例证进行历时音系规则(phonological rules)的拟测称为内部拟测法"(T. Bynon,1979,90)。

内部拟测法着眼于规则系统中的不规则现象,实际上就是从语言系统中的结构差异入手来研究语言的发展。差异,这是语言史研究的基础。历史比较法比较同源成分在各方言或亲属语言中的成对应的语音差异去探索语音的发展,即从语言在空间的差异中去寻找时间的发展序列;方言地理学注意音变在地域上扩散的差异;词汇扩散理论研究

---

① 例如,德·索绪尔关于原始印欧语喉音的拟测,高本汉关于汉语上古音系的研究,都借助于这种空格之类的结构变异而进行原始音系的重建,取得了一些重要的成果。请参看徐通锵、叶蜚声的《内部拟测法和汉语上古音系的研究》(《语文研究》1981年第1期)。

音变在词语读音上的扩散的差异。它们各自都以某种差异为基础在语言史的研究中做出了自己的贡献。内部拟测法研究音系中的结构差异，从中理出语言发展的线索和规律，在历史语言学中创造了一种新的理论模型。这是它的贡献。但是，另一方面，我们也感到一些不足，因为内部拟测法只能从以语音为条件的共时结构差异中去探索语言的演变，而无法处理系统中其他差异与历史发展的关系。例如，现代宁波方言的"酒"在人们的读音中有 tɕieɤ、tɕiʰɤ、tɕiɤ、tɕy（这时"酒"与"举"同音，现在还只限于少数年轻人）的差异，这些差异与语音的分布条件无关，因而内部拟测法无法从这种差异中去分析音变的过程和趋向。其次，内部拟测法只能从结构差异中重建有规则的原始结构，即只注意音变的两头，而无法清理出音变的具体过程和发展的时间层次。第三，内部拟测法可以处理以语音分布条件为转移的音位的分化，而无法处理音变中音位的合流；中和，虽然它与音位的合流有关，但如果没有其他材料的依据，也很难从共时音系的音位对立的中和中推知历史上音位对立的中和。内部拟测法的这些局限看来与它的语言理论基础不无关系。

内部拟测法的理论基础是德·索绪尔（1916，36）的语言系统同质说，认为语言是一种同质的系统（homogeneous system）。所谓"同质"，简单地说，首先就是要分清语言的"内"与"外"，认为语言的研究只能着眼于语言系统的事实本身，而不能参照非语言的因素。第二，认为语言是由单位之间的相互关系构成的一种纯粹的价值系统，因而在语言研究中可以追求齐整性、对称性、规律性，不承认语言系统中存在着变异（variation）。第三，认为语言系统是一种共时的结构，在研究中要绝对排除历时的干扰。把这三点归纳起来，就是：语言系统是由语言单位之间的关系构成的完全静态的结构。把语言看成为一种结构，从而为语言分析的形式化、精密化奠定语言理论的基础，这是语言系统同质说的重要贡献，但问题是它把语言系统的静态性绝对化了，认为语言结构没有变异和变化。这是以个人方言（idiolect）为基础建立起来的一种语言理论，假定言语社团中的每个人的语言都一样，没有变异。实际上，这是为了语言研究的方便而建立起来的一种理想的语言状态，在实际生活中是不存在的。例如,上述宁波方言"酒"的四种读音就告诉我们,在共时音系中存在着社会的变异,而变异体现着历时演变的趋向,说明语言系统"静"中有"动",在"不变"的结构中隐含着变化的因素。这是语言系统本身所具有的性质和特点。语言系统的同质说只着眼于系统中不变的、共时的方面,自然就会舍弃语言结构中的一些重要的特点。随着语言研究的深入发展,同质说在理论上的一些局限性也就日益显露出来了。内部拟测法以这种语言理论为基础,自然也就只能着眼于规则结构中的不规则的差异,限制了研究的范围。

科学研究的方法是客观规律的反映,集中体现人们对研究对象本身的性质和特点的认识。我们现在既然认识到内部拟测法的语言理论基础的局限性,那就应该在前人研究的基础上补正前人的缺漏,以改进语言内部拟测的研究。这就需要我们摆脱个人方言的束缚而着眼于言语社团中实际运用着的语言状态,设法在无穷无尽的变异中找出语言的结构规律和发展规律。实现这种设想的办法是在言语社团中选择并研究若干个有代表性的个人方言,仔细比较它们的异同,找出其间的差异;根据差异的特点理出音系中的变异层,使杂乱的变异形式分部别居,各得其所;而后分别探索各层变异形式所体现的音变趋向、过程和规律,对共时音系的结构进行动态的分析。根据我们对浙江宁波方言、山西闻喜方言、祁县方言的调查和分析,以及我们所接触到的其他方言的情况,言语社团中个人方言之间除了彼此相同的部分以外,相互间还有一些差异;这些差异不是"遍地开花",而是集中表现在某些因素上。彼此相同的部分是共时音系中的稳定层,相异的部分是音系中的变异层;变异层又可以因变异的不同特点分出三个层次:以语音的分布条件为转移的音位变异层、体现字的读音的逐一变化的音类扩散层和以文白异读为代表的异读叠置层(徐通锵、王洪君,1986)。以语音分布条件为转移的音位变异在语言发展中固定下来就体现为连续式音变,其特点就是青年语法学派所说的"语音规律无例外";如果有例外,那也是"没有一个例外是没有规律的"(维尔纳语)。以语言系统同质说为基础的内部拟测法分析的基本上就是由这种性质的音变而在音系中留下来的结构差异,所谓"根据共时形态交替的少量例证进行历时音系规则的拟测"和利用空格等进行语言史的研究,实质上也是为"没有一个例外是没有规律的"的信条进行结构理论的解释。所以这种理论和方法研究的只是音系中的一种变异形式及其所体现的演变规律,而还没有考察其他两个变异层的变异形式及其有关问题。语言史的研究既然以语言中的差异为基础,内部拟测法的研究范围就不能排除音类的扩散、异读叠置之类的差异。这也是以同质说为基础的内部拟测法的一个重要缺点。另一方面,内部拟测法基本上是从印欧系语言的研究中提炼出来的,而没有很好地考虑如汉语等东方语言的特点,其语言基础也不够广泛。所以,要改进内部拟测的研究,一需要改进它的语言理论基础,跳出语言系统同质说的框框,而把语言看成为一种有序异质的结构(orderly heterogeneous system),充分注意各种类型的变异形式及其所提供的音变信息,从中理出语音演变的线索和层次;二需要扩大内部拟测法的语言基础,根据不同语言的特点进行内部拟测的研究,使内部拟测法的内容得到不断的充实。总之,在我们看来,只要着眼于音系中的变异,从变异中进行结构的动态分析,用语言事实本身来说明发展的原因、过程、趋向和规律的,都是语言内部拟测的研究。

  汉语是有历史的语言,有大量的书面文献,但跨地域、跨时间的方块汉字掩盖了语音发展的实际状态,因而在汉语史的研究中内部拟测法仍不失为一种重要的方法。这种方法由于可以得到汉语方言的印证和书面材料的帮助,其有效性和可靠性可以得到比较充分的保障,从中总结出来的分析原则也可以成为研究史前时期语言的一种重要的借鉴。

二

  汉语与内部拟测法的改进关系最密切的首推以文白异读为代表的语音差异。文白异读在汉语方言中是一种常见的现象,是语词中能体现雅/俗这种不同风格色彩的音类差异。语言系统的同质说由于只注意条件音变所造成的语音结构差异,自然就不会去注意类似文白异读之类的现象在语言史研究中的价值。

"文"与"白"代表两种不同的语音系统,大体说来,白读代表本方言的土语,文读则是以本方言的音系所许可的范围吸收某一标准语(现代的或古代的)的成分,从而在语音上向这一标准语靠拢。比方说,山西闻喜方言的"床"(代表知照系的合口字),它的文读形式原来是 $_{\subset}$pfʌŋ,白读为 $_{\subset}$pfə,新中国成立后由于推广普通话和在学校进行普通话教学的结果,"床"字产生新的文读形式 $_{\subset}$tsʻuʌŋ。声母为什么是 tsʻ-而不是 tṣ-?因为在闻喜方言音系中多数人已没有 tṣ-类声母,说明它在吸收标准语的音类时其音值还得适应本音系的特点。宁波方言也可为这种考察提供一个重要的根据。鸦片战争后,宁波辟为商埠,与外地交往比较多,方言的分歧造成相互间交际的困难,而这种困难却为北方官话的影响敞开了大门。20 世纪初,宁波海关的一个德籍官员已经清楚地意识到这一点,指出宁波方言有很多字具有文白异读的形式,白读的口语形式代表较古的读音,文读的现代形式由来自各省的教员带到学校,字的读音一般都是现代官话(P. G. Von Möllendorff,1901)。据 1876 年出版的《宁波方言字语汇解》(*An Anglo-Chinese Vocabulary of the Ningpo Dialect*,W. T. Morrison,1876,上海)的材料,肴韵见系字(交胶教绞酵……)的白读为-ao,文读为-iao,文读形式大体上与北方官话相似。这些情况说明,文读形式的产生是外方言、主要是权威方言影响的结果,是某一个语言系统的结构要素渗透到另一个系统中去的表现,因而音系中文白异读之间的语音差别实质上相当于方言之间的语音对应关系。如果说,方言间的语音对应关系是语言分化的结果,那么音系内部由文、白两种形式的差别所体现的对应关系则是语言汇合或统一的产物。由语言的分化所造成的不同音系之间的语音对应关系是历史比较法的基础,在语言史的研究中具有重要的价值,那么同理,文与白两种形式的对应关系同样也具有极为重要的价值,只是由于它们共处于一个音系之中,人们因受索绪尔语言系统说的影响而不易发现他们的价值而已。文白异读的产生体现方言间的接近,与语言分化的过程正好相反,因而对文白异读的分析不能机械地套用历史比较法,而需要对文读形式产生之后音与音之间的关系进行内部结构的分析。

一个方言向另一个方言吸收一个语音结构要素,产生文读形式,这就在系统中出现了叠置。这里以山西闻喜方言宕摄字的文白异读以及它与果摄字的关系为例来看这种叠置的情况：

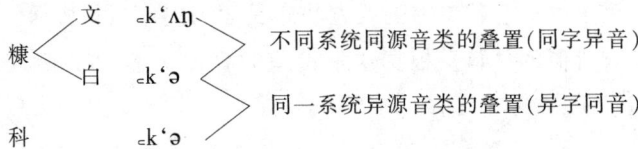

同源音类的叠置是同一个字具有不同的音类交替形式,这种交替与前面所说的不规则的形态交替是两回事情:由不同音系同源音类的叠置而形成的交替反映语言发展中两个姊妹方言之间的关系,而形态交替则是音系中由条件音变而给音系带来的结构差异。同一系统中异源音类的叠置是原来不同的音类取相同的语音形式,这反映同一语言系统的不同音类在发展中的相互关系。这里的关键是文读形式的产生;没有文读形式,"糠"与"科"合流,不会像现在那样既合又分,成叠置的状态。两种不同性质的叠置决定了白读的语音在演变中的命运:它在语言系统中能否取得生存的权利,决定于它与文读形式的竞争;白读形式的语音本身如何变化,决定于它与之叠置的那个异源音类的语音变化。这两种不同性质的叠置为内部拟测法的运用开辟了一个新的领域。

叠置,它隐含着不同的时间层次,本身就是历史发展的见证。在一个语言系统中,一个字具有几个不同的文白交替形式,粗略地说,它就至少隐含着几个不同的时间发展层次。山西闻喜方言的文白异读比较复杂,而且青少年与中老年还有不同。请比较:

年龄层 例字 语音	₌床		ͨ水		₌社		₌车		₌苏		₌陪	
	文	白	文	白	文	白	文	白	文	白	文	白
中老年	pfʌŋ	pfə	fi	fu	siɛ/sə	sa	tsʻiɛ①		tsʻa		səu	pʻi
青少年	tsʻuʌŋ	pfə	suei	fi/fu	sə		tsʻə	tsʻiɛ	su	səu	pʻei	pʻi

---

① 舌尖塞擦音、擦音 ts-类声母的齐齿韵这里都记成尖音,但它与一般的尖音不完全一样,如按严式音标记音,"车"应为 ₌tsʅ:iɛ,"社"应为 ₌sʅ:iɛ。

比较两代人之间的文白异读的差异,就不难发现中老年的有些文读在青少年中已成为白读,而与汉语普通话接近的新的文读形式已活跃在青少年的话语中。这种参差的叠置状态是运用内部拟测法探索语言发展的非常有价值的材料。根据这种参差的叠置状态,可以粗略地分为三个时间层次:

一、新文读层;

二、旧文读层;

三、土语层。

新文读的时间层次比较明确,是新中国成立后普通话影响的结果。中老年人认为这种新的文读形式有明显的外来色彩,因而在交际中取排斥的态度。不过"社会主义"的"社"字,即使最"顽固"的老年人也已念成新的文读形式 ₌sə(韵改调未改),它虽然只在"社会主义"这个词中读 ₌sə(其他如"人民公社""社会"中的"社"还都念 ₌siɛ),但也说明排斥的防线已被冲破。

旧文读层的有些语音形式对于青少年来说已成为白读,但相对于土语层来说它仍旧是文读。它反映哪一个时期的语音,难以确指。旧文读的主要内容是:知照系合口字读pf-、pfʻ-、f-;麻开三读-iɛ;蟹摄一等咍、泰韵读-æe、-uæe(白读为-i、-uei);蟹合二和止合三各韵读-uei(白读音在唇齿音后为-u,其他声母后为-y);宕(江)、曾、梗、通五摄均读-ʌŋ、-iʌŋ、-uʌŋ,与臻摄的-eĩ、-ieĩ、-ueĩ不同,等等。从1918年出版的《闻喜县志》来看,麻开三似还没有读-iɛ的痕迹,因为它用-ia、-a的麻二字注音:

麻马祃骂	斜	邪	些	爷	野	爹	赊	捨	借	惹
方音 读如韵	霞		蝦	衙	讶	貂牙切	纱	纱上声	假	

今天老年人的白读仍维持这种状态,看来当时的麻三还没有今天那样歧异的读音。宕(江)曾、梗、通的文读是否同音,在方志中反映不清楚,它只是分列宕(江)、梗、曾各摄的韵类在当时的闻喜方言中叶什么音,如"庚青梗迥敬径韵""叶佳蟹泰韵",指明"惊"读"街";至于"惊"的文读

与"江"等是否同韵,没有说明。五摄的文读同韵而与臻摄异,我们在闻喜周围的权威方言(晋中、关中、河洛)中还找不到任何痕迹。这大概是它们在文读形式产生以后又在往后的发展中合流了。知照系读pf-、pfʻ-、f-,方志中已有清楚的反映。它在"中、壮、追、吹……"字下注明"以下无字可注,唇音改唇齿音读即合";在"音变第二表"的说明中也说到"……凡不注者皆无字可注,以雅音缺此类音也,但以唇音改唇齿音读之即得"。这种读音似与关中方言的关系比较密切,但它们何时出现这种音变或关中方言的音变何时渗入闻喜方言,现在无从查考。从pf-、pfʻ-在关中地区的实际发音特点来看,估计时间不会太长。白涤洲对这些音的音值曾作了如下的描写:"知照系字读时以舌尖抵齿龈,若不嫌累赘应写作pfʻ"(1933年4月15日给罗常培的信),又说,"周至知照系读pfʻ、pfʻ时上齿紧抵下唇。舌尖位于上齿龈,发破裂音,盖tʂ、tʂʻ变pf、pfʻ之过渡音也"(据白涤洲,1933,6)。在20世纪的30年代由tʂ、tʂʻ变来的pf、pfʻ还没有丧失演变过程中的过渡痕迹,说明此类音变的时间距今不会太遥远。从这些迹象来看,我们或许可以说闻喜方言的旧文读反映近古时期的语言状态。

闻喜方言的土语层,除了帮组声母开口三、四等读舌尖音(例如"饼"的文读为 ˉpiʌŋ,白读为 ˉtiŋ,"米"的文读为 ˉmi,白读为 ˉni(≠ ˉn̩i"你"——乡村或 ˉli——城关)之外其主要特点是:中古全浊声母的塞音和塞擦音,不论声调的平仄,一律送气;宕(江)与果摄合流;曾(-eĩ、-ieĩ,与臻摄的开口韵同)与梗(-iε、-uiε、-yɤ)分立;通摄字读-ueĩ等等。在其他方言中很难找到这种音变的特点,但它却与西夏文的注音所反映的宋西北方音一致(王洪君,1987),说明这一土语层反映千年以前的汉语西北方言的一些情况。

这样,我们根据闻喜方言音系内部的叠置状态分出三个时间层次,前后相距约千年。至于这三个层次之间,我们还可以通过别的办法再进一步把时间层次细密化。比方说,字音中声、韵、调之间的文白错杂的配合关系就是考察这种细密的层次划分的一种办法。请比较"名"字在闻喜方言中的三种读音:

1. ₌liɛ(四乡为 ₌niɛ)　　声、韵均为白读形式;

2. ⁼miɛ   声母为文读形式而韵母为白读形式;

3. ⁼miʌŋ   声、韵均为文读形式。

这说明在"白·白"的声、韵组合和"文·文"的声、韵组合之间还有一种过渡的状态。大致说来,这种错杂的配合方式花样越多,其所提供的语言发展的时间层次的信息就越细密。

以上都是从共时音系中挖掘出来的语言发展的时间层次。语言系统的同质说由于把语言看成为由单位之间的相互关系构成的完全静态的结构,把一切因素都纳入语言的共时系统之中,因而在分析共时形式的时候不管其来源,绝对排斥系统之外的因素的干扰,而在共时结构中寻找历时痕迹的时候又只局限于系统中由条件音变所带来的结果。这样,音系中文白异读之类的差异就成为谁也管不着的领域。这清楚地暴露出语言系统同质说在语言研究中有其难以克服的局限。我们根据音系中叠置式的变异,把压成扁平状的共时音系拉开成由不同音系叠置着的历时音系。这犹如一个折叠式的旅行杯,语言系统的同质说只把它看成为一个压成扁平状的平面结构(如图一),看不到由虚线表示的历史沉积;而我们把折叠成的平面结构拉开来,如果暂时不管各平面结构之间的细密的层次划分,那么音系的结构就成为如图二所示的状态。

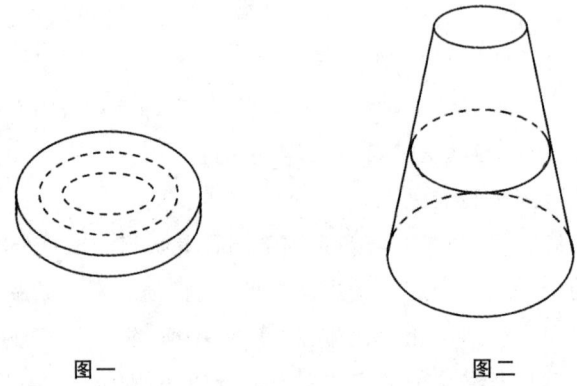

图一   图二

图二上面两个不同的平面犹如不同层次的白读音所代表的音系。语言中的文白异读现象越丰富,字的异读形式越歧异,我们能从共时结

构中抽取出来的历史层面就越多。各个叠置着的音系虽然代表不同的时间层次,代表不同的方音系统,但是由那些没有文白对立的音类联系着,使它们分中有合,异中有同,共居于一个音系之中。这就是说,异读的语音是方言音系之间由于语言的发展而形成的相异的部分,而没有异读的音类则属于方言音系从原始方言中继承下来的部分。相异的部分是由于方言间的相互影响而形成的文白异读,使其中的一个音系向另一音系靠拢和接近。接近的途径就是文读形式与白读形式之间的竞争,各自争取字音的发音权。竞争的总趋势是文读形式节节胜利,在字的读音中逐步扩大文读形式的范围,而白读形式则节节"败退",最后只能凭借一些特殊词语(如地名等)的读音与文读形式相抗争。没有特殊的原因,一般不会违背这种竞争的趋势。竞争的一方一旦在竞争中彻底失败,退出交际的领域,音系中就失去了叠置的痕迹,完成了叠置式音变的交替过程。这样,内部拟测法在这里也就失去了其用武的客观基础。所以,语言中残存着的文白异读现象在语言史的研究中具有重要的价值,可以从中窥知语言发展中不同音系之间的相互关系,使内部拟测法进入一个新的研究领域。

"同一音系异源音类的叠置"的性质与上述分析的"不同音系同源音类的叠置"不同,因而其在内部拟测中的价值也不一样。先请比较山西祁县方言宕摄字的白读及它与之叠置的假、效摄有关韵类之间的关系:

例字	桑白	沙	缰白	家	光白	高白
条件	唐开;阳开知章组	麻开二非见系字	阳开非知照系	麻开二见系字	唐合,阳合;阳开庄;唐开帮	豪,见系;肴,知照系
语音	₋sa		₋tɕia		kɤᵘ	

宕摄字的文读形式祁县方言为-ã、-iã、-uã,效摄的文读形式为-ɑo、-iɑo,表中略。这里为了简化分析的手续,引入了一些书面材料。比较白读形式与有关韵类的叠置关系,我们可以用语言内部的事实来分析

语音单位的合流,并从中揭示语音发展的线索和层次。这是以语言系统同质说为基础的内部拟测法无法解决的一个难题。表中的例子呈三种叠置的方式,我们可以从中窥知三种类型的合流的状态。

首先,以"桑_白"为代表的宕摄开口一等唐韵(包括开口三等阳韵的知、章组,各赅上、去声,下同)的白读音与假摄开口二等的麻韵叠置,同读-a,说明宕摄字(*-ɑŋ、*-iɑŋ、*-uɑŋ、*-iuɑŋ——据李荣,1952)在丢掉鼻韵尾念阴声韵的时候,果摄字的元音 *ɑ已经高化,因而没有像闻喜方言那样形成宕、果合流,而是与麻₂的*-a叠置。

其次,以"缰_白"为代表的阳韵字在丢掉鼻韵尾后读-ia,这在表面上看来,似与麻₂的见系字合流(缰_白=家),既符合音系结构的系统性原则,也于音理无碍。但实际的情况却不是这样。麻₂见系字的-ia是文读音,与白读的-a对立。请比较:

例字	文	白
下	ɕia⁼	xa⁼
夏	ɕia⁼	xa⁼
哑	ˉia	ˉŋa
瞎~腰		ˉxa

这个文读形式显系后起的形式,晚于阳韵字的白读形式-ia。麻₂见系字的白读形式-a应与非见系字的"沙"类字-a同时间层次。麻₃原来的语音形式为*-ia,后高化为-iɪ(如"姐"现在读 ˉtɕiɪ,"写"读 ˉɕiɪ),阳韵字的白读音-ia为什么没有与它叠置并一起高化? 前面说过,白读音的语音形式的变化决定于它与之叠置的那个异源音类的语音变化(例如闻喜方言宕摄字的白读音与果摄字叠置,它就跟着果摄字元音的高化而一起高化,现读-ə),现在的阳韵白读形式为-ia,而不是-iɪ,说明阳韵字在读-ia之前麻₃的元音*-ia已经高化;这就是说,麻₂的*-ia与阳韵字的-ia不是同一时间层次里的现象。

第三,以"光_白"类字为代表的宕摄合口字的白读形式为-ɔᵘ,而不是像唐_{开一}白读-a、阳_{开三}白读-ia对称地、平行地读-ua,与麻₂合口字(如"瓜"之类)合流。这种与系统不一致的差异可以提示一些新的音变线索。首先，合口字丢掉鼻韵尾的时间和方式与开口的唐、阳韵字不一样。如果是读*-aŋ、*-iaŋ、*-uaŋ时代同时以条件式音变的弱化方式丢掉鼻韵尾，那"光白"类字的韵母应该是-ua，与开、齐的-a、-ia配套，但是实际的情况不是这样。这只能推断"光白"类字鼻韵尾的消失在时间和方式上不同于唐、阳韵字。其次，"光白"类字丢失鼻韵尾的时间看来比开口的唐、阳韵字早，因为如果是相反的情况，即*-aŋ、*-iaŋ先丢失鼻韵尾，其结果必然会波及"光白"类字的韵尾。从这种迹象看，合口字的鼻韵尾似先消失，这样开、合口的音变才能分道扬镳。再次，"光白"类合口字的鼻韵尾为什么会先于开口的唐、阳韵字而发生变化？这可以结合祁县音系的特点，从结果追原因，从它和它与之叠置的"高白"类效摄字的关系中去探索、重建它的演变轨迹。读-ɔᵘ的"光白"类字包括宕摄合口字、开口阳韵的庄组字（如"闯白 霜白……"）和唐韵的帮组字（如"帮白 忙白"等）。阳韵的庄组在北方方言中一般都有-u-介音，在音系中早已由开口转向合口；帮组唇音字本来就"可开可合，不分开合"（李荣，1952，130），在祁县音系中它随合口字演变。这就是说，"光白"所代表的这三组音都是合口字，有一个-u-介音。在现代的祁县方言中，-ŋ前的合口介音-u-的双唇作用有移到韵尾位置上去的趋向，使以-ŋ为韵尾的通、臻等摄的合口字产生新的韵尾-m(-u-的双唇作用移至韵尾并与韵母中的鼻音成分相结合)；由于-u-的转移，合口转为开口，如"东"读 ₌tɤm或 ₌tom，撮口转为齐齿，如"军"读 ₌tɕiɤm（徐通锵、王洪君，1986）。这给我们一个启示，可以借此推知宕摄合口字也经历过一次类似的变化：*-uaŋ中的-u-的双唇作用移至韵尾，它本身在音系中的地位由合口转为开口。祁县东邻榆社（南河底）的宕摄-ŋ韵尾今天都转化为-ɤ，可以作为一个旁证。这样，*-uaŋ转化为-au，与效摄的豪韵字（包括宵韵的知照系字）叠置合流。它们在以后元音高化的演变中一起变为今天的-ɔᵘ。至于豪韵字今天的文读形式-ao，那是后来从别的方言输入的，与中古时期的*-au不是一个时间层次里的东西。

所以，我们可以从异源音类的叠置中看到语言发展的一些轨迹。语言系统的同质说由于把语言看成为一种纯粹静态的结构，因而无法利用叠置性的变异从-a、-ia、-ua的共时结构中探索它的历史沉积，理出不同的时间层次。

上述两种不同性质的叠置各自为内部拟测法开拓了新的领域：一是把多层叠置着的扁平状的共时音系历时化，理出发展的时间层次。二是可以从叠置看语音单位的合流以及它给音系带来的影响。这些都是以语音系统同质说为基础的内部拟测法难以做到的。

三

某一音类在字音中的逐一变化和更替，我们称之为离散式变异。这种变异及其所体现的音变的特点是变化的速度在字音中的反映参差不一，显得凌乱而没有规律，与"语音规律无例外"的连续式音变正好形成鲜明的对照（徐通锵、王洪君，1986）。词汇扩散理论曾对这种现象有过很好的研究（王士元，1969，1983）。但是，如何运用这种类型的变异去解释历史上的音变，似还没有引起人们的充分注意。这是一个值得花大力气去研究的领域。这里可以用宁波方言的声调来说明。

现代宁波方言的声调相当复杂，单字的声调多的有七个，少的只有四个；除了说四个声调的宁波人单字有定调（原清平、清上、清去合为一调，原浊平、浊上、浊去合为一调，外加阴入和阳入，共四个）以外，操五个（或六个、七个）声调的宁波人单字调的归类相当杂乱。请比较下表中的调类差异现象：

调类\发音点\调值	城中心①	西门②	江东③	南门④	城郊⑤	例字
阴平	42(44)	42(44)	42(44)	42	42	诗高专
阳平	24	24(313)	24(313)	24	24	时题陈
阴上		435	435	435	435	纸走短
阳上				313	313	在赵美厚
阴去				(44)	44	盖正醉
阴入	5	5	5	5	5	识滴急
阳入	23	23	23	23	23	石笛月
调类总数	4	5	6	6(7?)	7	

从这里可以看出宁波方言声调系统的内部差异。像方言或亲属语

---

① 发音人郑芳怀，男，48岁，教师；何汉英，女，47岁，工程师。有一小部分舒调阴声字他们偶尔也念44的去声调值；有极少数原阴上字也间或念435的上声调值，但没有规律。发音人已不计较这种调值的差别，如认为可念435调值的"纸"和念42的"支"是同音字。

② 发音人王纲平，男，27岁，学生，住西门。原阴上字有八十多个可念435的调值。原浊平、浊上、浊去已合为一类，但内部有两种调值，约有六十多个字的调值为313，分布上没有什么条件。具体的例字读者可以参看拙作《百年来宁波音系的演变》(《语言学论丛》第16辑，商务印书馆，1991；又《徐通锵自选集》，大象出版社(原河南教育出版社)，1993，下面其他发音人的情况同此)。

③ 发音人袁逸，男，28岁，学生，住江东。约有一百一十多个原阴上字可念435调值；原阳调舒声字已合为一类，但有些字有两种调值，如"胃、伟、魏"念24或313均可。

④ 发音人沈亚萍，女，23岁，学生，住南门。阴去字多与阴平字混，但有一部分仍保留44调值。相当完整地保留阴上的调类，在方言调查字表中约有83%的清上字仍念上声；只有六十多个原清上字归入阴平，约占17%。阳上调是一种残留，在念313调值的34个字中有32个是原阳上字，占字表阳上字总数的11%左右。这些字虽然是一种残存现象，但发音稳定，与24的调值对立，自然需要单立为一个调类。

⑤ 发音人靳逸民，男，23岁，学生，鄞东五乡碶，离市区约十公里。阴平、阴上、阴去字的调值经常互混，但还可以分出三个调类。原浊去字基本上已与阳平字混；念313调值的字包括大部分的原阳上字和部分去声字。

言间的差异被历史比较法用来考察语言发展的过程那样,这种系统内部的差异也可以用来说明音变的过程,充实内部拟测法的内容。首先,比较不同发音人之间的声调差异,我们可以作出推断:宁波方言的声调正处于从七个到四个的简化过程中。赵元任(1928,76-77)写《现代吴语的研究》的时期宁波话也是七个声调,可以作为这一推断的旁证。其次,简化的途径不是取诸如-i、-y前的k、k'、x变为tɕ、tɕ'、ɕ之类整齐划一的连续式、条件式音变方式,而是取扩散的方式,除清浊、舒促的界线不混外,都是采用逐个归并的方式,即原清去、清上字一个一个地归入阴平类,原浊上字也是一个一个地并入阳平类。而且,总的趋势是:非常用字先变,常用字后变,每个人所保留的原调的残存字大都为常用字,即使是只有四个声调的宁波人,有些经常使用的字,如"走""纸"等,也可以间或念435的阴上调值。由于扩散的速度在不同的发音人中不一样,因而在音系中呈现出差异;即使是同一个发音人,他在不同时候的发音状态也有差别。以江东点的材料为例,"死"字的第一次发音是阴平(42),第二次读阴上(435);"蒋奖"两字开始读阴平,只有"桨"读上声,但后来又肯定这三个字同音,调值都为435。所以,声调表附注中的统计数字只据其中的某一次发音,代表一个大致的趋向。这些看来杂乱而没有规律的现象正是离散式音变的一些典型特点。第三,简化的步骤,去声似先并入平声(阴去归阴平,阳去归阳平),而后是上声字再逐一归入平声(阴上归阴平,阳上归阳平)。第四,根据声调表所提供的线索,宁波方言调类简化的始发点似没有阳去,与其他各调各分阴阳的结构格局不对称,说明它是结构上的一个空格,我们可以参照其他的材料填补这个空格,重建阳去调。这样,即可从系统内部的差异中找出宁波方言的声调从八个简化到四个的具体过程和先后的时间层次。这是一种重要的变异形式和音变类型。语言系统同质说由于以个人方言为基础考察语言的结构,自然就看不到这种杂乱的变异,以此为基础的内部拟测法自然也就不可能去从中探索语言的发展。

每一种音变类型都有自己的特点。连续式或条件式音变的特点,如前所述,是所谓"语音规律无例外"和"没有一个例外是没有规律的"。离散式音变的特点与此不同:第一是两头整齐中间乱,即变化前的阶段和变化完成后的阶段,其语言状态是整齐的,有规律的,例如宁波话的声调在变化前是八个,平上去入各分阴阳,在变化完成以后是四个,但是在音变进行过程中却是杂乱的,好像没有规律,有点像扩散派所说的"每一个词都有它自己的历史"的样子。第二是这种音变所经历的时间很长,像宁波话的声调,差不多经历了一个世纪的时间还没有完成它的音变过程;今后还要多长时间,现在还无法预计。所以,根据音系内部的离散式差异而进行内部拟测、探索音变的过程、趋向和规律的时候要充分考虑音变的这种特点。

音系中的离散式变异及其所体现的离散式音变是系统本身所具有的一种性质,不仅今天的语言系统有这类现象,历史上也应该有。因此,我们在解释历史上已经完成的音变的时候不要只局限于连续式音变一种类型,而需要根据音变的不同特点进行一些具体的探索;特别是对那些先杂乱后整齐的音变,就不能套用"语音规律无例外"或任何规律都有例外的框框去解释。比方说,先秦时期汉语有没有声调?有几个声调?从什么时候开始有平、上、去、入四个声调?从陈第、顾炎武以降,有各种不同的说法。大别之,有人根据《诗》韵的一些异调相押的现象说上古汉语没有声调;[1]有人根据同调相押的情况说那时的汉语有声调,只是有不少例外而已。[2] 这两种意见本身是对立的,但他们观察问题的方法论原则却是一致的,都是根据连续式音变的规律去观察那个时期的声调,因而难以驾驭那些杂乱的现象。用"例外"来解释《诗》韵异调相押的现象,有很多问题难以说清楚。第一,"例外"的现象为什么那么多?根据丁邦新(1981,99)转引张日昇的统计,《诗》韵异调相押的情况是:

---

[1] 例如陈第:"四声之辨,古人未有……旧说必以平叶平,仄叶仄也,无亦以今泥古乎"(《毛诗古音考》)。江有诰:"古无四声,确不可易"(《古音凡例》,他后来在《唐韵四声正》里改变了这种看法)。

[2] 例如董同龢:"按理说,韵语对声调的要求是不必如对韵母那样严的"(《汉语音韵学》第 313 页,台湾文史哲出版社,1981)。又如谢纪锋:"同调相押是《诗》韵的基本规律之一,但并不绝对排除例外。少数例外也不影响规律的存在。"(《罗常培纪念论文集》第 342 页,商务印书馆,1984)

	上	去	入
平	361	293	10
上		166	39
去			161

此外还有平上去三调相押和平上去入四调相押的情况。那么多异调相押，都笼统地归之于"例外"，不免牵强。周祖谟(1984,82)根据新近出土的汉代竹书、帛书的通假字指出"在《周易》帛书里甚至平上去之分也不严格""在金文里也有很多这样的例子"。这就更难用例外来解释了。第二，如果是"例外"，那必有产生例外的条件和原因，即例外也有它的规律，但我们现在还没有看到人们对这种"例外"的原因做出理论上的解释，看来今后也难以做出这种解释。第三，如果是"例外"，那么这些例外的字调后来又为什么会分门别类地归入有关的声调，形成整齐、划一的平上去入的声调系统？看来先秦时期的不很整齐的声调很难用连续式、条件式音变的规律来解释。它好像是一种正在进行中的离散式音变，提示汉语声调从无到有、从逐步形成到最后定型是通过扩散的方式进行的；《周易》《诗》韵的时期由于还处于演变的过程中，因而显得杂乱而不那么有规律。可能在沈约等发现平上去入的声调系统以前不久的时期，汉语的声调系统才最后定型，完成了从杂乱到整齐的离散式音变的过程。周祖谟对这个问题的解释可能比较接近先秦时期汉语声调发展的实际状况。他认为"这应当跟文字发展的不同阶段和使用文字在记录语词时声音有没有变易转移有关系""可以分别不同的历史阶段来认识"，周、秦时期的三个或四个声调"是经过长时期逐渐发展而形成的""周秦时代不同韵部的调类多寡不同，也有一个发展的过程""去声成为一个调类，发展比较晚。去声所以由平上声或入声发展出来的原因应当是多方面的。有一部分可能是由于字义有引申而音有改变，有一部分可能是由于声母有变易或韵尾有变化甚至失落而产生另一个声调"。这种考察比较客观，摆脱了"语音规律无例外"、例外有例外规律的信条的束缚。它与我们从共时音系的离散式变异中所得到的启示是一致的。音系中的离散式变异及其所体现的音变规律的精神也应该像连续式音变规律的精神那样，好好地用之于语言史的研究。

离散式音变的过程由于其经历的时间长,中间可能发生变故。如果在语音演变的过程中有一种新的音变力量拦腰斩断离散式音变的过程,那么就会发生中断的变化,即已经起了变化的音和还没有来得及发生变化的音从此分家,各不相涉,因而在音系中留下了参差的差异,而不像前述的声调那样最后有一个整齐的结构格局。这种现象给语言内部拟测的研究带来了很大困难,但仍有可能从中探索语言发展的痕迹。先请比较中古覃、谈、寒(各赅上、去)三韵端系字在现代宁波方言中的语音差异:

音值\韵类\例字	覃	谈	寒
-ɛ	耽 潭谭 婪(多数人) 参惨	担胆 坍毯 谈痰淡	丹单旦 滩摊坦炭叹 檀坛弹诞但蛋 难 兰拦栏懒烂 餐灿 ……
-ɪ̃	贪探 南男 婪(少数人) 簪 蚕		

谈、寒合流,没有问题,而覃韵字却显出参差的情况,有的与谈、寒合流,有的自成一类,内部不一致。如果把语言看成为一种静态的、同质的结构,这些有差异的音各自归入有关的韵类(-ɛ都为谈、寒韵字,-ɪ̃归入"杯梅……"等灰韵字),掩盖了系统内部应有的参差。由于汉语有韵书等书面材料,有其他方言可资比较,就呈现出同源字的音类差异。这类现象的出现使语言学家感到惶惑。张琨(1983,8)在《汉语方言中鼻音韵尾的消失》一文中在分析覃韵字的内部差异时有一个脚注:"黄岩、温岭方言中切韵覃韵舌头声母的字读*an。宁波方言中读-ɪ̃,究竟代表什么,不大明白。"根据"语音规律无例外"的连续式音变规律,这类现象确实很难解释。看来覃韵在宁波方言中的读音差异不是连续式音

变造成的,而是离散式音变中断的结果。覃、谈、寒三韵高本汉、张琨、李荣分别拟测为:

作者 \ 拟音 \ 韵类	覃	谈	寒
高本汉	âm	âm	ân
张琨	əm	âm	ân
李荣	êm	âm	ân

从这三韵在吴方言中的反映来看,张、李的拟音比较接近于语音的实际。由于-m韵尾在语言的发展中并入-n,因而谈与寒合流,而覃韵由于其元音与谈、寒韵有较大的差异,在古宁波方言中仍保持它的独立性。根据1876年出版的《宁波方言字语汇解》提供的线索,谈、寒韵字读-æn,覃韵字有些读-æn(如"耽谭"等),有些读-en(如"探南"等),看来-en是-m并入-n之后覃韵字的读音。音系中谈、寒韵是字多势众,而-en韵却相反,字数甚微,在音变中经不起别的音类的"推"与"拉",因而以扩散的方式一个一个地并入音值比较接近、历史上有联系(反映在其他方言中即为同韵字)的-æn韵。何时开始这种变化,无从查考,但在《汇解》的时代(1860—1876)这种变化似正处于进行过程中,一部分字已经读-æn("耽谭"等),一部分字仍读-en("探南"等)。正当覃韵字以扩散的方式进行离散式音变的时候,可能是由于鼻韵尾-n的消失迫使这种音变中断。根据《汇解》和《宁波方言的音节》两书的说明,那时的鼻韵尾-n已经很微弱,"几乎听不到"(hardly audible),而其前面的元音则已发生鼻化(《音节·前言》第7页)。随着语言的发展,-n和元音的鼻化成分都消失。这样,-æn变成-æ;而-en变成-e,和"杯胚培梅堆推……悲丕眉"类字的-e韵合流。这就改变了音系内部的结构格局。读-æ(<-æn)的覃韵字由于已与谈、寒韵字合流,因而它们一起发生变化;从-en韵变来的-e在共时音系中则与覃韵字的读音脱离关系,而跟随它的"新朋友"-e韵一起演变,不再受原来的离散式音变规律的支配,因而在音系中留下了参差。-æn>-æ的演变引起了宁波方言元音系统的

高化:-æn>-æ,-æ>e,e>i(声母k-之后和kʻ-之后的"看"),-e>-ɛɪ(非k-、kʻ-声母之后)(请参看徐通锵,1991)。这就是某些覃韵字读-ɛɪ的由来。这种离散式音变的中断为解释音变中的例外、寻找语言发展的轨迹提供了新的线索。

考察离散式变异及其所体现的音变,可以使时间层次细密化,并使语言内部拟测的研究深入到以语言系统同质说为基础的内部拟测法难以探索的领域。

四

前面的分析说明,音系中充斥着各种类型的变异,每种变异在语言史的研究中各有自己的价值,都可以为内部拟测的研究开辟新的领域。第 26 页图二所示的平面叠置是一种理想化了的叠置图,实际上,每一个平面都被那些叠置式变异、离散式变异、连续式变异弄得犬牙交错,坎坷不平。这些由变异造成的坎坷是语言史研究的向导,因为语言发展中的时间是无形的,一发即逝,难以捕捉,只有语言中的差异是有形的,是听得见、看得清(把实际的音值记下来)的,是时间留在语言中的痕迹,可以成为观察已经消失的时间的窗口。所以,从差异中探索语言的发展是语言史研究的一条重要的方法论原则。我们前面的讨论就是以此为基础有层次地考察音变的痕迹和先后的时间层次,重建发展的序列,对以语言系统同质说为基础的内部拟测法进行了一些力所能及的补正。但是,这并不是说,我们已经克服了以语言系统同质说为基础的内部拟测法的缺点,如果语音的发展在共时音系中没有留下任何差异的痕迹,就是说,既没有文白对立的残存形式,没有离散式音变留下的层次,也没有空格、不规则的形态交替之类的结构差异,我们仍旧没有办法探索语音的演变。

其次,汉语是有历史记载的语言,有丰富的书面文献,我们前面的讨论不少地方都得力于韵、摄之类的书面材料的帮助。设使没有方言的比较,没有书面材料的帮助,完全根据音系中的共时差异,那进行内部拟测的研究就要困难得多。比方说,假定我们现在不知道山西闻喜

方言哪些字属中古的果摄,哪些属宕摄,只从共时差异着眼,那在我们面前就会出现三类字:

| 科 | ₋kʻə | 糠 | ₋kʻə～₋kʻʌŋ | 康 | ₋kʻʌŋ |
| 辋 | ₌və | 忘 | ₌və～vʌŋ | 望 | ₌vʌŋ |

如不管声调和声母,光从韵母看,它们是一类?两类?还是三类?一时弄不清。不过这只能造成和增加语言内部拟测研究的困难,而不能宣告内部拟测法的无效,因为我们还可以通过别的办法(例如民歌的押韵之类)把它们分成两个不同的类别,并在此基础上讨论语音的演变。

差异,这是语言史研究的客观基础;比较,这是语言史研究的主要方法。不管是文献资料的考订、历史比较法、扩散理论,还是内部拟测法,都离不开"比较"两个字。"比较"可以沟通各种方法之间的联系。因此,除了那些没有书面文献资料、没有亲属语言可资比较的语言的历史研究以外,我们还需要结合历史比较法、书面材料等进行语言内部拟测的研究。方言之间的比较可以发现共时音系内部的差异(例如前面关于覃韵字的分析),书面材料可以提供确切的年代和语源的线索,在此基础上对音系中的差异进行内部拟测的研究,可以找出音变现象之间的内在联系,发现音变的原因,看清音变的过程和时间层次,丰富音变规律的内容。这还是一块有待于我们去开发的处女地。

引用书目

白涤洲,1933,《关中方音调查报告》(喻世长整理),中国科学院,1954。

丁邦新,1981,《汉语声调源于韵尾说之检讨》,原载台湾《国际汉学会议论文集》,此文现已收入《丁邦新语言学论文集》,商务印书馆,1998。

李　荣,1952,《切韵音系》,中国科学院印行。

索绪尔,1916,《普通语言学教程》(高名凯译,岑麒祥、叶蜚声校),商务印书馆,1980。

王洪君,1987,《山西闻喜方言的白读层和宋西北方音》,《中国语文》第1期。

王士元(Wang, W. S-Y),1969, Competing Change as a Cause of Residue, *Language*, 45.

王士元,1983,《语言的演变》,《语言学论丛》第11辑,商务印书馆。

徐通锵,1984,《山西祁县方言的新韵尾-m和-β》,《语文研究》第3期。

徐通锵,1991,《百年来宁波音系的演变》,《语言学论丛》第16辑,商务印书馆。

徐通锵、王洪君,1986,《说"变异"》,《语言研究》第1期。

张　琨,1983,《汉语方言中鼻音韵尾的消失》,台湾中央研究院史语集刊第54本第1分。

赵元任,1928,《现代吴语的研究》,科学出版社1956年重印。

周祖谟,1984,《汉代竹书和帛书中的通假字与古音的考订》,《音韵学研究》第1辑,中华书局。

Bynon, T. 1979, *Historical Linguistics*, Cambridge University Press, Cambridge.

Kuryłowicz, J.（库里洛维奇）, 1962, On the Methods of Internal Reconstruction. CM. *Preprints of Papers for the Ninth International Congress of Linguists*, Cambridge, Mass.

Möllendorff, P. G. Von, 1901, *The Ningpo Syllabary*, Shanghai.

（原载于《中国语言学报》第三期,商务印书馆,1989）

变异中的时间和语言研究

【提要】 时间观是语言研究方法论的基础。计量时间的方法不止年、月、日一种,我们可以利用变异成分的几种变异形式长期共存的状况对语言运转中的时间进行横向的空间计量,以便使变异所隐含的几十年至几百年的时间流程展现在观察者的面前。弄清楚变异形式之间的关系,也就弄清了语言在几十年至几百年时间中运转的一些机理。本文以这一认识为基础,重点讨论语言运转中有序和无序的相互转化以及由此而可能给语言史研究带来的影响。

我们主张用"结构—有序状态的变异—结构"这个公式对语言系统进行动态的分析(徐通锵,1987—1988),其中的一个理由就是在系统中找到了"时间",或者说,我们可以用一种新的方法去认识语言中的"时间"。"时间"是科学方法论的基础,不同的认识会产生不同的理论和方法。把变异引入语言研究之后,"时间"以及与此相联系的有关问题也就成了需要进行探索的新问题。

一 时间观与语言的研究

"时间"一般理解为"过去—现在—未来"的一个纵向时轴,用年、月、日、时、分、秒去计量。这种时间在时轴上自然地流逝,一去不复返,因而给以年、月、日为计时单位的历史研究带来严重困难。为克服这种困难,语言学中与这种时间观相联系的历史比较语言学只能根据方言或亲属语言的语音对应关系去研究语言在时间上的发展。这种假设的前提是:语言的发展是有规律的,而这种规律的运转又以时间、地点、条件(语音条件)为转移。青年语法学派把这种原则加以提炼,概括为"语音规律无例外"(A. Leiskien)①和"没有一个例外是没有规律的"(K. Verner)。方言地理学派虽然反对这种理论,并提出"每一个词都有它自己的历史"(J. Gillieron)的口号与之抗衡,但就"时间"这一方法论基础来说,它们之间并无多少差异,只是从不同的侧面去观察"从过去到现在"这一段已经流逝的时间。这种研究所涉及的时间相当长,短的有几十年、几百年,长的可达几千年、几万年,而且都是"现在"以前的"过去",已经消逝,无法直接观察,因而只能推测某些成分在千百年时间中的变化,无法了解语言整体的运转机制。因此,以这种时间观为基础的语言研究方法论原则被索绪尔和而后出现的结构语言学、转换—生成语言学所否定,而代之以"共时"和"历时"的划分为基础的时间观。

"共时"的"时"是"过去—现在—未来"这个时轴上的一个"点",它的分离服务于语言系统的分析,以便可以集中精力来研究这个"点"上的语言现象,因为"我们绝对没有办法同时研究它们在时间上的关系和系统中的关系"(索绪尔,1916,119)。这种时间观虽然为研究语言内部的结构奠定了基础,并且取得了一些引人注目的成就,但是它毕竟只涉及时轴上的一个"点",过于狭窄,因而不可避免地会给语言研究带来一些难以克服的矛盾。一些忠实于语言事实分析的语言学家在"共时"问题上早就感到迷惘。结构语言学的创始人布龙菲尔德(1923,1933)在这方面就是一个很好的典型。1923 年,他在评论《普通语言学教程》第二版的时候曾就"共时"和"历时"的关系问题谈过如下的看法:"言语不仅在系统未确定的地方上有变异,而且系统本身也可以有变异;不同的说话人有时会违反系统的几乎所有特征。这就给我们带来了'历史语言学'或历时语言学;当言语中这样个人的、暂时的特征在社会中变得一贯或习惯化时,它们就变成语言系统的一个变化。"过了十年,他在《语言论》中又重新强调了这一看法:"任何言语社群的语言在观察者看来总是一个繁复的信号系统……一种语言在任何时刻呈现在我们面前

---

① 这个论断的英译文为 Sound change takes place according to laws that admit no exception,直译为"语音规律不允许有例外"。(W. P. Lehmann, 1973, p.87)下引维尔纳和齐列龙的论断也请参看此书。

的都是词汇和语法习惯的稳定结构。然而这是一种错觉。每一种语言时时刻刻都在经历着缓慢而不断的语言演变过程。"(中译本355页,着重号是原有的)这说明布龙菲尔德早就感到"共时"的"时"是一种错觉,但是他没有能找出摆脱这种错觉的途径,以至后来的结构语言学家在这种"错觉"的道路上越走越远。

时间和空间是联系在一起的。"共时"的"时"既然只是从"过去—现在—未来"这个时轴上割裂出来的一个"点",那么"空间"的含义也只能是一个"点",即只能从实际语言中选择某一种风格状态的个人方言(idiolect)。这种"点"的实质是既没有时间,也没有空间。C. F. Hockett(霍凯特,1942)在《描写音位学体系》一文就说过:"描写程序设定了一种虚构(fiction),即处理的各种话语均无时间、空间或社会的次序(order)。这一虚构只在材料涉及的时间、空间或社会的幅度(span)相当小的情况下才有效,如果我们把古英语的记载当做单个的无秩序的集时它就垮了。如将言语习惯在时间上的实际演变过程描绘成一条曲线,那么描写技术对实际情况的近似值可用在曲线的一定点上的切线来表示。"当时,霍凯特以及其他的结构语言学家并没有感到这种"虚构"有什么不对,因而循着这条道路继续前进。直到60年代末,由于转换—生成学派的兴起和冲击,结构语言学家经过痛苦的反思,才不得不承认以"共时"的"时"为基础的语言研究的严重局限性。C. F. Hockett(霍凯特,1970,10—18)在回顾结构语言学的发展之后指出:描写语言学家们不但求助于比喻(如上述的"曲线""切线"之类),而且充满"错觉""方便"[①]"虚构"之类的词语,使人迷惑不解的是,这些词语的出现不是抱歉地承认方法论上的缺点,反倒成了语言研究的正当理由。霍凯特认为结构语言学在这条"虚构"的道路上走得最远的是哈里斯的研究,并把他的某些文章称之为游戏语言学(game-playing linguistics)。

[①] 赵元任(1968)对"共时"作了这样的解释:"语言纯共时状态的观念在方法论上可以比诸在一定时点上的速度或加速度的观念。瞬时值定为包括该时点在内的一个时段的时间的平均值。因此在某种意义上说,这是为了方法论的方便而立出的科学的虚构。"

前面的简单回顾说明,对"时间"的认识是语言研究方法论的一个重要基础。历史语言学强调时间的"线",而索绪尔和结构语言学强调时间的"点",但"线"与"点"是分离的,因而在语言研究中都碰到了一些难以克服的困难。可见,这些时间观作为语言研究的方法论基础有它的局限性。我们需要在这个问题上进行一些新的探索。

二 变异和横向的空间计时

对于时间,我们除了用年、月、日去计量以外,还可以对它做出综合性、全局性的判断。当我们猜测一个小孩儿的年龄时,这个年龄并不存在于小孩儿的任何一个特殊部位上,而是根据他的各方面的特征而做出的综合性、全局性的判断。过去,科学把时间空间化,现在发现还有另一种可能,就是"空间得到了一个时间维,按照地理学家贝里(B. Berry)的说法,我们已被引导去研究'空间的计时'了"(普里高津等,1984,51—52)。这种"空间的计时"有没有可能用于语言的研究呢?回答是肯定的,这就是通过语言变异的分析对时间进行综合性、全局性的考察。

语言变异成分通过连续性变异和离散性变异的方式向着某一方向变异是逐步推进的,在语言结构和社会人群中的分布很不平衡,有先后快慢之别。具体分析变异形式之间的关系,即使不用年、月、日之类的计时单位,也可从中看到时间,定出一个概数。下面的分析也引用一些书面材料,目的是想以此印证变异中的时间。

北京话零声母合口呼有 w/v 变异(沈炯,1987)。联系山西、河北等地的方言来看,这种变异大体上反映零声母合口呼由 w 到 v 的演变过程。这种变异的分布特点是:wu 组(wu、wo)念 w 的比例数大,wen 组(wen、wan、wa、wai、wei、wang)则多念 v。这种分布格局早在六十年前就形成了。钱玄同(1927)对此曾有明确的叙述:"至于万(v),北京音倒不是没有,合口诸韵母在单用时,其起首之 w 多有变为 v 的(不过这个 v 比英法的 v 用力较轻些,吐气较少些)。例如'蛙、为、稳、望',读 va、vei、ven、vang,而不读 wa、wei、wen、wang。但'乌''我'则不变,仍读 wu、woo,而不读 vu、voo。"这就是说,六十多年来,合口呼零声母 w/v 变异的基本格局并没有发生大的变化,说明现在北京话的 w/v 变异的社会空间差异至少包含六十年的时间。在钱玄同观察到这些语音差异以前已经经历了多长的时间?今后还需要多长时间才能完成由 w 向 v 的变异过程?现在都难以预计。根据六十年来变异的基本格局没有发生多大变化的情况,说 w/v 变异蕴涵着一二百年的时间,是一点也不会过头的。

我们还可以举一个宁波方言的例子。

宁波方言的声调在言语社团中的表现很杂乱,有的人有七个声调,而有的人只有四个,正处于离散式变异的过程中。大体情况是:

  七个:阴平、阳平、阴上、阳上、(阴)去、阴入、阳入
  六个:阴平、阳平、阴上、阳上、阴入、阳入
  五个:阴平、阳平、阴上、阴入、阳入
  四个:阴舒(包括清平、清上、清去)、阳舒(包括浊平、浊上、浊去)、阴入、阳入

在这种杂乱的变异中我们可以理出从七个声调到简化为四个声调的大致顺序:去声先变入平声,而后上声再与平声合流;在去声和上声内部,阳调字先于阴调字合流。现实语言中这种声调差异的社会分布至少隐含有一百三十余年的时间。《宁波方言字语汇解》(W. T. Morrison)出版于 1876 年,反映 1860 年前后的宁波方言状况。该书的前言说,宁波方言有声调,有些字的声调区别比较明显,如水(shü)和书(shü)、冰(ping)和饼(ping),但很多字的声调已经很难区分,而且还因人而异。这说明阴平和阴上的区别是清楚的,但其他声调的分合已呈纷乱状态,早已开始了变异的过程,弄得《汇解》的作者无法处理,所有的例字只能不标声调。1901 年出版的《宁波方言音节》(P. G. Von Möllendorff)说宁波方言有平、上、去、入四个声调,而每个声调又可以分为高低两类,说明当时的宁波话还能分出八个声调;至于单字调是不是呈杂乱的变异状态,《音节》没有说。赵元任的《现代吴语的研究》出版于 1928 年,据它的记载,宁波方言的声调有阴平、阳平、阴上、阴去、

阳去、阴入、阳入；阳上调存疑，作者只是记上"阳上＝阳去?"看来两调当时已经难以区分。当时宁波方言的调类数目已经弄不清楚是七个还是八个。除阳上调外，其他各调相互间也有参差和变异，因为"阴平阴去不易分。阳平阳去起音低，所以有一种特别'浊重'的'宁波腔'"（84页）。《鄞县通志》中的方言志编成于抗战前的30年代，其中关于声调的记载与《研究》相似，说"凡浊音之字，上声和去声殊鲜区别"（2666页），但在"读音转韵表"中两类字仍旧分列，看来还没有完全合流。这些记载都清楚地表明，宁波方言的声调早在一百多年前就开始了它的变异进程，现实方言中的声调变异只是这一百多年"竖"着的时间"横"放下来摆在我们面前。这里，"横"与"竖"之间并没有实质性的差异，最多只是阳上先并入阳去，还是阳上字晚于阳去字并入阳平。在这一点上，我们与《研究》《通志》的记载有区别。① 不过这无关大体，实质的问题是"竖"的时间可以证明"横"的变异蕴涵着漫长的时间长度。

　　宁波方言的声调变异最早始于何时，已无从查考；将于何时完成，也难以预料。完成变异所需要的时间前后各加五十年，恐怕还是一种保守的估计，因为"语音、形态和句法的变异可以共存令人惊异的时间长度"（Y. Malkiel, 1968, 25）。这种共存的变异就是我们从变异中探索时间蕴涵量的客观基础。

　　宁波方言的声调变异、北京话零声母合口呼的 w/v 变异，都清楚地说明了在共存的变异形式中浓缩着漫长的时间量，着眼于变异的分析可以对时间做出综合性、全局性的判断。如果说，"过去－现在－未来"这种时轴代表纵向的时间，那么浓缩在变异中的时间则是时间的一种横向表现形式。用纵向的时间观去观察语言的演变，由于它的时间跨度大，而且都是"现在"以前的"过去"，人们既没有可能倒转历史去恢复一种变化的具体过程，也没有办法去跟踪"现在"已经开始变化的"未来"历程直至它的终点，因而不能不给语言研究带来一些实际的困难。布龙菲尔德（1933, 432, 458）在谈到这方面的问题时认为："语言演变的

---

① 《浙江吴语分区》（傅国通等）的考察与我们一致，现代宁波话有阳上而无阳去。（《杭州大学学报》增刊，1985, 9－10）

过程是从来不能直接观察的;我们将会看出,纵使我们现在有了许多便利条件,这种观察还是难以想象的""纵使我们掌握了完善而无缺陷的记录,我们也还是不可能确切地指出某些变体的流行的起点,认为是名副其实的历史演变的开始"。从纵向的时间观来看,布龙菲尔德的上述论断应该说是比较符合事实的,是语言史研究中无法克服的困难。但是,现在我们似乎已经找到了摆脱这种困难的办法,这就是采用新的空间计时方法,通过变异把历史上"竖"着的时间"横"放,使几十年至几百年时间的漫长过程通过共存变异形式的分析展现在观察者的面前。不过"竖"着的时间"横"放是有条件的,这就是:找出变异成分的变异形式与控制因素之间的相关关系,弄清楚变异形式的先后顺序、变异的方向和目标。目标,可能由于其他力量的干扰而达不到,但向着某一目标变异的方向是难以改变的。找出了方向和目标,也就把握住了变异所体现的"始"与"终",因此也就有可能从中悟察语言将在几十年至几百年的时间中演变的机制、原因和过程。我们在《转折》(徐通锵,1987—1988)一文中特别强调变异的方向和目标,其中的一个重要原因就在于此。

通过变异的分析对时间进行横向的空间计量,其实质或许可以说是:吸收历史比较法的基本精神以改进语言结构的共时研究。历史比较法的基本原则是:利用方言或亲属语言间的语音对应关系,从语言的空间差异中去探索语言在时间上的发展。利用言语社团中的共存变异形式进行横向的空间计时,这也是从空间的差异中找时间,因而与历史比较法的基本精神是一脉相通的。但是,这并不是说它只是历史比较法的翻版。它们之间有原则的区别,除了"空间"的含义不同以外,主要的有:第一,历史比较法只研究"现在"以前的"过去",需要拟测(reconstruction),而通过变异进行横向空间计时的分析方法,则是观察者立足于现实语言的变异就能够"横"观语言在几十年至几百年时间流程中"过去""现在"和"未来",可以对语言的运转进行实际的考察,甚至还可以通过仪器来进行实验。第二,历史比较法在方法论上是"原子主义"的,缺乏全面的、系统的观念,而通过变异进行横向计时分析的目的是要把"原子"的变异纳入语言结构的分析,从中具体考察变异与结构的关系,使语言系统的动态特点呈现在人们的面前。这样,我们通过变异的分析就有可能把共时和历时结合起来,从而对语言结构进行动态的研究。

三 有序、无序的相互转化和语言结构的动态性

通过变异对时间进行横向的空间计量也就把连续性带进语言的结构。这就与以往对语言结构特点的看法发生了尖锐的冲突。冯志伟(1985,60)在总结以往语言研究的方法论之后指出:"语言这个符号系统在本质上是由一些离散的单元组成的,它不允许与连续性有半点儿妥协,因此,语言可以看成是一个在严格意义上的量子机制,凡是与连续性有关的一切,都得排除在语言的范围之外。这样,研究语言的方法,自然也就应该采用离散的、代数的方法。"通过变异把时间引入语言的结构,就不能把连续性排除在语言之外,不然我们就无法弄清楚一种语言怎么会从这一种状态变成那一种状态。从言语社团对语言现象的态度来看,区分连续性和离散性两种不同类型的单位,也是完全必要的。对于离散性单位,言语社团不允许它离开自己的活动中心而向别的单位靠拢或向别的方向偏离,不然社会就会发挥它的校正功能,迫使你改正;而对于处于变异过程的连续性单位,言语社团的态度就相当宽容,在整个变异过程中,不管你采取其中哪一种变异形式,都是允许的,因而在系统中才能呈现出不同变异形式的共存局面。离散性单位构成语言稳定性的基础,而连续性单位则体现系统的连续变化,以便保证系统能够顺利地从这一种状态过渡到另一种状态。对语言结构进行动态的分析,就需要很好地处理连续和离散的关系,考察变异转化为结构的机理。

变异的指令基本上来自结构的不平衡性。变异产生之初,它在言语社团中的分布是随机的、无序的,与社会因素没有一种带倾向性、稳定性的联系。只有当变异形式比较广泛地被某一社会人群接受、并成为这一社会人群的语言使用标志时,它才从无序转化为有序(Weinreich 等,1968)。这里,重要的是要弄清楚有序和无序的相互转

化关系。

根据我们的理解,有序的"序"就是变异成分的变异和周围社会环境的相关关系,以及它和系统中其他结构成分之间的相关关系。前者是对系统的外部描写,后者是对系统的内部描写,通过变异把"内"与"外"这两种"序"联系在一起。在变异过程中,变异形式与社会因素之间的相关关系就是对系统的一种外部描写,说明语言是在时间和空间中运转的。在与变异有相关关系的各种社会因素中,"年龄"这一因素有关键的意义,因为从总体和全局来看,它与时间的关系最密切。比方说,北京话合口呼零声母 wen 组的 w/v 变异,如消除文化程度、性别参数之后,其在年龄层中的具体分布是:①

年龄	15	25	35	45	55	65	75	85
v 出现的比例	0.76	0.82	0.61	0.69	0.59	0.49	0.42	0.19

总的倾向是:年纪越轻,读 v 型变异的越多,呈上升的趋势,但不是一条直线,中间有起落。这是正常的,因为年龄只是相关关系中的一个因素,不同年龄层的人在文化程度、性别方面的比例在抽样调查时可能不一样,因而会影响线的起落升降。不过,我们从总的趋向中可以看到变异与年龄的相关关系。

无序转化为有序,这是变异转化为结构的必由之路,人们容易理解。但是,奇怪的是,有序的变异在转化为结构之前,它又转化为无序,失去与社会因素之间的相关关系。北京话的 w/v 变异,在 30 岁以下的抽样调查中,与社会因素的联系似又呈无序的、随机的分布。不过这个例子不大典型,因为:第一,统计中没有包括 wu、wo 这两个音组的变异;第二,它只是原合口呼零声母改变自己的音值,没有和音系中的其他音类发生分、混的问题,因而还不能充分显示有序转化为无序时所呈现出来的复杂情况以及它可能给结构带来的影响。在这方面,宁波方言与-iɣ有关的变异可能更为典型。

-iɣ是尤、幽韵字在宁波方言中的读音;桓韵和合口的删、仙两韵的

---

① 这是根据城区 166 人的语音状况而做出的统计。它由我当时的研究生陈保亚同志提供。

精、知、照系字，大多数宁波人也都是读-iʏ音。这是音系中的一个变异成分，在言语社团中大致有如下的变异形式：

$$-\mathrm{i}\theta\Upsilon \quad -\mathrm{i}^{\circ}\Upsilon \quad -\mathrm{i}\Upsilon \quad -\mathrm{iy} \quad -\mathrm{y}$$

从-iθʏ到-y的五种变异形式成前后相接的、渐进的连续变异流，是一种连续性变异。-iºʏ和-iy两种变异形式的音值比较含混，特别是-iy，既像-iʏ，又像-y，被问及"九"与"举"是否同音时，持这种音值的人颇费斟酌，回答往往是"差不多"。这五种变异形式都只能在tɕ、tɕʻ、dʑ、ɕ、ʑ和零声母之后出现，就我们所调查的35个发音人的总体来说，看不出这两个发音部位对变异形式有什么影响，只有少数几个年轻人在零声母后为-y，在舌面音后为-iʏ。如以年龄这一社会因素为衡量标准，那么它们在35个发音人中的分布情况如下：

	-iθʏ	-iºʏ	-iʏ	-iy	-y
人数	4	3	16	5	7
年龄	50-70	40 65	20-25	20-30	20-32

从这里可以看出，"年龄"反映-iʏ/-y变异的大致趋向。当尤、幽韵字的音值为-iy、-y时，它就与音系中的-y韵字（鱼、虞韵的见系字和合口的仙、元、先的精、见系字）合流。我们从尤、幽韵和鱼、虞韵中各选出声母、声调都相同的16个字，两两对比，在言语社团中进行读音异同的调查。这16对字是：

鸠：居　求：渠　休：虚　油：榆　救：据　舅：拒　优：于
有：雨
九：举　仇：瞿　朽：许　诱：愈　丘：区　旧：具　邮：盂
又：芋

调查是在上述35个发音人以外的范围中进行的，共选择48人，大都是几代居住在宁波的老宁波。结果是，老年人感到奇怪，因为两个字音的差别非常明显；而在15—17岁的中学生中却引起了读音异同的热烈争论，甚至因自己无把握、或争论无结果而回家去"请示"父母。现在，先把这16对字的读音异同的调查结果列表于下（48×16＝768，扣

除失去的样品,共得761对例字。括号中的数字为百分比)。先看在年龄层中的分布:

	20岁以下(18)	20-29(5)	30-39(7)	40-49(9)	50以上(9)
不同音	169(0.5868)	58(0.7532)	83(0.7685)	108(0.75)	141(0.9791)
同 音	65(0.2256)	8(0.1038)	11(0.1018)	8(0.0555)	——
差不多	54(0.1875)	11(0.1428)	14(0.1296)	28(0.1944)	3(0.0208)

在性别和职业中的分布如下:

	男(27人)	女(21人)
不同音	284(0.6620)	275(0.8283)
同 音	61(0.1421)	31(0.0933)
差不多	84(0.1958)	26(0.0783)

	教师(11人)	干部(11人)	工人(8人)	中学生(18人)
不同音	160(0.9090)	127(0.7514)	103(0.8046)	169(0.5868)
同 音	3(0.0170)	19(0.1124)	5(0.0390)	65(0.2256)
差不多	13(0.0730)	23(0.1796)	20(0.1562)	54(0.1875)

最小对比调查与日常的言谈是有距离的,因为它是经过仔细辨认之后而做出的反映;特别是中学生因为经过热烈争论或"请示"父母,自然会加大不同音的比例。即使在这样的情况下,就变异的总的趋向来看,随着年龄的降低,"不同音"的比例逐渐减少,而"同音"或"差不多"的比例则逐渐增加,与35个发音人中的读音分布状况大体相当。在50岁以上的宁波人当中,没有一个人认为这两两相对的字是同音的。此外,变异在性别和职业中的分布似乎说明男性比女性快,中学生比其他各阶层的人们都快,其中变得最慢的是教员,"不同音"的竟占91%,而"同音"和"差不多"两项加起来也还不到10%。这里,学生的地位比较突出,他们既和教师形成鲜明的对比,也与他们的父辈有所差异,说明语言的变异主要是一种自组织的过程,代代相传并不是决定一切的主要途径,"至今所收集到的全部经验证据表明,儿童并不保存他们父母的方言特点,而是保存少年期支配他们的同样地位的人群的方言特点"(Weinreich等,1968,184—185)。

宁波方言尤、幽韵字从-ieɤ经-iᵒɤ、-iɤ、iy到-y,是一种连续性变异,但变到-y时,由于与音系中原来的-y韵字发生纠缠,它就改变了自己的变异方式而采用离散式变异与鱼、虞韵(-y)字合流,即一个一个地并入-y韵,从而形成上表中的参差情况。就合流的总体情况来看,宁波方言还没有摆脱它的有序变异状态,因为我们还可以找出它与社会因素之间的相关关系。宁波郊县的有些方言,这一变异的进展速度似比宁波快,可以用来补充说明宁波方言现在还没有出现的情况。笔者的家乡在宁波南约七十余公里处宁海县的一个小山村,音系的结构与宁波方言接近而与宁海县城相差较大。那里的环境单纯,交通不便(到1983年才通汽车),居民都是农民。本人在50年代初离开那里时,尤、幽韵字都念-ieɤ,连-iɤ的读音都没有,而现在以-iɤ的读音为主流,同时也已出现-y之类的读音。它的变异开始时间比宁波晚,但变异的速度却比宁波快,因为自组织的变异过程,山村不容易受外来影响的干扰。① 它现在已经与鱼、虞韵字"难解难分"。我们用上述的对比材料于1988年春对15人次(除一人为53岁的老农民外,其他都是20岁上下的青年农民)进行了调查,结果如下:

不同音　　83(0.3502)
同　音　　71(0.2995)
差不多　　83(0.3502)

而这15人次中,我们又特意选择一个家庭父子四人在不同时间中作了一次重复调查。结果,两次的答案不一样(A组是一家四人的统计,B组是53岁老农民的前后辨认差异):

	不同音	同音	差不多
A:第一次	21	18	25
第二次	28	17	19

---

① 我们在其他方言中也发现过类似的现象,例如山西的祁县方言,只要不是向普通话靠拢的变化,四乡的变异速度比城关快。

B：第一次　　5　　　　11　　　　——
　　第二次　　4　　　　7　　　　5

上面的统计数字说明,这两个音类的合流与社会因素之间已经没有什么相关关系,已由有序转入无序。这是变异过程中的一种重要现象。如果说,从无序转化为有序是变异寻找自己的相关因素,那么从有序转化为无序则是相关因素将要退出变异过程而表现出来的一种随机状态,就像各种社会人群(相关因素)在蜂拥挤入"结构"之门时所呈现出来的一时混乱、拥挤的状态一样。不经过这一阶段,变异无法挤进结构之门而转化为结构中的稳定层。在这一时期,富有特征性的现象是言语行为与心理认同已表现出明显的矛盾。重复调查的四个农民虽然前后的回答是有差异的,但他们的实际发音却是一致的,都是-iy。这就是说,尤、幽韵与鱼、虞韵的实际发音是有差异的,前者是-iy,后者是-y,但在两个音类趋于合流的时候,社会心理比言语行为跑得快,它先不理会二者之间的实际差异而参差地把其中的某些字看成为同音字,然后完全实现合流。

心理认同先于言语行为而合流,这可能是语言变异中的一种特有的现象。宁波方言的声调合并也明显地表现出这种特点。只有四个声调的宁波人,原清上(435)、清去(44)的某些常用字的调值仍保留在他们的言语行为中,但并没有意识到它们与清平(42)有什么差别。《方言调查字表》中的声调基础字,其中清上的"纸、走、短、碗、口、草、好、手、死"等在五个基本发音人中都经常念出 435 的调值(个别字相互间有出入)。但当问他"手"[çiy]和"休"[çiy]是否同音时,他们往往都会回答"同音",而且会用"休"的 42 调值去读"手"的音。只有在反复比较时,有的人才会感到他们之间有点儿差异。

心理认同先于言语行为而合流,其实质恐怕是要用"心理认同"的"同"的标准去改造有差异的言语行为,使之划一、有规则。宁波人或者笔者家乡的农民,不管男女老幼或"三教九流",现在在日常言谈中谁都不会理会上述尤、幽韵字和鱼、虞韵字的读音异同,他们平时也根本觉察不到这两类字音之间有什么差别。相反,他们对语言学家专门找出这些字来进行调查却感到奇怪,纷纷询问"你怎么会想出要调查这些字音的异同"。由于言语社团对这些变异中的差异已听之任之,认同为一,因而也就失去了对实际有差异的言语行为的规范和校正的功能。前面同音对比调查的"异"或"同"的反应,应该说,多数人是经过仔细辨认之后"逼"出来的,不是自然的反应。随着时间的推移,实际言语行为的差异会随着心理认同的"同"而消失。这样,这一变异的有序、无序的相互转化运动到此结束,连续性的变异转化为离散性的结构。

有序和无序的相互转化是语言结构动态性的一种具体表现。这种转化不是孤立的,如果一个子系统有若干个变异成分,那么它们大体上都会围绕着一个中心而展开变异,因而在表面杂乱的变异中呈现出规则性和系统性。宁波方言-iɣ的变异不是孤例,它是以i、y为介音的韵母重新调整"前∶后"或"圆∶展"相关关系的一个环节。-iɣ由于在系统中既无"前∶后"的相关关系,也无"圆∶展"的相关关系(即既无-uɣ,也无-yɣ与之相配),因而处于被调整的地位,或者说,是发出变异指令的中心。-iɣ和其他无"前∶后"或"圆∶展"相关关系的介呼韵一起接受变异的指令,通过变异改进宁波音系的结构(这个问题的详细研究需另文讨论)。

四 语言史研究的新领域

考察有序和无序的相互转化使语言在几十年至几百年的时间历程中的运转、变化呈现在观察者的面前,这样,我们就有可能进入语言史研究的一个新领域。

语言史的研究方法除了按年代顺序排比书面材料之外,主要是历史比较法、内部拟测法和词汇扩散等。它们的共同特点都是研究"现在"以前的"过去",而不注意现实语言的变化。这是历史语言学的一块空白。梅耶(1925,95)早就对此感到遗憾,认为"我们本来可以直接观察,然而很可惜,大家对正在发生的事几乎瞅也不瞅"。什么是"正在发生的事"?如何去研究?梅耶主要指小孩儿如何学习语言,共同语如何替代地方土语之类,不是指语言变异之类的现象;社会语言学的变异理论研究的是语言的变异,但仅仅把它看成正在进行中的微观变化

(Weinrich等,1968),没有看到变异中所隐含、浓缩的漫长的时间长度,失于偏颇。现在,我们通过变异对时间进行横向的计量分析,考察变异中有序和无序之间的相互转化,就可以从"正在发生的事"中探索语言的演变。系统中不规则现象的解释是语言史研究的一个难点,变异的分析或许可以为解释这种难点提供一些重要的线索。

宁波方言谆韵(平赅上、去,下同)的精、知、章组字在言语社团中读音异常分歧。先请比较下列例字的语音差异:①

	城(忻)	城(张)	城(朱)	城(王)	江东(周)	南门(李)	西门(张)
俊	tsyŋ	tɕyyŋ	tsyŋ	tɕyoŋ	tsoŋ	tsoŋ	tsyŋ
询	syŋ	ɕyyŋ	ɕiŋ	ɕyoŋ	ɕyyŋ	ɕyoŋ	syŋ
迅	ɕiŋ	ɕiŋ	ɕiyŋ	ɕyoŋ	ɕiŋ	ɕiŋ	ɕiŋ
巡	zyŋ	ʑyyŋ	ʑiyŋ	zoŋ	zoŋ	zyŋ	zyŋ
准	tsyŋ	tsoŋ	tsyŋ	tsoŋ	tsoŋ	tsyŋ	tsyŋ
春	ts'yŋ	ts'oŋ	ts'oŋ	ts'oŋ	ts'oŋ	ts'yŋ	ts'yŋ
润	zyŋ	yoŋ	n̩iŋ	zoŋ	yoŋ	yoŋ	yyŋ
震	tsyŋ	tsoŋ	tsoŋ	tsoŋ	tsoŋ	tsoŋ	tsyŋ
身	ɕiŋ	ɕiŋ	ɕiŋ	syŋ	ɕiŋ	ɕiŋ	ɕiŋ
人文	zyŋ	zoŋ	zoŋ	zoŋ	zoŋ	zyŋ	zyŋ
人白	n̩iŋ	n̩iŋ	n̩iŋ	n̩iŋ	n̩iŋ	n̩iŋ	n̩iŋ

这里的变异形式呈现出异常复杂的状态:声母有tɕ～ts的区别,韵母有-iyŋ、-yyŋ、-yŋ、-oŋ、-yoŋ、-iŋ、-ɤŋ七种形式的不同,在声韵配合上甚至还保留一些尖音的痕迹②。横行的差异是宁波方言的内部分歧,竖行的不同是同一变异成分在同一发音人中的语音差异。这些变异形

---

① 表中的发音人是从37个发音人中挑选出来的,以便展示宁波方言的内部歧异。"城"指城市中心区。这几个发音人的基本情况是:(城)忻美英,女,51(都是指调查时的年龄,下同),教师;张亚海,男,21,学生;朱晓强,男,38,干部;王威,男,18,学生;(江东)周晨初,男,39,医生;(南门)李建,女,29,教师;(西门)张明余,男,65,干部。宁波话的单字调往往因人因字而异,这里从略。

② 汪一心(男,68,教师)老先生的"真"读tɕiŋ,"诊"读tsiŋ,两字不同音。

式在 27 个发音人中的分布频次是(扣除失去的样品):

	-iyŋ	-yyŋ	-yŋ	-oŋ	-yoŋ	-iŋ	-ɤŋ
俊		5	11	8	2		1
询		4	9	5	4	2	
迅	2	3		2	2	17	
巡	1	4	11	2			
准			11	15			1
春			9	17			1
润		2	5	5	11	2	
震			7	17			3
身				2		24	1
人文			15	9			2
人白						27	

前七字是谆韵字,后三字属真韵。这种杂乱、参差的变异形式是对语言演变理论的挑战,也是对有序变异理论的严峻考验。光用"例外"两字把它撇在一边,那是不能解决问题的。我们还需要从变异的有序和无序的相互转化中去探索这些杂乱变异形式的成因。

根据现在能看到的有关宁波方言的历史材料,最早的是《汇解》(1876),而后是《音节》(1901)。这两种材料的音系和单字的归类基本上是一致的,可以看成一种类型的材料。此后比较系统的记载是《现代吴语的研究》和《鄞县通志》(20 世纪 30 年代)。这些都为我们的研究提供了宝贵的材料。为了讨论的方便,我们先从《音节》的分类注音谈起。

谆、真韵的知、章组字(也包括谆韵的精组字)在《音节》中的注音,韵母为-ing,而声母分 ts-、c-两系。我们先把两系所辖的例字列举于下:

ts-系:诊甄侦桢衿畛疹轸缜真祯贞珍(ts-)趁(tsʻ-)臣陈蓁尘阵(dz-)迅讯申伸绅汛呻抻胂(s-)

c-系:震骏谆赈瞋俊镇缜盹准畯準屯振隼峻迡俊隽逡肫焌锋

娠(c-)春皴疢椿蠢骖瑃瞋(cʻ)(dj-有音无字)舜瞬旬循洵郇恂笋榱
殉濬询驯篸浚荀蚼朐珣(sh-)人韧莼润闰慎顺认忉仞肾纯纫鹑蜃
忍淳循漘唇晨宸辰神巡仁儿(j-)

ts-系除"迅"字有息晋、私闰两切外都是真韵字；c-系中带黑点儿的也是真韵字，不过它已与不带黑点儿的谆韵字同音，说明真韵字早在百年前就已开始了它的变异进程，其中"缜"字两见。现在需要弄清楚的是 cing 中声母和韵母的性质，不然就难以讨论与谆、真韵字变异有关的一些问题。《汇解》《音节》有三套舌音塞擦音：ts-、c-、ky-[tɕ]。"c"的音值根据《音节》的描写是：c=t+sh，dj=d+J，sh 是"舌横向下凹所形成的舌尖清擦音，而 J 是 sh 的浊音"，如用国际音标来描写，应该是舌叶音 tʃ、tʃʻ、dʒ、ʃ、ʒ。韵母的性质，从表面现象看，是齐齿韵-ing，不圆唇。但是，这个"不圆唇"的记音可能事出有因，它的实质仍与"圆唇"有关。我们检查c-组声母在音节中的组合规则，后面都有一个圆唇元音(ɔ、o、ʯ)，只有谆、真韵的 cing 以及和它相配的入声 cih(如"出拙"等)与此规则不合。① 这可能有其特殊的原因。与 cing 中的-ing 对立的圆唇韵母是-iüng，它只出现在 ky-[tɕ]组声母之后，例如 kyiüng 下辖"均君钧军莙鞫"等字。所以，cing 中的-ing 和-iüng 出现的条件互补，历史来源相同，都是谆、文韵字(真韵字下面再说)，可以看成为同一音位(类)的两个变体，在音位处理上可以把 cing 中的-ing 看成为圆唇性质的韵母。我们这样的看法还得到来自声母方面的支持。真韵字在《汇解》《音节》中分属 cing 和 tsing 两个音组，把 cing 中的-ing 看成为圆唇性质的韵母，c-和 ts-也可以在音位(类)上看成为同一音位的两个变体：c-出现在前高圆唇元音前，ts-出现在前高不圆唇元音(自然还有其他开口韵)前。这样处理，既符合音系的结构原理，也与历史来源相符(都是知、章组和圆唇元音前的精组字)，而且也与往后 tʃ>ts 的发展一致。

根据这样的分析，我们有理由说《汇解》《音节》的 cing 音节中的

---

① 麻三章组字的韵母为-æ、-ô(ɔ)，读-æ字有"奢赊捨舍赦蛇涰"(sh-)"惹蛇社"(J-)；读-ô 的字有"吒妊"(c-)"扯撦"(cʻ-)。看来-æ 正通过离散式变异向-ô 转移，因为现代宁波方言这些字的韵母都是-o，无一例外。

-ing是一种圆唇性质的韵母。既然这样，它们为什么会记成-ing而不是-iüng呢？这可能与 cing 中-ing 的圆唇的特点有关。这个特点可能是：它在听感上既像齐齿韵，又像撮口韵，但是它既不是齐齿韵，又不是撮口韵-iüng，当时找不到合适的音标，就做了上述似有矛盾的处理。赵元任(1928,50—52)的《现代吴语的研究》虽然只是列表，例字少，但在"谆、文、(真)"和"真人"下注-ɤŋ。《汇解》《音节》中 cing 的-ing 大概就是这个-ɤŋ。这样的解释也可以得到现代宁波方言的有力印证。这个-ɤŋ就是谆、真韵知、章组字变异的始发点。

从《汇解》《音节》到《研究》《通志》，c-发生了离散性变异，c-系字一个一个地变入 ts-系。这个过程在《汇解》《音节》的时代就开始了，因为《音节》说得很清楚，说 dj 在 o 前的读音像 dz。《汇解》在 o、ɔ 等圆唇元音前已有不少 tʃ～ts 两读的例子（注音已用国际音标改写）：

终	tʃoŋ/tsoŋ	中	tʃoŋ/tsoŋ	充	tʃʻoŋ/tsʻoŋ
章	tʃɔŋ/tsɔŋ	掌	tʃɔŋ/tsɔŋ	娟	tʃʻɔŋ/tsʻɔŋ
常	dʒɔŋ/dzɔŋ	脏	dʒɔŋ/dzɔŋ	钻	tʃyn/tsøn
粥	tʃoʔ/tsoʔ	辱	ʒoʔ/zoʔ	嘱	tʃoʔ/tsoʔ

《通志》的记载也证实了这种演变过程："声韵之变迁，如五六十年前鄞之城厢读音（按：指读书音），舌上音知彻澄三母之字与齿头音精清从三母之字尚画然区分，今则知与资、痴与雌、池与慈多不别"（3984页）。今天的宁波话知、章组字与精组字已完全合流，都为ts-。声母的这种由tʃ-到ts-的离散性变异是导致-ɤŋ韵变异的一个重要条件：它或者继续保持开口韵的特点而说成-ɤŋ（即表中的tsɤŋ），或者变成齐齿韵-iŋ或撮口韵-yɤŋ，因为tʃ-这种舌叶音在与高元音韵母组合时容易寄生一个-i-介音（受声母的影响）或-y-介音（受后面圆唇元音ɤ的影响）。-ɤŋ、-iŋ、-yɤŋ是《汇解》《音节》时的 cing 在现代宁波方言中三种基本变异形式。同一音类的字，齐、撮并存，这在宁波方言中不是孤例。"家"在口语中可以tɕyo～tɕio两读（以tɕyo为常），宵、萧韵字也可以-io

～-yo两念(以-io为常)①。所以,-ɤŋ、-iɤŋ、-yɤŋ在言语社团的心理反应中实际上只是一种形式,是心理认同先于言语行为而合流的又一个例证。至于"俊、准"等字的-oŋ、-yoŋ这两种变异形式,那是-ɤŋ、-yɤŋ第二层次的再变异,是后来发生的事情。新旧变异形式并存,增加了变异的复杂性和不规则性。

还有-iŋ和-ɤŋ两个变异形式。-ɤŋ是臻摄一等字的读音,-iŋ是三等真、殷韵字的读音。和-ɤŋ变异有纠缠的主要是真韵的知、章组字。我们如对谆、真韵字的读音进行一番比较,就会发现谆韵字没有文白异读②,而真韵的知、章组字现在还有文白对立的痕迹:

	文		白
人仁认	₌zɤŋ	₌zoŋ	₌n̠iŋ
日	zøʔ₌	zoʔ₌	n̠ieʔ₌

《音节》的作者莫棱道夫已经注意到这种现象,认为白读形式所代表的时间比较早,接近古代的读音,"人"最早读 ₌n̠in,后来读 ₌n̠iŋ,而文读形式是晚近产生的,大多由外省的教员首先带入学校,而后逐步扩散,其读音接近现代的北方官话,因而形成文与白的对立。根据这一线索,我们可以发现真韵知、章组字的读音在《汇解》和《音节》中已归入文白两系:

　　文读-ɤŋ:镇震……(见前面c-系带黑点儿的例字)
　　白读-iŋ:珍趁陈尘阵真诊疹身伸臣<u>人仁认</u>

白读的-iŋ与真韵的帮、精、见、喉各组字的语音一致。根据白读音提供的线索,我们可以推知,知、章组字的读音原来都是-iŋ,与其他各系字的韵母一样。《通志》的写作年代虽然比《音节》和《汇解》晚30—50年,但它毕竟是本地人写的,比洋人更能了解宁波方言的底层,因此在真韵知、章组字的文白归类上似更接近宁波土话。《音节》中属文读

---

① 据我们的调查为-io,据傅国通等的《浙江吴语分区》的材料为-yo。
② 只有一个"闰"字有两人次读n̠iŋ,与"认"的白读同音。不过这是"日"母的白读,与谆韵无关,因声母是n̠-,后面的韵母只能是-iŋ。

系统-ɤŋ韵的"辰仁神瞋肾震刃慎忍镇"等字在《通志》中都读-in（2709页）。这或许可以从一个侧面支持我们的推测。

文读形式的产生是外方言影响的结果，但是它的具体读音必须经过本方言语音系统的改造，用音系中已有的或近似的音去代替。比方说，宁波方言没有北方话的$z̦$，《汇解》《音节》以前的时代就用ʒ去代替。韵母也以同样的方式加以改造。真韵知、章组字的读音在当时的宁波音系中最接近北方官话的恐怕就是谆韵精、知、章组的读音 ciŋ。这样，它的读音因受北方方言的影响而分成两类："真珍……"读-iŋ，"震慎……"读-ɤŋ。至于个别字某些人说-ɤŋ，那是追随一等字的读法，也可能是郊县（如慈溪）方言影响的结果。

经过这样的清理之后，"俊准"和"震"之类谆、真韵字的杂乱变异就显示出了头绪，它最初的基本变异形式是-ɤŋ、-iɤŋ和-ɤɤŋ三种；-oŋ、-yoŋ是-ɤŋ、ɤɤŋ的再变异，使其与通摄字合流；真韵的知、章组字混入谆韵字的读音是文、白异读的产物。由于不同时间层次、不同性质（如文与白）的变异形式混杂在一起，因而就使谆、真韵知、章组字的变异显得特别复杂而不规则。但是，这种不规则的现象却是研究语言史的很好的材料，我们至少可以从中窥知谆、真韵字百余年的演变情况。

谆、真韵字的变异只涉及一个变异成分(-ɤŋ)的几个变异形式。如果语言中同时有几个相互有联系的变异成分，那么变异形式之间的相互关系就会更复杂，因为它们在从有序、无序的相互转化过程中可能会因发展的不平衡而使几个变异成分的"序"相互绞在一起，"破坏"了语言的结构规律和演变规律。宁波方言覃、谈、寒三韵和咍、泰（各赅上、去）两韵赵元任称之为"h系字"（晓匣影喻）的相互关系就是这方面的一个很好的例证。覃、谈、寒三韵"h系字"的音值有-i、-e、-ɛ、-ɛɪ（请参看徐通锵，1987—1988 第五节的分析），咍、泰韵的"h系字"的情况与此类似，也有-e、-ɛ、-ɛɪ等形式。他们相互叠合交叉，人们看了有"乱套"的感觉，分不清某一个字究竟属于哪一类韵。这些叠合交叉的变异形式在 35 个发音人中的分布频次（扣除失去的样品）是：

	-i	-e	-ɛ	-ɪə
汉		25	2	6
罕	1	19	3	6
舍		7	1	18
安		13	1	14
海		25	1	
哀		17	1	10
爱		22	3	3

后三行为哈、泰韵字。为什么会形成这种"破坏"规律的状况？这是由于在元音高化的变异过程中，这两个变异成分的变异速度在社会人群中有快慢的区别。覃、谈、寒三韵"h 系字"从-eŋ变为-e就与哈、泰韵的-e(<-ɛ)合流，社会人群中这些超前的变异正好赶上灰、泰合韵非见系字的-e复元音化为-ɪə，因而它们就一起复元音化。两个变异成分的-ɛ都是滞后的变异，其中覃、谈、寒三韵"h 系字"的-ɛ来自-ɛŋ，哈、泰韵的-ɛ是覃、谈、寒三韵还没有消失鼻化成分时的读音，尚未高化。"罕"的hi音是追随见母字（如"甘"读ki）变化的结果。因此，两个变异成分的超前变异为-ɪə，滞后的变异保留旧读-ɛ，一般的情况下都为-e。这样，两个变异成分的变异的"序"因发展速度的交叉而相互绞在一起，使本来有别的两类韵出现交错混杂，与非"h 系字"的变化发生分歧。这样，语言中就留下了不规则的例外。

  在变异中呈现出来的不规则现象的发展前途不外是两个：一个是同一变异成分的不同变异形式在演变中渐渐趋于一致，表现为语言演变的规律性，其特点犹如青年语法学派所说的"语音规律无例外"；另一个是，某个字的读音不管同一音类中其他字音的演变方向而读入另一音类的音，而且在言语社团中趋于一致，比方说，真韵的"镇"都说tsoŋ，"身"都说ɕiŋ，谆（稕）韵的"迅"也都说ɕiŋ，没有差异，那么这些字音就摆脱了变异过程的连续性，实现了离散化，这样，后人就只能接受这种不规则的遗产而不能恢复变异前的状态。宁波方言谆、真韵知、章组字的语音变异、覃、哈两类"h 系字"的语音变异恐怕都只此一途。现在语言中的一些不规则现象和形态中的不规则变化，大都是由这种原因造成的。

如上所述,时间观是语言研究方法论的基础,通过变异的分析对时间进行横向的计量,可以克服以往语言研究中时间的"点"与"线"相分离的欠缺。时间是客观存在的。"纵"与"横"只是计量方法的差异,不会改变时间的实质。"纵""横"两种计时的方法在运用的时候可以相互印证,说明"横"的时间与"纵"的时间存在着一致性,只是从不同的侧面去认识而已。我们前面的研究引用了一些"纵向"的历史材料以辅助变异的分析,这是由于有条件这样做,而且可以用确切的"纵向"时间说明"横向"变异所浓缩的时间量。如果我们在语言研究中找不到代表纵向时间的书面材料,那么着眼于变异的分析同样可以探索有关的问题。这里虽然难以定出具体的时间长度,但可以做出全局性的判断,定出一个概数,犹如猜测小孩儿的年龄那样。关键是要弄清楚变异成分的几种共存变异形式的先后序列、有序和无序的相互转化以及变异的方向、目标等问题,不然就无法实现预期的目的。

引用书目

布龙菲尔德,1923,Review of Saussure,Hockett 编集的 *A L. Bloomfield Anthology*,Indiana Univ. Press,1970。
布龙菲尔德,1933,《语言论》,商务印书馆,1980。
冯志韦,1985,《数理语言学》,上海知识出版社。
梅　耶,1925,《历史语言学中的比较方法》,科学出版社,1957。
普里高津等,1984,《从混沌到有序》,上海译文出版社,1987。
钱玄同,1927,《关于国语罗马字字母的选用及其他》,《新生》周刊第 1 卷第 8 期。
沈　炯,1987,《北京话合口呼零声母的语音分歧》,《中国语文》第 4 期。
索绪尔,1916,《普通语言学教程》,商务印书馆,1980。
徐通锵,1987—1988,《语言变异的研究和语言研究方法论的转折》,《语文研究》
　　1987 年第 4 期和 1988 年第 1 期。
赵元任,1928,《现代吴语的研究》,科学出版社,1956。
赵元任,1968,*A Grammar of Spoken Chinese*,Berkeley and Los Angeles。
Hockett,C. F.（霍凯特）,1942,A System of Descriptive Phonology,载于 M.

Joos 编集的 *Readings in Linguistics*，New York，1958.

Hockett，C. F.（霍凯特），1970，*The State of the Art*，Mouton.

Lehmann，W. P.，1973，*An Introduction：Historical Linguistics*，New York.

Malkiel，Y. 1968，The Inflectional Paradigm as an Occasional Determinant of Sound Change，载于 W. P. Lehmann & Y. Malkiel 编集的 *Directions for Historical Linguistics*，Univ. of Texas Press.

Weinreich 等，1968，Empirical Foundations for a Theory of Language Change，载于 W. P. Lehmann & Y. Malkiel 编集的 *Directions for Historical Linguistics*，Univ. of Texas Press.

（原载于《中国语文》1989 年第 2 期）

结构的不平衡性和语言演变的原因

【提要】 语言演变原因的研究百年来进展比较缓慢。变异的研究或许可以为探索这个重要而困难的问题提供一个新的前景。考察变异的结构基础只能是语言非线性系统的各结构系列之间的相关关系。结构系列相互制衡的关系构成结构关联。关联中处于不平衡、不对称位置上的单位和关联本身因种种原因而受到的干扰和破坏是产生变异、使语言系统自发地进行自我调整的内在杠杆和机制。结构的不平衡性决定了语言演变的必然性,至于语言在何时何地以何种方式发生变化,则与偶然性因素的作用有关。不同的偶然性因素的作用可以使相同的原因产生不同的结果,出现方言的分歧。语言通过变异可以使不平衡的结构转化为平衡的结构,但发音的生理能力的不平衡和语言各结构层之间的矛盾运动又可以产生新的不平衡,因而语言永远无法终止它的自我调整过程。

用"结构—有序状态的变异—结构"这个公式对语言系统进行动态的分析(徐通锵,1987—1988),核心的问题是要弄清楚结构中为什么会产生变异,即语言演变的原因。这是语言研究中最复杂、最困难、但也是最重要的一个问题,因为不知道语言为什么会变化,我们就很难了解语言的运转和演变的因果关系。随着语言研究的发展,很多语言学家的注意力现在似已开始向这方面转移,原因问题的研究可能会成为今后一段时期语言研究的一个主攻方向。马尔基耶尔(1984,212)认为:"在今后几年,我想历史语言学将越来越多地开展关于因果性、原因方面的研究。有意思的将不是原始事实的发现,而是什么东西引起了变化。这样,青年语法学派做出音变是盲目的假设就没有什么意义了。"从语言事实的描写到因果关系的探索,这将是语言研究征途上的一次重大飞跃。

一　语言演变原因的研究的缓慢进展

继青年语法学派的音变盲目说之后,在语言演变原因问题的研究中有重大影响的是布龙菲尔德(1923)的不可知论:"语言的变化最终是由于个人偏离僵硬(rigid)的系统。但即使在这里,个人的变异也是无效的。要形成一个变化,必须是整群说话者由于我们不知道的某种原因而都作同样的偏离。语言的变化并不反映个人的变异,似乎是群众的、一致的和逐渐的演变,在任何时候系统都像别的时候那样那么僵硬",没有弹性。这种论断由于以语言是没有弹性的僵硬系统为前提,因而认为语言的变化总是绝对的:要么整群说话人恪守着僵硬的系统,没有变化;要么整群说话人同时偏离这种僵硬的系统,产生语言的变化,没有介于二者之间的可能。显然,这与语言的实际状况大相径庭。至于整群说话人为什么会同时偏离僵硬的语言系统,布龙菲尔德认为是"由于我们不知道的某种原因"。这个结论在他的《语言论》(1933,477)说得更明确,认为"音变的原因是不知道的"。这个论断对此后的语言研究产生了严重的消极影响。马尔丁内(Martinet, A. 1952,121)在总结这一影响时认为:"事隔20年之后,今天多数语言学家似乎很愿意无保留地同意布龙菲尔德提出的'音变原因不可知'的理论。所有探求音变原因的研究都无一例外地失败了,因此不少人从这种事实中推断出同样的结论。把语言学看作描写科学(无论是共时平面还是演变事件)的学者们,很自然地会喜爱这些观点,因为他们对语言的说明很少超出可以直接观察的事实。"布龙菲尔德的一个论断,看来整整影响了一代语言学家的语言研究。

盲目说也好,不可知论也好,都说明语言学家在事关语言生命的重要问题面前有点力不从心,缺乏办法。比较有特点的研究,恐怕要首推萨丕尔(1921,154,163)。他认为语言"是一个慢慢变化着的结构,由看不见、不以人意为转移的沿流(drift)模铸着。这正是语言的生命。无可争辩,这沿流有一定的方向"。他以此为基础具体地考察了英语和德语之间的平行的变化,认为"它们都根源于一个共同的、早于方言的沿流"。这里有两点值得注意：一是沿流，二是方向。什么是沿流？萨丕尔没有给它下一个明确的定义，但在字里行间透露出来的意思显然是指一种运动着的语言结构，因而所谓"沿流模铸"的说法，实际上就是指结构制约着变化的过程和方向。这说明，萨丕尔已经清楚地意识到语言演变的原因一不是不可知，二不是盲目。只是由于当时条件的限制，他没有对此进行充分的论述，因而难以对实际的语言研究产生积极的影响。三十年之后，语言演变原因的研究出现了一次重大的突破，标志就是马尔丁内(1952)的《功能、结构和音变》一文的发表。他从功能(交际的需要)与音变的关系批评音变的盲目说；从音变与结构的关系批评音变的不可知论，具体分析音变的原因。这比萨丕尔的"沿流模铸"说和雅科布逊(1927)针对盲目说提出来的音变目的论(teleological criterion)深入而具体，其中最有特点的是关于结构与音变关系的分析。马尔丁内根据语音的区别特征分析音系的结构，认为(辅音)发音方法相同的几个音位构成"列"(series)，发音部位相同的几个音位构成"行"(order)；同样，(元音)舌位相同的几个音位构成"列"，而开口度相同的几个音位构成"行"。"行"与"列"纵横交错相配，构成音位间的相关关系(correlation)；不处于这种位置上的音位就不是相关关系的成员。马尔丁内以此为结构框架分析语音的演变。例如：

    f s š x
    v z ž

x在理论上不是相关矩阵的成员，因为没有和它配对的浊音γ。如果语言中有一个小舌颤音R，它就可能会失去"颤"的特征而变成"擦"；由于R在发音时声带是颤动的，因而容易变成舌根浊擦音γ，与x配对，从而使不完善的相关矩阵完善化。马尔丁内在功能、结构和音变的相互关系的分析基础上提出了著名的语言演变的经济原则：交际的需要和人类的记忆与发声的惰性永远处于矛盾的状态，语言的经济原则就是在这种矛盾的需求中寻求平衡，力图使语言固定化，排斥一切过于明显的创新。这样，马尔丁内在语言演变因果关系的研究上迈出了艰难而又意义重大的一步。它冲破了音变原因盲目说和不可知论的禁区，为后人的研究开辟了一条前进的道路。此后的研究虽然从不同的侧面提出了一些设想，但就总体水平来说似乎都没有超过马尔丁内的研究。生成—转换学派关于语言在代代相传中有创新的理论虽然被认为是对语言演变理论的最重要的贡献（Jeffers 等，1982，96），但由于它只在一个封闭的、理想的说话——听话人的范围内研究，难以反映语言演变的实际状况，因而受到人们的有说服力的批评（Weinreich 等，1968，144—146）。社会语言学的变异理论强调社会因素对语言变化的影响，把变异的过程分为四个阶段：限制（constraints）、过渡（transition）、包孕（embedding）、评价（evaluation），分析具体，论据充分，纠正了过去在这个问题上的一些泛泛空论的倾向，弥补了语言因果关系研究中的一个空缺。Weinreich（魏茵莱什）、Labov（拉波夫）等人（1968，186）认为，这四个阶段的研究可以逼近语言的起变（actuation）：语言何以在此时此地发生变化，而在彼时彼地不发生变化？但还不能解决这个问题。起变，实际上就是我们所说的语言演变的原因。这是语言变异理论需要解决的一个中心问题，只是暂时还没有解决的可能，因而认为"在最近的将来能够做出的全部解释都可能只是追究语言演变的事实"。这一论断虽有其合理性，但似乎消极了一点，其原因可能与它离开结构而孤立地研究变异成分的变异这种方法论原则有关（徐通锵，1987—1988）。

百年来，语言演变原因的研究，从盲目说、不可知论到沿流模铸说、目的论、经济原则、变异说，取得了一些进展，但总的说，步履艰难，进展缓慢，与它在语言研究中的地位不相适应。这个问题如果不能不断地取得实质性的进展，势必影响语言研究的广度和深度。现在，科学思潮的发展和语言变异的深入研究似乎已为这一问题的探索提供了一些新的前景。我们希望在前辈研究的基础上能为实现这一前景做一块铺路石。

二 改进因果关系研究的一条重要途径

语言演变原因的研究难以取得进展，可能是由两方面的原因造成的：一、对语言系统性质的认识有欠缺；二、取材不当。

对语言系统性质的认识过去一般都以索绪尔的语言系统同质说为

基础,只强调它的封闭性、无时无空的静态性和其内部结构的平衡对称性,而忽视它与周围环境的联系和其内部结构方式的复杂性。这反映当时的科学发展水平,自然与现代科学对系统的认识有距离。如何吸取现代科学发展思潮的精神改进对语言系统的性质和特点的认识,这恐怕是改进语言演变因果关系研究的一个关键。

语言最重要的功能是交际,它需要适应因社会的发展而不断增长的交际需要,因此它对社会生活的各个方面都是全方位开放的,而且有特殊的机制和渠道接受交际中反馈回来的社会对交际的要求,并据此改进自己的结构。语言系统如果没有这种开放性的特点,它就无法实现交际功能,因而也就会失去自身的存在价值。其次,语言因适应交际的需要而不断地改进自己结构的时候,不依靠任何外力,全靠系统内部的自我调整。任何人(不管他是天王老子,还是平头百姓)都只能乖乖地适应这种调整的要求,而不能制定什么计划对它进行"大修"或"改造";语言要发生变化,从来不向使用它的主人"请示汇报",而完全"自行其是",顺着它自己的运行轨道向前发展。所以,语言系统不是语言学家或别的什么人组织起来的,而是语言自身在运行过程中形成的。这或许可以借用一个自然科学的概念,命之为自组织性,这是语言系统的另一个重要特点。再次,语言系统的自组织性必然会伴随着另一个特点:自我调整的自发性,即调整是在人们不知不觉的自发状态下进行的,人们只知其然而不知其所以然。语言学家花了九牛二虎之力还弄不清楚的问题,语言的发展却有条不紊地遵循着一定的轨道而自发地运转。这些都说明,语言系统的性质不是僵硬的、静态的、靠外力组织起来的,而是有弹性的、动态的、自组织的开放系统。我们如果能够在系统中找出这种自发地进行自我调整的杠杆和机制,语言发展的原因即起变问题的解决也就会有一些眉目了。

从什么地方入手去寻找这种杠杆和机制?比较理想的语言材料是现实语言的变异。以往人们认为变异只涉及细微的变化,在语言研究中意义不大,可以略去不计,因而只根据已经完成的变化去考察语言的发展。这样,我们就只能看到语言变化的结果,而无法考察起变的状态和演化的过程。其实,这是语言研究的战略性失策。我们现在已经弄清楚,变异中隐含着几十年到几百年的时间量(徐通锵,1989),同样可以归属于中观语言史(meso-history)的范畴,是研究语言运转机制的比较理想的材料,因为人可以像在实验室里做实验那样进行调查、分析、研究,从容地"横"观语言在漫长时间中的发展动程。只要我们能够把变异和结构联系起来,从结构中考察变异的产生和演化,就有可能发现系统何以会进行自我调整的原因。

语言自组织系统是无形的,需要通过无穷无尽的表面现象的分析才能清理出它的组织框架和网络。索绪尔的组合关系和聚合关系理论,是他对语言结构的认识,揭示了语言系统的一些重要特点。我们可以以此为起点,从封闭系统中走出来,考察语言的演变。

组合关系是线性的结构,聚合关系是语言成分在某一线性结构位置上的替换关系。这是一种以线性结构为基础的语言理论,影响很大,但不能成为我们考察语言变异的结构基础,因为我们在这里很难找到语言系统向社会"开放"的大门;而且,我们也无法用组合关系来解释各个结构层面之间的关系。美国结构语言学的语言系统说是以线性的组合结构为基础的,结果把语义排除出语言研究的领域;音位的线性组合构成语素的理论也矛盾百出,最后不得不宣告放弃(Hockett, 1961; Palmer, 1971)。即使就某一个结构层面来说,线性的组合结构也难以系统地解释语言的演变。比方说,语音层面,线性的组合会引起变化,人们早就注意到了,并且对同化、异化和换位之类的变化作过详尽而具体的描写。但是这种变化大多是零散的,在演变中难以引起系统的效应。历史上一些有名的语音规律,例如格里姆定律、早期现代英语长元音系统的大转移等都不是以音位的组合条件为基础整理出来的。因此,研究语言演变的结构基础看来不能是线性的组合结构,而只能从非线性结构中去探索语言演变的因果关系。马尔丁内的研究也可以为此提供有益的经验教训。根据我们前面提到的目标,这里需要特别强调的是如下两个方面的考虑。第一,非线性结构的单位已经失去了它的孤立性,一切决定于它在系统中的位置,例如汉语中的音位 p 和 p'的关系就犹如数学中的"正"和"负",它们只是在其相互关系中才有意义,而每一个孤立出来都是没有意义的。因此,这种单位如果要发生变化,那就是一种结构关系的变化，带有系统的性质。第二，在非线性结构中容易发现单位在结构地位上的特点，是否处于平衡、对称的位置上，一眼就可以看清楚。比方说，北京话的塞擦音、擦音的辅音音位矩阵是：

   ts tsʻ s

   tʂ tʂʻ ʂ z̧

   tɕ tɕʻ ɕ

很明显，z̧在结构上处于不平衡、不对称的位置上。弄清楚这种结构的不平衡性和不对称性对语言变异、语言演变的研究来说是很重要的，因为它可能是语言系统从"封闭"走向"开放"的大门。如果把上述两方面的考虑结合起来，那么我们就可以发现不同系列之间相互冲突的因素，例如送气和不送气、清与浊等等，犹如"正"和"负"，相互制约，形成规则，使它们平衡地"和平相处"。我们把结构系列之间的这种相互制衡的关系叫做结构关联。关联中参与制衡的两个系列的单位，如果都类似"正"和"负"那样两两相对，那么它在结构上就有平衡性、对称性的特点，不易发生变化。相反，关联中参与制衡的系列，如果彼此的结构单位多寡不一，无法一一形成两两相对的制衡关系，那么它在结构上就是不平衡的、不对称的。例如上述辅音矩阵中的z̧，在"浊"的系列中只有它一个单位，"清：浊"相互制衡的力量很小，因而就容易闹一点"独立性"，发生变化。语言中不与任何结构系列发生结构关联的单位，一般说是没有的。在汉语的声母系统中或许可以把"0"看成这种无关联的单位，但由于系统中只有一个这样的单位，它就容易钻结构的空子，像麻雀[tɕiaŋ]牌中的"百搭"那样，就近寻找结构上的依靠，使开、齐、合、撮四呼的"0"依附于不同的部位而成为"ʔ j w y"；只要系统的自我调整有需要，它就会脱缰而出，摆脱其依附的地位而担负起改进结构的重要角色。总之，结构上不平衡、不对称的单位最容易发生变异。这使我们可以做出如下的假设：非线性结构中的结构不平衡性是变异之源，是语言系统自发地进行自我调整的内在杠杆和机制，从这里发出变异的指令而敞开结构的开放大门。

  结构关联，这是动态的语言系统理论的一个核心概念；而就语音层面来说,它与马尔丁内所说的"行""列"相关关系有联系,因为处于相关关系中的单位总是处于结构关联之中的,或许可以说,"行""列"相关关系是结构关联中的一种理想状态。但是,这里需要强调的是这两个概念的差异。一个单位虽然可以同时与几个系列构成结构关联(例如 tʂ 既与不同发音部位的 ts 和 tɕ 构成"舌尖前∶舌尖后∶舌面中"的结构关联,也可以与同部位的 tʂʻ 构成"不送气∶送气"的结构关联),但参与演变的,一次只能涉及其中的一个关联,因此我们不必强调纵横交错的"行""列"相关关系,而只要着眼于几个相互平行的系列之间的相互制衡关系就可以了。这样,它受到的限制会小一些,但说明问题的能力却要大得多。"行""列"相关关系的概念无法解释处于"行""列"相关关系中的音位的变化,也无法把它推而广之去研究语音与语义、语音与语法等不同层面之间的结构关系。"结构关联"这个概念可以摆脱这些方面的局限,能够解释"行""列"相关关系无法解释的一些语言变化(具体问题后面再讨论)。在一个结构层面内部,或者各个结构层面之间,我们如果能够通过结构关联的分析而找到结构的不平衡性,那也就找到了探索语言演变因果关系的一条重要的线索。这样说来,语言的演变好像都决定于非线性的结构关联,那线性的组合结构在语言演变的研究中是不是没有作用和价值了呢?不是的,只是需要作一点小小的限制:必须以非线性的结构关联的分析为基础,以便使其进入系统的网络。格里姆定律三组例外的解释可以为此提供很好的例证。要是格里姆没有整理出第一次日耳曼语辅音转移的规律,产生这三组例外的组合条件就永远只能淹没在一堆没有条理的语言材料中,既谈不上规律和例外,更谈不上为例外寻找原因和规律。因此,以非线性结构为基础去考察结构与变异的关系,可能是探索语言演变原因的一条重要途径。

三 结构的不平衡性、变异和系统的自我调整

结构的不平衡性是变异之源,我们可以通过这一视角去考察语言系统自我调整的发生和发展,从中探索语言演变的原因。

各种语言中差不多都有 r 和 l 这两个音位。雅科布逊(1941)认为

这是儿童最后掌握的两个音位,也是失语症者最先丧失的两个音位。和这两个音位相当的汉语语音表现就是传统的日母和来母,在现在的普通话中就是 z 和 l。它们在音系的非线性结构中都处于不平衡的结构位置上,因而都具有相对的独立性,容易发生变化。在上古,根据谐声字提供的线索,l 在结构上简直"无法无天",在同族字中差不多能够和任何辅音交替(雅洪托夫,1960,43—47)。而在现代,它在不同的方言中也是变化方式最多的一个音位:或与 n 自由变异,或相当自由地扩大它的变异范围,"侵"入传统浊声母的发音领域(陈蒲清,1981),或因"气流换道"而与 s 交替(张光宇,1989)。这些都是因结构的不平衡性而使它易于变异的一些具体表现。不过 l 的组合能力还比较强,这或许能牵制它的一些变异范围。z 音位的情况就不一样了,它既在非线性结构中处于不平衡的地位上,而组合的能力又比较弱,能与之组合的韵母不多,因而它的结构地位就不大稳固,现在在不少方言中它都处于积极的变异状态中。变异的方式大体上可以分为两类:一、通过变异而使它消失;二、促使别的音位系列也产生一个或几个可与它一起构成"浊音"系列的新音位。武汉话采用第一种办法(或消失,或与其他音位交替),北京话采取第二种办法,使合口呼零声母产生 w/v 变异(沈炯,1987)。在山西、河北等地的方言中,合口呼零声母产生新声母 v 的,音系中一定有一个浊音音位 z 或 ʑ,这也可以从一个侧面证明我们的假设。

宁波方言韵母系统的变异很复杂,而且情况也与北京话不同,它不是产生新的音位,而是使那些处于结构不平衡关系中的音位或音类消失。请比较:

变异成分	变异方向	例字
一 e(h系)	ɛ	含暗……
二 iɤ	y	流抽周丘休优(尤,赅上去,下同)丢幽幼(幽)钻酸算(桓精)闩篡(删合)全宣传川(仙合)
ie～iɛ	e	皆偕谐械(皆开)懈(佳开)者也冶(麻三)茄(戈开三)念(添)验(盐)廿(深)唸(先)

三	yo	io	家白假白,假使嘉白（麻二见）佳（佳）
	ɤŋ	oŋ	镇振神晨人忍文（真知章）俊椿苟春（谆精知章）
	yŋ	yoŋ	均匀允（谆见）君军群勋云韵（文见）
	yɔ̃	ɔ̃	降降落伞（江见）
	ø$^{\textrm{?}}$	o$^{\textrm{?}}$	实失室日文（质章）戍出恤術述（術知章）

这里的变异成分分成三组。第一组-e的变异仅限于"h系字"，已见于徐通锵（1989）的分析。第二组变异成分的共同特点是以i为介音的齐齿韵，它们在结构上地位比较孤单，缺乏与之制衡的结构单位。-iɤ主要是尤幽韵字，原可与侯韵字构成开与齐的结构系列，但由于侯韵字的元音在宁波音系的结构调整中已经低化和复化，现读圆唇的-œɤ，与不圆唇的-ɛɪ构成"圆：展"的结构关联，而它们又与-ʊʊ（主要是歌韵字）构成"前：后"的结构关联，因而使-iɤ在音系结构中陷入孤立的不平衡地位，只能以连续式变异向-y漂移。ie～iɛ组的例字比较杂，在言语社团中的读音也相当参差，但以-ie为主。发音时因介音i的有无声母也有相应的变化：有i介音的念舌面音，无i介音的念舌尖音。和-iɤ一样，-ie在结构上也是比较孤立的，没有-ye与之配对、制衡，而开口韵的-e又经历了一次动荡：原来的-e复元音化为-ɛɪ，而咍、泰韵的-ɛ则高化为-e，这些都使它增加了结构的不稳定性。

第三组变异成分-ɤŋ是开口韵，其他的舒声韵都是撮口韵，但变异的方向一致：尽可能消除前高元音的圆唇特点，或者简单地说，消除y介音。-ɤŋ、-yŋ（严式应记为-yɤŋ）是臻摄的谆（文）真韵字。它们在结构上没有与之配对、制衡的齐齿韵和合口韵，既没有"圆：展"的结构关联，也没有"前：后"的结构制衡，音系结构的这种不平衡性使它们通过离散式变异的方式并入通摄的-oŋ、-yoŋ（-ø$^{\textrm{?}}$随舒声韵并入-o$^{\textrm{?}}$）。-yɔ̃仅江韵的"降"一个字，只用于"降落伞"之类的少数特殊的词语，势孤力单，功能负荷很低，结构上也没有"圆：展"的结构关联，因而现在已趋向于消失，多数人已变读为tsɔ̃。y介音在音系中趋向于消失，这恐怕是结构调整中的一种沿流,-yo变读为-io,大概也是由这种沿流的影响造成的。现在舒声韵中的撮口韵比较稳定的只有一个-yoŋ,从发展趋势看,它也不一定能持久,可能会向-ioŋ转移。

所以,如果着眼于结构系列之间的相互制衡关系,宁波方言韵母系统的繁杂变异也就呈现出比较简单的线索,特点就是使那些在结构上处于不平衡地位的韵母通过变异而消失,以改进音系的结构。

汉语的中古音有浊音音位。现代吴、湘两大方言也还有浊音音位。它们在音系的结构中处于马尔丁内所说的"行""列"相关关系中,为什么会发生变化?"行""列"相关关系的解释在这里碰到了困难。但是从平行的结构系列的结构关联来看,"浊"这一系列显然处于结构不平衡的地位上:清塞音和清塞擦音有不送气和送气两个系列,而浊塞音和浊塞擦音却只有一个系列,没有送气不送气之分。一浊对二清,这种结构的不平衡性就成为浊音系列的音位发生变异的温床。改变的办法和途径,从理论上说,有两种可能:一是通过变异使浊音清化,去掉浊音音位,使音系中只留下"不送气:送气"的结构关联;二是使某一清音系列发生变异,去掉其中的一个系列(或送气,或不送气),构成"清:浊"的结构关联。汉语的多数方言采取第一种办法,而湖北通城一带的方言采取第二种办法,塞音、塞擦音的松气系列的声母与原浊音系列的声母合流,都归浊音(张归璧,1985)。两种途径,一个目标,都是使不平衡的结构转化为平衡的结构。

浊音清化的历史过程我们现在已经无从查考,但现实语言的变异或许有助于了解这种过程的一二。根据现代实验语音学的研究,现代的吴方言正处于浊音清化的过程中,其基本的特点是:"在单念或作为连读上字时,其声母跟相对应的清母字一样,是真正的清辅音;在作为连读下字时,其声母才是真正的浊辅音。"(曹剑芬,1982,275)历史上的浊声母可能也是通过这种过程或其他类似的过程而清化,使音系的结构产生了一次重大的调整。

山西祁县方言音系中的卷舌音 tʂ、tʂ'、ʂ 在非线性结构中与 tɕ、tɕ'、ɕ 和 ts、ts'、s 两个系列处于平衡、对称的结构关系中,可是它们现在却正通过离散式变异而渐次归入 ts、ts'、s(徐通锵、王洪君,1986)。为什么会产生变异？能否从非线性结构中找到合理的解释？这给"变异源于结构的不平衡性"的理论提出了严峻的挑战。马尔丁内(1952)也谈到了这类现象，由于无法把它们纳入"行""列"相关关系的结构框架去研究，他就把这一类现象分离出来，用功能去解释："功能论者对这些问题的基本假设是：音变的进行不是不顾交际的需要的，决定音变的方向、甚至音变的面貌的因素之一是通过保护有效的音位对立来保证相互理解的基本需要。"这样说当然可以，但是回避了需要解释的问题。功能指"一个语言成分在话语中和在它和别的成分的结构关系中所起的作用"(哈特曼等，1973，138)，而结构则是指语言的内部组织网络，这是两个不同的问题，虽然都需要研究，但是不能相互替代。功能是结构运转的舞台和背景，只能给结构的演变提供外部条件，无法对结构本身的演变进行具体的解释。变化是在结构中发生的，我们还得在结构中去寻找它的原因。附带说一句，马尔丁内的功能论和雅科布逊的目的论都从语言功能的角度批评青年语法学派的音变盲目说，这好像也与青年语法学派的本意"语音定律以盲目的自然力量起作用"有距离，因为它离开了结构(语音定律)去解释语音变化的原因和目标。如果着眼于变异与结构关系的分析，这些问题似都不难解决：结构的不平衡性产生变异，而变异有它的方向和目标，这就是使不平衡的结构转化为平衡的结构。所以，类似山西祁县方言tʂ、tʂʻ、ʂ向ts、tsʻ、s的转移还得从结构中去寻找它的演变原因。

祁县方言的tʂ、tʂʻ、ʂ来自中古照₃的开口字。精(*ts-)、照₂(*tʂ-)、照₃(*tɕ-)这三组音在祁县方言近千年的发展中呈现出一种循环式的变化状态：

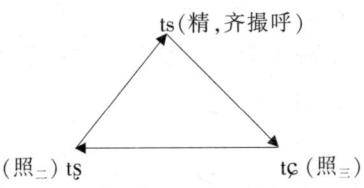

照₂的 *tṣ 首先变为 ts，留出空格吸引照₃的 *tɕ 变为 tṣ；照₃的变化又留出空格吸引齐、撮呼前的 *ts 变为 tɕ。结构的制约使精、照₂、照₃之间的相互关系呈现出拉链（drag chain）式的循环变化。从语音系统的非线性结构来说，它们没有"变"，因为每一个音位在音系结构中的地位都没有发生变化，仍然维持着原来的平衡、对称的结构关系；但是从音义的结合关系来说，它们发生了重要的变化，因为语词读音的分合界线发生了变动。这类变化的成因可能很复杂，不仅有语音内部的原因，而且还涉及它与语义的关系、语言与交际需要（功能）之间的关系。语音层面与语义层面的结构关系是区别性：汉语音节结构中每一位置的音位替换必然与语义的区别相对应；反之亦然，语义的区别必然与音位的替换相对应。音位的推链（push chain）或拉链式的变化必然会干扰音义之间相互制衡的区别性关系：原来的不同音词变为同音词，给交际带来了不利的影响。为求取新的平衡，就需要对语词的音义结合关系做出适当的调整。音位的链移式的循环变化可能是实现这种目标的一种经济而有效的手段，因为它在保持音系结构稳定性、不变性的情况下对语词的音义结合关系做出符合交际需要的调整，在总体上保持了音义关联的区别性。至于是什么力量引起了链移式变化中第一个系列的成员的变化，各个语言、各个方言的情况可能不同。祁县方言拉链式的循环变化恐怕与"等"（组合）有关，因为从"等"的结构来看，照₂（庄）只有二等，照₃（章）只有三等，缺乏制衡的力量。宁波方言元音系统的推链式变化与 -n 韵尾的消失有关。英语长元音系统拉链式大转移和格里姆所揭示的第一次日耳曼语辅音的拉链式大转移，由于都是已经完成的变化，其具体情况我们难以推断。魏茵莱什等人（1968，175—176）在谈到变异成分的相互关系时认为第一个变异成分的变异与某种社会因素存在着一种共变关系（co-variation），而其他与此有关的变异成分的变异则可能受此变异的链移式影响。这是用社会因素去解释拉链或推链式变化的第一个推动力。拉波夫（1972）就用外来移民的影响去解释英语史中 ā、ē 和 ea 之间的分合纠缠。这可能有道理，因为语言是一种开放系统，它通过交际而与周围环境发生密切的联系。但第一个推动力是不是都是社会因素？好像不能一概而论。祁县方言 ts、tṣ、tɕ 之间的链移式变化就难以离开结构而用社会因素去解释。

以上的考察还没有涉及语法。语音和语法是语言系统中两个重要的结构层面。语音结构的单位是音节,语法的基本结构单位为是词。在汉语中,音节和词的关系大体上是一对一的对应,即一个音节实现一个词,一个词的语音形式是一个音节。过去人们很忌讳说汉语的单音节性,以为承认这一点就等于承认汉语的"落后",因而总想在汉语如何复音化上做文章。我们在这里要唱一点反调,认为:语言的结构特点与"先进""落后"无关;音节和词的一对一的对应是汉语结构的重要特点,体现语音和语法这两个结构层面的结构关联;它是汉语自发地进行自我调整的一个重要的结构模型。对音节和词的一对一对应的干扰和破坏就会使结构出现不平衡,从而导致语言的演变。在汉语的发展中,语音层面由于浊音清化、韵尾简化等原因,使语言中出现了大量同音词,给交际带来了很大的麻烦和困难(也就是语言与交际需要之间出现了不平衡),因而产生了大量复音词。这就破坏了音节和词之间一对一的平衡和对应关系。在这种情况下,结构关联就会自发地调整相互之间的矛盾,其表现形式就是语音和语法之间出现了竞争:是用音节结构规则去改造、融化语法复音词的语音面貌、直至融化语法的构词规则呢,还是维护和保持复音词中每一个"字"的独立的语音面貌、从而破坏音节和词之间的一对一的结构关联?汉语的音节结构分声、韵、调三个方面,由于语音和语法这两个结构层面的结构关联的要求,它在竞争中处于主导地位,用单音节的结构规则去改造、融化复音词的语音面貌,使之单音节化,其具体的办法和途径就是变声、变韵和变调。变声在汉语中比较少见,但有些方言的儿化的"化"是用变化声母的办法来解决的(徐通锵,1981;马凤如,1984;董绍克,1985)。变韵比较普遍,现在的研究已有相当的进展(贺巍,1983;侯精一,1985)。儿化是一种现实的变韵,在汉语方言中有多种多样的表现形式。变声和变韵的共同目标都是要使两个字的两个独立的音节融化为一,挤入一个音节的框架,实现单音节化。这个过程的一个不可避免的结果就是迫使语法的构词规则也融化于音节结构之中,从而使语音的发展规律出现例外。语言演变的这种事实使我们有充分的理由修正青年语法学派、布龙菲尔德

(1933,452)关于音变是纯语音过程的假设(徐通锵,1985)。如果无法用变声、变韵这两种办法去实现复音词的单音节化,那就在声调上想办法,于是出现了变调。变调的实质就是使复合词的几个字的单字调融化为一,实现单字调化,以此与词组相区别。五臺(1986,4)曾对这个问题进行过很好的考察,提出"语音词"概念,认为"一个语音词的所有音节的声调融合在一起,联合构成一个跟某单音节调相同的声调"。这个看法很有见地,抓住了变调的实质。文中分析苏州话连读变调的调型基本上与舒声的单字调相同的情况(这在吴方言中可能不是个别的,宁波方言的变调也与此类似)恐怕就是这种实质的具体表现。轻声是一种介于儿化和连读变调之间的语言现象。它在结构上与儿化相似,第二个字已经变为后附成分,但不能像"儿"那样"化"入前一个音节,因而只能在声调上找出路;但后附成分的意义已经虚化,失去它词根的资格,因而又不同于一般的连读变调,于是出现了轻声。这是一种特殊类型的变调。后附成分由于其发音上的"轻",在语言的发展中就有可能由"轻"而走向消失,只在前一个字的声调上留下它的痕迹,从而使语言的声调系统出现异于规律的例外。山西晋城方言(沈慧云,1983)在这方面提供了很好的例子,相当于北京话"子"尾的词在那里都是通过不同于单字调的特殊声调表现出来的。浙江的温岭方言(李荣,1978)、广东的信宜方言(叶国泉、唐志东,1982)异于单字调的特殊调型的调值也可以归属于这种类型。

变声、变韵、变调可以统称为变音,其实质就是用"变"的办法实现汉语结构的自我调整,保持音节与词之间的一对一的平衡、对应的结构关联。这种结构关联好像是汉语演变中的一条"纲",历史上的同族词、联绵词和现实语言的变音等可能都只是这个"纲"上的几个"目"。变音的过程现在还正在进行过程中,这是我们考察语言系统如何围绕这种结构关联而进行自我调整的一个很好的实验室,可以从中了解语言系统动态性的"动"的特点;并且,由于变音"变"出来的单位很难用现在流行的"对立""分布""音位""语素音位"之类的概念去分析,因而还可以以此为基础发展我们的语言理论研究。

前面从不同的侧面考察结构与变异的关系,基本的精神是:结构的不平衡性产生变异，语言系统以此为起点进入自我调整的过程，使不平衡的结构转化为平衡的结构。结构的不平衡性决定了语言演变的必然性，至于语言在何时何地发生变化，以什么方式变化，则与偶然性因素的作用有密切的关系。

四　偶然性因素的作用和它对系统自我调整的影响

语言的演变始自变异。变异在其产生之初都是无序的，在言语社团中呈随机的分布状态，各种各样的因素（如年龄、性别、阶层、文化程度、职业、风格……）都可以对它施加影响。它究竟接受哪一种因素的影响而建立起相关关系，从而使某一变异形式进入有序状态，这带有一定的偶然性。以往研究语言演变的时候由于只着眼于已经完成的变化，因而不可能考察偶然性因素的作用。结构语言学只研究语言的结构规律，自然也不会考虑这种作用。索绪尔以来的大语言学家似乎只有萨丕尔（1921，138）模糊地提到过偶然性因素的作用，认为"个人变异本身只是偶然的现象，就像海水的波浪，一来一去，无目的地动荡"。他怕人们对"偶然的"一词的含义有误解，专门为此作了一个脚注："当然，最终还不是偶然的，只是相对地如此而已。"在决定论占支配地位的时候就已经意识到偶然性因素的作用，实在不容易。随着科学思潮的发展，人们越来越认识到偶然性、暂时性、随机性在事物运转和变化中的重要作用（普里高津等，1984，34）。吸取科学思潮中的这种精神有助于我们认识语言演变的发生和发展以及它的变化方式的多样性。

北京话的 w/v 变异，如前所述，是由于 z̩(浊)的结构要求而产生的。对各种变异形式[u w β υ v]起作用的因素有年龄、性别、文化程度等。其中哪一种因素起关键性的作用，这没有必然的联系。在北京，青年人的 v 型发音多，约为老年人的两倍，而在青年人中又以文化程度高的人 v 型比例数最高（沈炯，1987，354—359）。看来"年轻""文化程度高"这些因素在 w/v 变异中起着导向的作用。不过，偶然性是相对于必然性说的，北京话所以会选择 v，这是由于偶然中有必然，与结构的制约有关。北京话原来有一个 f 音位，产生 v 就可以"f：v"配对，与

"ṣ∶ẓ"一起建立"清∶浊"的结构关联,改进音系的结构。文化程度高的青年人的 v 变异由于适合结构的要求,因而它在言语社团的运用中反馈给结构时,就容易为结构所接受。与北京话类似的方言点在山西有大同、太原、太谷、洪洞、万荣等。对比山西的祁县方言,由于那里没有 f 音位,因而合口呼零声母也就不可能有 v 变异,而是向带喉塞音ʔ的开口呼转化(徐通锵、王洪君,1986)。

合口呼零声母有各种不同的音节。哪些音节先产生 w/v 变异,这仍有其偶然性。北京话选择了 wen 组(wen, wei, wan, wa, wai, wang),而没有选择 wu 组(wu, wo),这是由于"地域和语音结构的因素对 w/v 倾向的影响最大,其次是年龄,再其次是性别"(沈炯,1987,359)。昆明方言是北方方言的一个分支,它的零声母合口呼的 w/v 变异在语音结构中的表现与北京话正好相反,v 变异产生于 wu 音节(材料由原研究生陈保亚提供):

	老年	青年
污乌舞侮鹉	0	v
务武雾	0/v	v
五伍午吴误悟无巫	v	v

两地的对比说明不同的偶然性因素在对 w/v 变异施加影响时选择了不同的音节。

为什么相同的原因会产生不同的结果?这涉及语言运转中各种因素之间的相互关系。语言的结构不平衡性产生变异,而变异在言语社团的交际中运行。这里的结构、变异、运用三个方面的关系大体如下图:

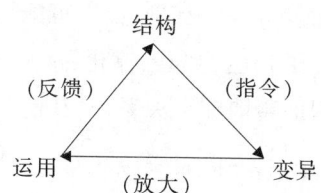

结构发出"指令",使处于结构不平衡地位上的单位产生变异;在众多的变异形式中有一个形式被某一社会人群选择、放大(即从无序转化为有序);而这种被放大的变异形式通过运用再反馈给结构。如果结构不接受这种反馈,变异的过程就被抑制,不可能再继续进行;如果结构接受了这种反馈,那么它就会"指令"变异的过程继续进行,因而也就会使所选择的变异形式再继续放大,如此循环往复,就使某一种变异形式取得支配的地位,并逐步扩大运用的范围,最后转化为结构。这一过程会产生两个重要的结果。第一,哪一个变异形式被放大?在什么时候被放大?结构开始接受哪一个反馈来的变异形式?偶然性因素有重大的作用,不同的地区由于接受不同的偶然性因素的作用而选择、放大不同的变异形式,这就使相同的原因产生了不同的结果,出现了方言的差异。第二,由这一原因产生的语言系统的演化方式一定呈连续的渐进性过渡,不大可能是离散的突发性跳跃。陕西的关中方言可以为这一论断提供有说服力的例证。

"关中"指"东函谷,南武关,西散关,北萧关"的地区,辖 44 个县。1933 年白涤洲曾对该地区 42 个县的 50 个方言点进行过详细的调查,记录了极为宝贵的资料。1954 年喻世长把它整理出版,名为《关中方音调查报告》。关中方言的辅音的变化很多与高元音的高化和紧化有关。前高元音 i 的高化和紧化迫使与它组合的声母(除唇音外)发生诸如腭化之类的变化,后高元音 u 的高化和紧化也迫使与之组合的卷舌音声母前化和双唇音声母的唇齿化。i、u 前的声母需要变化,这是结构提出的要求,至于采取什么样的变化方式,各地大概是由于不同偶然性因素的作用而呈现出一分二、二分四这种分权式的演化。舌位前于 i 的辅音声母(除唇音外)有 t、t' 和 ts、ts'(为简化分析,这里不列擦音 s)两组。它们的发音部位相同而发音方法有别,都有可能接受因 i 的高化和紧化的影响而发生变化。除了枸邑、邠县、淳化、富平、美原、义龙、白水、邰阳八个方言点保持原来的声韵配合关系外,其他各点分两个类型变化:

(一)腭化区,即 t、t' 和 ts、ts' 发生腭化,计有 25 个方言点。

(二)互变区,即 t、t' 转化为 ts、ts',或 ts、ts' 转化为 t、t',计有 17 个

方言点。

这是由i的高化和紧化而引起变异的第一个分权点,而后各区又进一步分化为两个亚类。这是变异引起的第二个分权点。腭化区分权的两个亚类是:

一甲:i前的ts、ts'变为tɕ、tɕ',而t、t'不变。计有西安、躍县、咸阳、武功、醴泉、乾县、永寿、陇县、亚柏、周至、终南、鄠县、华阴、潼关、朝邑、韩城等16个方言点。这与汉语的其他方言的尖音团化一致。

一乙:i前的t、t'和ts、ts'都腭化为tʂ、tʂ'(商县、泾阳、宝鸡、凤翔、兴平、铁炉、同官)或tɕ、tɕ'(雒南)。蓝田一点介于二者之间:t、t'腭化为tɕ、tɕ',而ts、ts'腭化为tʂ、tʂ'。显然,这些差异都是通过连续性变异的方式形成的,而且根据白涤洲的说明,这一变异过程当时还在进行中,因而有些点的音值还不稳定。例如,"铁炉镇端齐与精齐混,同读ts、ts',近于tʂ、tʂ',偶闻之又似t、t',以tʂ、tʂ'注之""雒南的ti、tɕi之分甚乱,端系齐齿不送气读ti,送气读tɕ'i,然tɕ'i字有时又读t'i或tʂ'i"(99页)。这是连续性变异的典型表现形式,是腭化过程的具体见证。

互变区与上述腭化区一样,也可以分权为两个亚类:

二甲:t、t'变为ts、ts',计有郿县、扶风、岐山、汧阳、麟游、长武、瓜坡等7个方言点。

二乙:ts、ts'变为t、t',计有华县、渭南、故市、临潼、高陵、三原、蒲城、荆姚、大荔等9个方言点。

澄城一点介于两个亚类之间,t、t'和ts、ts'可以互变:i前的送气塞音变为送气塞擦音,而不送气塞音保持不变;反之,i前的不送气塞擦音变为不送气塞音,而送气塞擦音保持不变。这说明澄城的"送气"这一区别特征在变异过程中起着重要的作用,使塞音和塞擦音出现反向的变化。这或许可以看成为二甲和二乙之间的一个中间过渡状态。

如果再作进一步的观察,各个亚类还可以再细分为两类,因而在分化过程中呈现出第三次分权。比方说,二甲可以分为二甲a和二甲b,

前者的特点是：i前的t、t'全部变为ts、ts'（郿县、瓜坡）；后者的特点是：i前的不送气塞音保持不变，而送气的塞音变为送气的塞擦音（长武、扶风等）。其他各类情况与此类似，不一一列举。

　　语言现象是复杂的。非线性结构中原来处于平衡、对称结构关系中的几个音位由于受到不同偶然性因素的作用，也可能会出现非对称性的变化。关中方言的i和u处于"前：后"配对的结构关联中，由于链移式元音高化的影响，它们都会发生高化和紧化，从而影响声母的变化。i的紧化以其"舌面"的特征影响舌尖前辅音的腭化，而u则以其"唇齿"（u在发音时唇齿微微接触，舌根上抬）的特征对其他各类辅音的变化产生影响：k'-变为f-，唇音的唇齿化、卷舌音的唇齿化或舌尖化（介音由u变为ɥ）。在这一点上，"前：后"的作用是平行的、对称的，明显地表现出结构对变异的制约作用，但各方言点如何实现这种影响，"前"与"后"在有层次的分权式演变中的影响区域可能是不同的。比方说，卷舌音的唇齿化计有西安等9个方言点，与i前的舌尖塞擦音腭化区16个方言点（一甲）相互呈交叉的状态，只有少数几个方言点是重合的。所以，如果综合考察各个变异成分在各地的变异，我们就会发现方言之间严重的奇异状态。随着时间的推移、疆域的扩大和方言间相互影响的加深，这种奇异的状态也就会日益严重。

　　关中方言通过连续式变异而渐次形成的有层次的分权有点类似语言的谱系树式的分化，区别只在于它只讲变异成分的变异，不是指整个语言的分化。这种变化方式造成的方言差异在地域上的分布一定呈连续性的渐进过渡状态。它体现语言的纵向自我分化。如果方言间的差异不是这种状态，而是呈离散性的，例如北京话与周围方言的关系（俞敏，1984；林焘，1987），那么我们就可以推知，它与语言的纵向自我分化无关，而是语言的横向波浪式扩散留下来的痕迹。方言差异的两种不同类型体现语言发展的两种不同方式，可以成为我们观察方言历史关系的一个窗口。

五　结构平衡的相对性和语言系统自我调整运动的永恒性

结构的不平衡性产生变异，通过自我调整而使不平衡的结构转化为平衡的结构。根据这一假设，语言在经过千百万年的发展之后，结构中的各种不平衡性应该都已通过变异转化为平衡的结构，为什么现实的语言中还处处呈现出各种各样的不平衡特点呢？这是由于有一系列因素在不断地破坏结构的平衡性，其"罪魁祸首"往往就是语音。

语音是通过发音器官的协同动作发出来的，由于生理条件的限制，各部位相互协同配合的发音能力是不平衡的，有些强，有些弱。比方说，有些发音部位的发音比较"易"，因而发音的机会就多，如双唇、舌尖、舌根等，而有些发音部位由于受到发音器官协同配合的生理限制，发音比较"难"，因而用它来发音的机会就比较少。再如，前元音的发音空间大于后元音；前元音易发成不圆唇元音，而后元音却容易发成圆唇元音；能够发成圆唇的前元音也是以高元音为主，低元音很少，例如 a 就很难发出与之相对的圆唇元音；即使在同一个发音部位形成的各个音位，发音器官的协同配合的发音能力也是不一样的，比方说，舌根音 k、k' 就比较稳固，而 ŋ 就容易发生变化，因为舌根上抬和软腭下垂这两个发音动作的配合容易产生矛盾。在元辅音的配合关系中，舌根辅音与前元音（特别是前高元音）的组合容易腭化，因为一前一后、一高一低，矛盾的特征难以协同配合，所以梅耶(1925, 71—72)认为这种腭化几乎已经成为语言变化中的一种普遍特征。不过这些举例性的说明都是从语言现象中概括出来的，只是一种"量"的统计，不是"质"的规定。有些发音部位的协同配合比较"难"，但不是"不能"。这些都可能给音系的结构带来不同程度的影响。我们即使不管不同发音器官的协同配合，仅就音节中各个音素的发音音量来说，其强弱也是不平衡的。在现代汉语中，音节开头的音量强于末尾，因而在语言的发展中辅音韵尾容易因磨损而弱化或消失；复元音容易单化，以致出现只有单元音的语言系统（如上海话），使雅科布逊(1957, 10)的"在全世界记录下来的语言中"没有单元音系统的假设需要做出相应的修正。总之，从发音的生理能力来说，相互协同配合的能力是绝对不平衡的,这就与语言结构的要求产生矛盾。

语言是交际工具,它要求用最简明、最经济的办法去满足交际的需要。经济而有效的办法来自有条理的组织,因为它可以使人们以最简单的规则去驾驭最复杂的现象。语言为实现这种以简驭繁的要求,就在发音生理能力的不平衡、不对称的基础上形成了一种相对平衡、对称的结构,在某些环节上出现了一些比较"难"的发音器官的协同配合。在语言发展中,言语社团因避"难"就"易"而使"难"的协同配合易位,从而破坏了音系中的平衡和对称。所以,音系结构中的平衡性、对称性在历史发展的长河中是暂时的,而发音器官协同配合能力的不平衡性、不对称性则是永恒的。这两方面因素的相互作用也就会使音系的结构永远在这种平衡与不平衡、对称与不对称的矛盾运动中发展,因而音系中永远无法消除某些不平衡、不对称的因素。

语言的结构是分层次的。通过变异而改进结构的不平衡性是在各个层次的范围内分头进行的。每一个层次的变异的目标和方向都只求自己的结构平衡和对称,而不管由此而可能给其他层次带来的影响。因此,某一层次的结构平衡性运动就可能在另一个层次上留下了不平衡的结果。汉语的浊音清化使声母系统的一个重要的不平衡结构消失了,但是在声、韵、调的配合关系上却出现了一个大漏洞。在浊音清化之前,不管是阴声韵还是阳声韵,都有平声,由于浊音清化,浊塞音和浊塞擦音依声调的平仄而分别归入相应的送气清音(平)和不送气清音(仄),因而在北方的很多方言中阳声韵的不送气塞音、塞擦音没有阳平字(丁声树,1952)。语音和语义、语音和语法之间的关系也与此类似,这已见于前面的分析。总之,不同层面由变异而产生的结构平衡与不平衡的矛盾运动是独立地进行的,甲层面的平衡性运动可能会给乙层面带来不平衡的结果。仅就这一点来说,语言的发展就永远不可能堵塞结构不平衡性的漏洞。

语言结构的不平衡性是语言系统自发地进行自我调整、改进结构的内在杠杆和机制,是语言保持活力的一个条件。萨丕尔(1921,33—34)已明确地意识到这种结构不平衡的价值:"假如有一种完全合乎语法的语言的话,它就是一部完善的表达概念的机器。不幸,也许正是大幸,没有一种语言是这样霸道地强求内部一致的。所有的语法都有漏洞。""漏洞",就是结构不平衡性的一种表现。如果一种语言的结构没有任何"漏洞",一切都处于完善的平衡、对称的状态,那么语言的生命也就完结了。

引用书目

白涤洲,1933,《关中方音调查报告》(喻世长整理),中国科学院出版社,1954。
曹剑芬,1982,《常阴沙话古全浊声母的发音特点》,《中国语文》第 4 期。
陈蒲清,1981,《益阳方言的边音声母》,《方言》第 3 期。
丁声树,1952,《谈谈语音构造和语音演变的规律》,《中国语文》创刊号。
董绍克,1985,《阳谷方言的儿化》,《中国语文》第 4 期。
哈特曼等,1973,《语言与语言学词典》,上海辞书出版社。
贺　巍,1983,《获嘉方言的一种变韵》,《中国语言学报》第 1 期。
侯精一,1985,《晋东南地区的子变韵母》,《中国语文》第 2 期。
李　荣,1978,《温岭方言的变音》,《中国语文》第 2 期。
林　焘,1978,《北京官话溯源》,《中国语文》第 3 期。
马凤如,1984,《山东金乡话儿化对声母的影响》,《中国语文》第 4 期。
梅　耶,1925,《历史语言学中的比较方法》,科学出版社,1957。
普里高津等,1984,《从混沌到有序》,上海译文出版社,1987。
萨丕尔,1921,《语言论》,商务印书馆,1985。
沈慧云,1983,《晋城方言的"子尾"变调》,《语文研究》第 4 期。
沈　炯,1987,《北京话合口呼零声母的语音分歧》,《中国语文》第 5 期。
五　臺,1986,《关于"连读变调"的再认识》,《语言研究》第 1 期。
徐通锵,1981,《山西平定方言的"儿化"和晋中的所谓"嵌 l 词"》,《中国语文》第
　　6 期。
徐通锵,1985,《宁波方言的"鸭"[ɛ]类词和"儿化"的残迹》,《中国语文》第 3 期。
徐通锵,1987—1988,《语言变异的研究和语言研究方法论的转折》,《语文研究》
　　1987 年第 4 期和 1988 年第 1 期。
徐通锵,1989,《变异中的时间和语言研究》,《中国语文》第 2 期。
徐通锵,1991,《百年来宁波音系的演变》,《语言学论丛》第 16 辑,商务印书馆。
徐通锵、王洪君,1986,《说变异》,《语言研究》第 1 期。
雅洪托夫,1960,《上古汉语中的复辅音》,《国外语言学》1983 年第 4 期。

叶国泉、唐志东,1982,《信宜方言的变音》,《方言》第 1 期。

俞　敏,1984,《北京音系的成长和它受的周围影响》,《方言》第 4 期。

张光宇,1989,《闽方言古次浊声母的白读 h-和 s-》,《中国语文》第 4 期。

张归璧,1985,《草开方言的浊音和入声》,《语言论文集》(北京市语言学会编),商务印书馆。

Bloomfield, L.(布龙菲尔德),1923, Review of Jespersen's 〈Philosophy of Grammar〉, Hockett 编集的 *A L. Bloomfield Anthology*, Indiana University Press,1970.

Bloomfield, L.(布龙菲尔德),1933,《语言论》,商务印书馆,1980。

Hockett, C. F. ,1961,《语言的各种单位及其关系》,《语言学资料》1964 年第 1 期。

Jakobson, R.(雅科布逊),1927, The Concept of the Sound Law and the Teleological Criterion, *R. Jakobson Selected Writings*, Mouton & Co. S-Gravenhage,1962.

Jakobson, R. ,1941,《儿童语言、失语症和语音普遍现象》,译文摘刊于《国外语言学》1981 年第 3 期。

Jakobson, R. ,1957,《类型学研究及其对历史比较语言学的贡献》,《语言学资料》第 10 期,1962。

Jeffers, R. J. & Lehiste, 1982, *Principles and Methods for Historical Linguistics*, MIT.

Labov, W.(拉波夫),1972, On the Use of the Present to Explain the Past, *Readings in Historical Phonology*, eds. by Baldi, P. & R. N. Werth, The Pennsylvania State University Press, 1978.

Malkiel, Y.(马尔基耶尔),1984,《马尔基耶尔教授谈历史语言学》(徐通锵整理),《语言学论丛》第 13 辑,商务印书馆。

Martinet, A.(马尔丁内),1952, Function, Structure and Sound Change, *Readings in Historical Phonology*, eds. by Baldi, P. & R. N. Werth, The Pennsylvania State University Press, 1978.

Palmer, F.(帕默),1971,《语法》,上海译文出版社。

Weinreich, V.(魏茵莱什)、W. Labov(拉波夫) & M. I. Herzog, 1968, Empirical Foundations for a Theory of Language Change,载于 *Directions for Historical Linguistics*, eds. by W. P. Lehmann & Y. Malkiel.

(原载于《中国语文》1990 年第 1 期)

语义句法刍议
——语言的结构基础和语法研究的方法论初探

【提要】 一种语言的语法结构的特点与它的语言结构基础密切相关。这种结构基础可用"1"来表示。它是一种结构常数,以结构关联的方式与其他层面的结构形成一种相互依存、相互制衡、组织有序、协同配合的函数关系,使语言能根据交际的需要而自发地进行自我调整。"1"是控制这种自我调整的"纲",因而可以成为人们观察语言结构的宏观视角。不同语言的结构常数都是一个"1",体现语言的共性,不同语言的特点主要决定于这个"1"处于哪一个结构层次上。汉语的"1"凝聚于字,具体表现为"1个字·1个音节·1个概念",突出语义,使汉语成为一种语义型语言。印欧语的"1"凝聚于句子的结构规则,即一个句子必须有、而且也只允许有一个主语和一个谓语,相互由一致关系维持;主语的位置只允许出现主格名词,谓语的位置只允许出现定式动词,词入句后必须接受一致关系和与此相关的规则的支配而发生形态变化,从而使印欧语成为一种形态型语言。两种语言的结构基础的差异决定了它们的语法规则的重大差异,需要用不同的理论、方法去描写。

20世纪80年代的汉语语法研究取得了很大的成就。这主要表现在两方面:第一,对西方的语法理论、方法有所补正;第二,开始以北京话为基础进行方言间的横向比较研究和古今汉语的纵向比较研究,突破了索绪尔以来关于共时和历时的机械划分。但是有一些老大难的问题,例如词类的划分、句子成分的分析等,至今还矛盾重重,进展缓慢。自《马氏文通》以来,这些问题为什么长期得不到有效的解决?这恐怕与我们用"印欧语的眼光"来观察汉语的结构这种思路有关。要摆脱这种思路的束缚,首先需要弄清楚语言系统的内在结构基础,为语法研究确立方法论的根据。这或许有助于从宏观上把握一种语言的结构特点,为摆脱"印欧语的眼光"提供一种可供选择的途径。我们这里以这一认识为基础讨论汉语的语义句法问题。

一 词位句法和义位(语义)句法

自结构语言学兴起以后,大多数语言学家都把语言看成为一种能进行形式运算的数学系统,而把语义排除在语言研究的大门之外。转换—生成语法的出现把数学的运算方法升华到了顶点,认为依据少数的语法规则就能生成语言中全部合乎语法的句子。物极必反。一种理论,哪怕是一种非常有价值的理论,一旦进入极端,就会暴露出很多矛盾而走向它的反面。转换—生成的运算规则虽然能够生成语言中一些为人们所接受和理解的句子,但是也能够生成形式上虽然合乎语法规则但在语义上却根本说不通、在实际语言中根本不可能出现的句子。例如:

Tomorrow the sleeping table married its jumping lake.
(明天那睡着的桌子嫁了它的跳跃着的湖)

为了解释这种违反常规的句子,兰姆(S. M. Lamb,1969)认为应进行词位句法(lexemic syntax)和义位句法(sememic syntax)的研究:在词位句法中人们碰到的范畴是名词、动词、介词、形容词等,而在义位句法中这些范畴并不出现,人们碰到的是"分类等级所给予的","义位句法规定哪些义位的结合是允许的,哪些是不允许的。例如动作义位的等级和事物义位的等级就有联系,联系的方式是规定只有某些类事物能施行某些类动作,又只有某些类的事物能作为某些动作的对象。只有有生之物能够实行死的动作;只有食物可以吃,只有歌儿可以唱"。兰姆认为,符合词位句法规则的句子不一定符合义位句法,只有句子的词位句法同时符合义位句法的规则才能成为现实语言的真实句子;"这两种句法模式是各自独立存在的",应该分别加以独立的研究。

词位句法和义位句法的区分是语法理论研究的一次重大进展。在传统语法中这两类句法是混而不分的，主、宾语和施、受事之间的联系和矛盾就是这两类句法相互纠缠的具体例证。为了推动学术研究的深入发展，纠缠在一起的不同现象应该区分开来进行独立的研究，不然就难以掌握每一类现象的性质和特点。实践证明，格语法、生成语义学、认知语言学的诞生以及它们对义位句法或与义位句法有关的现象的研究已为语法理论的发展做出了重要的贡献。语义作为语法结构的一项内容，已在语法研究中确立了它不可动摇的地位。

义位句法的提出有重要的理论价值，但这一概念的名称则有商榷的必要。义位(sememe)是瑞典语言学家诺伦(A. Norren)于1908年首创的一个概念。1926年布龙菲尔德把它引入结构语言学的研究，指一个最小的意义("一个最小的形式就是morpheme，它的意义就是sememe")。兰姆的义位概念又是另外一种理解，相当于现在一般所说的语义成分或语义特征。不同的语言学家还可以有不同的理解，这里没有必要详加讨论。就一个概念本身的含义来说，兰姆的独特理解无可非议，但就句法结构的原则来说，这样的理解似嫌狭窄，不容易把握义位句法的实质。如我们将在后面分析的那样，以语义为基础的句法结构，它的最重要的特征是句法单位的组合顺序。义位句法这一概念不能确切反映这一特征，因而我们下面就干脆把这种句法称为语义句法。

语义句法在不同结构类型的语言中所处的地位和所占的比重是不一样的。印欧系语言一直以词位句法为基础开展语法结构的研究，提炼出一整套理论和方法。现在流行的语法理论差不多都是这种理论的不同变体。汉语是一种孤立语，它的研究传统没有印欧语研究中的那种词位句法，而语义句法，虽然没有系统的理论著作，也没有"语义句法"这样的概念，但它的精神一直渗透于古籍的"注"和"疏"之中，一个句子，只要把字的意义和意义之间的关系搞清楚了，一个句子的意义也就弄清楚了。王力(1957,144—154)所说的"意合法"就是这种句法精神的一种具体表现。我们的祖先不讲主语、谓语、宾语和名词、动词、形容词这些词位句法的概念，照样可以看书写文章，可以进行教学活动，而在印欧系语言的研究中这是不可想象的。所以，一种语言可以不讲词位句法,但是必须有语义句法。语义句法在语言研究中应该占有它的重要地位,不要把它视之为不可思议的"怪物"。不过目前人们对这种句法还比较生疏,研究工作也还没有充分展开,因而我们的讨论也只能说是"刍议"。

二 语义句法和汉语

汉语的语法研究,自《马氏文通》以来,一直师承西方的语法理论。吕叔湘(1986)曾就这一点指出:"过去,中国没有系统的语法论著,也就没有系统的语法理论,所有的理论都是外来的。外国的理论在哪儿翻新,咱们也就跟着转。这不是坏事,问题是不论什么理论都得结合汉语的实际,可是'结合'二字谈何容易,机械地搬用乃至削足适履的事情不是没有发生过。"这是对汉语语法研究的历史回顾和理论总结。面对西方语言理论的新变化,20世纪80年代的汉语语法研究也出现了一些新的发展趋向,这就是开始摆脱结构分析法的纯形式的研究,吸取义位句法的某些精神引入语义特征、语义指向之类的理论和方法,以辅助形式分析的不足(参看陆俭明,1989,1990)。汉语的语法研究又艰难地前进了一步。不过就总的情况来看,结构分析法的基本格局还没有发生重大的变化,语义特征之类的概念的运用也还比较零散,不系统,没有形成一些独立的理论和分析原则,即不是对语义句法进行独立的研究,而只是用来解释词位句法中一些难以解释的现象。当然,这比以前的研究深入了一步,但基本情况仍然是用西方的语法理论来解释汉语的现象,只涉及那些"说得通"的部分,而还有哪些"说不通",还缺乏有效的研究。一种理论能不能成立,需要经得起那些"说不通"的反例的检验。这犹如语音规律,如果不能经受例外的考验,就很难说它是一条规律。现在语义特征这一类概念还没有经受这种检验。

"'结合'二字谈何容易",这是老专家的经验总结,非常宝贵。确实,要做到"结合",难度很大。结合,它不是国外的理论加汉语的例子,也不是用国外的理论来解释汉语,而是要参照国外语言理论的立论根据,从中吸取精神,在汉语的研究中提炼出自己的理论和方法,以便能在宏观上把握汉语结构的特点；不能实现这样的要求，说明我们还没有摆脱用"印欧语的眼光"来观察汉语的窠臼。根据这样的标准，我们的研究实际上离"结合"还有一段很大的距离。汉语的研究传统一直是务"实"不务"虚"，重功力而轻理解（参看《国学季刊》发刊词，1923），不大注意理论的研究，因而也就没有很好地探索如何从宏观上去把握汉语的特点。自《马氏文通》以来，汉语的语法研究取得了一些重要的进展，解决了很多实际问题，但理论建树，应该老实地承认，并不很多。这与我们重功力而轻理解的研究传统有关。在这方面，生活在国外的一些汉学家由于其学术环境和我们不同，思想上的框框比国内语法学家少，因而思路比较开阔，已经在理论上提出了一些有助于我们从宏观上去把握汉语结构特点的理论和方法。戴浩一（1985，1989）的《时间顺序和汉语的语序》《以认知为基础的汉语功能语法刍议》可以看成为这方面的两篇有代表性的文章。他立足于 Peirce 的临摹性（iconicity）原则，认为语法结构规则来自现实的象征，可以参照概念领域的原则来了解汉语语法的结构。他提出的最重要的一条原则就是时间顺序原则（the principle of temporal sequence）：两个句法单位的相对次序决定于它们所表示的概念领域里的状态的时间顺序。戴浩一认为这条原则"在汉语语法中具有独立的依据和很高的解释价值。它在一条总原则下概括了至今被认为是互不相干的大量的语序原则。它管辖着汉语中大多数可以定出的句法范畴的语序表现。因此 PTS 可以看成是一条总的句法限制""汉语语法的基本手法仿佛是按照某些具体的概念原则把句法单位编织在一起""它的语序跟思维之流完全自然地合拍"（18页）。戴浩一和其他的汉学家还提到一些其他的原则，如时间范围原则、整体先于部分的原则，等等。这些原则都是语义句法的结构规则，已经摆脱传统语法、结构语法、转换—生成语法的束缚而向着一个新的方向发展。这方面的研究成果，现在虽然还比较粗疏，但开辟了一个新的研究方向，已为建立语义句法迈出了艰难的一步。

　　语义句法的建立，这不是语言学家的个人癖好，而是由语言的性质决定的。语言与人类的认知活动有密切的联系。认知，这是主观经过分析、综合、比较而对客观的认识，用语言将复杂、纷繁的现实现象编制成各种各样的"码",人们依靠这种"码"的指引去认识现实。就这一点来说,语言就是现实的一种编码体系。不同语言的差异主要表现为编码方式、编码原则的差异,而需要将现实编成"码",以实现认知现实、进行交际的功能,这是人类语言的一种共同性质。临摹性是编码的一种方式。"语言中成素(elements)的次序平行于实际的经验或认识的顺序",这是 Peirce 关于临摹性原则的一句名言,研究语序的语言学家差不多都要引用这句话。前面提到的时间顺序原则、整体先于部分的原则等都不过是这条总原则的具体表现,用它来考察汉语语句结构的规则,应该说是比较合适的。它有助于我们从宏观上去认识汉语的结构特点。我们由于身处"庐山中",不易认识"庐山"的真面目。国外的语言学家对汉语的这种特点非常敏感,洪堡特(1836—1840)早就说过汉语的句子跟思想的简单明确的顺序一致是汉语特殊的优点。时间顺序原则等以临摹性为基础的句法结构规则实际上是洪堡特理论的深化和具体化。

把临摹性原则看成为汉语句法结构规则的基础,这可是违背传统语法理论的一种"离经叛道"的大胆假设。它虽然得到了时间顺序之类的原则的支持和验证,但毕竟还只涉及汉语的一些局部情况。语言现象很复杂,一般的理论假设都不难从语言中找到一些必要的例证。时间顺序之类的原则是不是一些个别的、孤立的例证,汉语中是不是还有大量与这种原则相矛盾的现象,我们现在还不敢说。所以,临摹性原则是不是汉语语义句法研究中的一条简明而又有解释力的原则,还要看我们能不能在语言系统中找到它的立论根据。

语言是一种复杂的系统,由很多个大小不等、层次不同的子系统联合组成的一种非线性结构。要为语义句法寻找立论的根据,需要弄清楚把各个子系统组成为一个结构整体的"纲"。根据现在流行的说法,这种"纲"就是索绪尔的聚合关系和组合关系理论。不过我们不想以这一理论为基础,因为它有明显的局限性。第一,它以"语言是形式,不是实质"为前提,因而只能适用于无时无空、完全封闭的语言系统的分析。我们把语言看成为一种现实的编码体系,是在时、空中运转的开放系统,因而与索绪尔所说的语言系统的前提不一致。第二,聚合关系和组合关系理论以语言的线性结构为基础,虽然可以有成效地对同一结构层内的语言现象进行静态的研究,但是难以探索处于非线性结构中的各个子系统的结构关系。美国结构语言学家着眼于组合关系去考察各个结构层面(子系统)之间的结构,认为音位的线性组合构成语素,语素的线性组合构成语句,结果在方法论上留下了不可调和的矛盾(霍凯特,1961,7—13;帕默,1971,118—133)。第三,组合关系和聚合关系的概念只能用来分析完全静态的结构,无法用来研究在时、空中运动的动态系统。基于上述考虑,我们在讨论语言系统的结构时放弃聚合关系和组合关系理论,而用结构关联这一概念来分析语言系统的非线性结构。结构关联的具体含义是:结构成分或结构子系统之间相互依存、相互制衡,彼此组成一种组织有序、协同配合的函数关系,使语言能根据交际的需要而自发地进行自我调整;或者说,结构关联是协调、支配语言各子系统之间的相互作用,使其最有效地完成交际功能的结构原理和原则,而与子系统的性质无关。因此,从某一个子系统中提炼出来的结构原则或理论假设,如果在其他子系统中能够找到它的结构关联,那么这种理论假设不仅能够成立,而且可以从宏观上把握一种语言的结构特点,因而有很大的理论意义。我们现在需要对语言系统进行深入的结构分析,看看能不能为以临摹性为基础的汉语语义句法的研究找出它的立论根据。

三 汉语的结构基础

语言是现实的一种编码体系,而"码"的基本单位在语言中就是一般所说的词。词是一种重要的结构单位,语言中的各种特点,语音的、语法的、语义的,都会通过这样或那样的方式体现在词之中,因而很难给词下一个确切的定义。汉语中和词相当的单位,粗略地说,就是"字"。"五四"以来的汉语研究都把"字"看成为文字问题,这未免把复杂的问题简单化了。不错,"字"是文字,在有"字"之前,汉语早就存在,但"字"是语言结构特点的文字表现,没有语言的基础,"字"就不可能存在。印欧系语言为什么没有"字"?因为语言中没有这种结构特点。我们还得从语言与文字的关系去认识"字"的性质,认为"字"不光是文字问题,而且也是语言问题,是汉语的基本结构单位。"字"所反映的语言现象与印欧系语言的语素不同,它不是单层次的结构单位,而是语音、语义、语汇、语法的交汇点,需同时接受各个结构层面的结构规则的制约。它是一种立体性的结构单位。传统的汉语研究,不管是哪一个领域,都以"字"的分析为基础。我们今天在分析汉语的结构时也不能无视"字"或"字"所代表的语言现象的存在。但为了和文字的字区别开来,我们在行文中都给它打上引号。

编码的机制实质上就是音和义的关系。我们如果以词的语音形式为结构框架,考察每一个结构位置中结构成素的替换与对现实进行编码的关系,那么就可以发现不同语言在编码方式上的一些特点。汉语的一个"字"在语音上是一个音节,包括声、韵、调三部分。它是汉语对现实进行编码的一种基础性语音框架。语音的区别特征,即对立项的选择(雅科布逊等,1951,3—4),不同的语言在性质上是差不多的,不外是口音、鼻音、清音、塞音……这一些特征。不同语言的特点主要是通过它为对立项的选择提供一个什么样的结构框架表现出来的。汉语为对立项的选择提供的语音结构框架比较简单,而且很有规则,即:一个结构位置中只允许出现一个结构成素,即一个音节只允许有一个声母、一个韵母、一个声调;韵母这个层次又可以根据音位的出现位置而分出韵头、韵腹、韵尾,每一个位置也只允许出现一个结构成分,其中韵头和韵尾可以出现,也可以不出现(下面的公式用括号表示)。这就是说,汉语"字"的结构基础是一个"1",而结构格式就是"$1\times1=1$":

层序	层组织	结构公式
1	(1个韵头)×1个韵腹×(1个韵尾)	$(1)\times1\times(1)=1$个韵母
2	1个声母×1个韵母=1个音段	$1\times1=1$
3	1个音段×1个声调=1个音节	$1\times1=1$
4	1个音节×1个概念(意义单位,下同)	$1\times1=1$

这个"$1\times1=1$"的简单结构格式隐含着汉语自我运转、自我调整的结构机理,是不同子系统的非线性的结构关联的基本方式。它由下而上,以"1"为基础,层层关联,形成一种严密的结构。等号后的"1"是等

号前的"1"的乘积。它是一种结构、一种子系统,但它又可以以"1"个结构成分的身份进入高层的结构。等号前后的"1",相互之间是一种函数式的结构关系:等号后的"1"是一个常数,而等号前的"1"是变数,即它可以是"2"、是"3",这就产生了"1×2(或 3)=1"这种奇怪的结构等式。语言中如果出现这种情况,子系统之间的相互依存、相互制衡的结构关联就会进行调节,通过变异调整相互之间的关系。如果是常数"1"制约变数"2"或"3",使它们通过变异而转化为"1",那么语言就会出现通过变异而改进结构的格局,简单地说,就是结构(常数)制约着变异的方向和目标,借此以维持"1×1=1"的结构格式。上古的复辅音已经根据这种结构格式进行调整,在现代的各个方言中都已变成了"1"。联绵字的"2"原就是"合二字而成一语,其实犹一字也"(王国维),相当于一个音节。它是在语言发展中产生的一种"畸形儿",可能是原始汉语(proto-Chinese language)经过"1×1=1"这种结构格式的调整而在语言中留存下来的遗迹。它在原始汉语的研究中将占有重要的地位。现代汉语存在着大量的复音辞,似与这里所说的"1"矛盾,但是这种"2"或"3"已经或正在接受结构关联的支配,通过变声、变韵、变调的办法进行单音节("1")化的改造(徐通锵,1990)。这些都是结构常数"1"制约变数(1,2,3)的变异方向和目标的一些具体例证。如果出现相反的情况,即变数"2"或"3"通过变异而迫使常数"1"的值发生变化,那么语言结构的类型就会发生重大的变化。我们说,语言是一种动态的系统,这种"动"不是外力推动的,而是语言系统内部相关系列相互制衡的结果:"1×1=1"这一结构格式可以从结构上解释语言系统的动态性。这种结构格式是语言的一种结构格局,非常稳固,汉语历经几千年的变化,形成如此复杂的方言差异,但是这种结构格局并没有发生变化。这些讨论好像与前面所说的以临摹性为基础的汉语句法结构原则没有什么关系,但这却是探索和解决这一问题的一个基点。

汉语的"字"音,由于一个结构位置只能出现一个"1",因而它为音位"对立项的选择"提供的活动舞台简单而有规则,即使把声调包括在内,一共也只有五个位置,我们可以把它简化为如下的公式:

$$\frac{t}{o(m)n(c)}$$

(t:声调;o:声母;m:韵头;n:韵腹;c:韵尾。括号中的成分可以不出现)

声调是凌驾于整个音段之上的语音特征,是音位进行"对立项的选择"的一种环境,应另作讨论。这样,汉语的音位就只能在o(m)n(c)这样四个结构位置上进行"对立项的选择",对现实进行编码;只要在"字"音的结构位置上进行"对立项的选择",就能编成语言的"码"。假定说,o(m)n(c)这个公式中每个位置上能出现的音位是:

o＝p, t, k, ts
m＝0, i, u, y
n＝a, o, e, i, u, y
c＝m, n, ŋ, i, u, y, 0

我们可以根据收集到的"字"音的样品制定一条编码规则:每个位置上每次选择一个音位,并依次组合起来,就能直接编成语言中的"码"。根据这条规则,我们就能生成如pam、pioŋ、ta、tiau、tuen、kaŋ、kyen、tsim、tsan……这样的语码形式,其中有些是汉语中实际存在的"码"的语音形式,如tiau、tuen、kaŋ……,有些则不是(至少在某一方言中),如pam、kyen……,但这不能否定规则的编码能力,因为这些在语言(例如北京话)中现在不存在的语音组合序列同样是符合汉语"字"音的结构规则的,它们可能在过去用过,只是后来在发展中废弃不用了;将来一旦有需要,语言也会毫不犹豫地用这些语音序列对现实进行编码,成为"字"的语音形式。这种在语音规则上可以接受,但在实际语言中未被实现的语音组合序列是"码"的一种潜在语音形式,与iempt……之类的不合规则的语音组合完全不同。这种潜在的形式在语言发展中有重要的作用,是语言系统富有弹性的一种具体表现。如果说,一种语言没有任何规则上允许而在实际语言中未被实现的潜在的语码语音形式,那么这个语言的生命也就完结了。

根据上面这条编码规则,也能生成如piii、tuau……之类的形式。为了防止这一类形式的出现,我们可以制定一条补充规则:同一音位不能依次连续出现;如果隔位出现,语音的异化作用会促使语言通过变异而进行自我调整。皆、佳、夬三韵(赅上去)的开口字在北京话的语音表现可以为这一条补充规则提供一个具体的例证。它们原为二等字,语音一般拟测为*-ai,见系字"皆阶"等由于在语言发展中产生了一个介音(韵头)i,即-ai变为-iai。这样音位i就隔位重复出现,与同一音位不能在韵母的不同位置上同现的原则发生冲突,因而出现变异:-iai变为-iɛ(皆阶稽介界疥届戒诫械,佳街解懈涯崖捱鞋蟹),还有一部分字(揩楷骇挨矮隘)则抗拒介音的进入,仍保持旧读-ai。1950年出版的《增注中华新韵》,"厓崖崕"等字还读-iai。合口韵"乖怪怀"等字的韵尾仍为-i,因为它们的介音是u,没有违背上述不能同现的原则,因而形成开、合口的韵尾不配套的结构格局。

根据上面两条规则,汉语就能以"字"音中的"1"为基础,通过音位"对立项的选择",直接编出语言中的"码"。对比英语等印欧系语言,情况就不同了。英语是多音节语,而"对立项的选择"只能在单音节的结构框架中进行,这就迫使语言学家挖空心思地去寻找为数有限的一些单音节词,为音位找出最小的对立环境(霍凯特,1958,15—24),而后以此为基础去分析以多音节为特征的音系的结构。音系中的单音节词在语言系统中的地位相当于语素。所以,从原则上说,英语等印欧系语言为"对立项的选择"提供的结构框架只是语素的语音形式,词的结构还需要在此基础上进行新的组合。其次,即使以那些单音节词的语音形式为基础,我们也无法概括出像汉语那样的编码规则,因为印欧系语言的词音为"对立项的选择"提供的结构基础不是"1",一个音位能出现在音节的哪一个结构位置上是不定的,而一个位置能出现几个音位(复辅音、复元音)也是不定的。这两方面的原因给编码规则带来的影响是:印欧系语言从"对立项的选择"到"码"需要分两步实现:第一步先编出半成品——语素,它不能直接用于交际;第二步把语素组合成词,实现对现实的编码。语素虽然也是一种"码",但只能说是"码"的初胚或半成品,不能独立;独立的标志是音段必须有特定的、能使长短不定的音节组合内聚为一个整体的超音段特征(声调、重音、音长或元音和谐)。所以,从"对立项的选择"到交际中能独立使用的"码",汉语是直接的,一次实现;英语等印欧系语言是间接的,分步骤实现。为行文方便,下面把汉语称为直接编码型语言,英语等为间接编码型语言。①

　　编码方式的差异进一步给语言的结构带来了深刻的影响。直接编码型语言由于"字"音短,音位的组合规则简单,它的功能负荷得到最充分的发挥,因而能直接编出来的"码"就多,即根词的数量大,用不着什么构词法。汉语除了上古汉语的同族字需要另待研究以外,我们传统的研究根本就没有什么构词法;现在的所谓联合式、偏正式、述宾式的复合词和以子、儿、头之类的词缀为特征的派生词,都是语言发展中的产物,是字组凝固的结果,如用印欧语类比,就是将词降格为语素,而不是组语素为词,因而谈不上什么"法"。刘叔新(1990,241,245)曾对此有很好的分析,认为"复合词结构无论其词素的顺序形式还是意义关系,都无句法性质,也非词法现象,而只是词汇性的",其中唯一有可能成为语法形式的东西就是词素序,"但是词素序不仅不是句法的词序,而且根本上不成其为语法形式。原因在于,无论词性还是词素意义关系类型,都往往不与特定的词素序形式相因应,即一种词素序可表示多种词性和不同的意义关系,不同的词素序则可以表示同样的词性和意义关系"。这段话我引得长一点,因为我们思想中的印欧语习见太深,需要进行一些冲击。相反,间接编码型语言由于要分步骤实现编码的要求,语素的数量相对地说是有限的,但通过它的不同组合而构成的词,数量上却可以比它大几十倍到上百倍。所以这种类型的语言的构

---

① "直接编码"和"间接编码"的说法不是很确切,后来在《语言论》(东北师范大学出版社,1997)中作了修正,基本精神是:汉语的基础性编码机制以理据性为基础,其理据凝聚于符号(字);印欧系语言以约定性为基础,其符号的音义关系无理据,只有把符号组合起来才能表现出相应的理据。理据性是语言规则的语义基础。一种语言的理据存在于哪一个层面,那个层面就必然会成为这个语言的研究重点。汉语的"字"富有理据性,因而汉语研究的传统始终以字为中心展开文字、音韵、训诂的研究;印欧系语言的基础性编码理据存在于符号的组合,因而研究符号组合的规则,即词法和句法就成为语言研究的核心。基础性理据的形成,印欧语比汉语多了一道手续。两种语言在结构上呈现出来的原则差异,其终极的原因就是由这种编码理据性的差异决定的。这里为保留原文发表时的面貌,仍旧使用"直接编码"和"间接编码"的说法。(编者注:"直接编码"和"间接编码"在《汉语字本位语法导论》(山东教育出版社,2008)中称为"成分理据"和"组合理据"。)

词法很复杂,需要重点讲清楚词缀、词尾、词根之间的相互关系,因而在相当长的时期中成为语言学家重点研究的对象。两种不同语言的结构差异说明,直接编码型语言由于直接地一次编码成功,因而不需要或不大需要用构词法进行二次再编码。汉语构词法的贫乏反映汉语的结构特点,它是"字"音的结构基础"1"决定的。

其次,由于编码方式的差异,两种不同类型的语言在语言发展中也会呈现出重大的差别。在创造新词的时候,间接编码型语言偏重于组合,特点是"加",根据构词的规则一个语素加一个语素就可以构成一个词,反正词的结构基数不是一个"1",一个词有几个音节、几个语素,在理论上是没有限制的。直接编码型语言与此不同,它偏重于"整合"或"化合",特点是"合二而一",把本来已经组合起来的字组通过"变音"的办法而"整合"为一个"词",使"2"或"3"通过变异而转化为"1"。两种不同的过程产生了两种不同的特点,由"加"而产生的语言结构单位可以从分布的角度加以分析,而由"合二而一"的"化合"产生的语言现象,如儿化之类,"化"到一定程度其语音形式就会混同于音节的结构,很难用对立、互补、语素音位之类的分布分析法来分析。这需要我们进行一些独立的探索,并从中总结相应的理论和方法。

第三,语言是现实的一种编码体系,现实的特征都会在语言中得到这样或那样的反映。总的情况是:它在直接编码型语言中会得到直接的反映,因而语言范畴和概念范畴一致;而在间接编码型语言中则是间接的或屈折的反映,表现为语言范畴和概念范畴的不一致。间接编码型语言都有形态变化,借此以体现与概念范畴相对应的语言范畴。如英语:

	性	数	格	时	体	式	人称
语言范畴	gender	number	case	tense	aspect	mood	person
概念范畴	sex			time			

"性"和"时"分别用不同的词表示语言范畴和概念范畴,而"数""格"等都只有一个表示语言范畴的词。除格范畴外,它们都以概念范畴为基础,但必须以特殊的词形变化表示它们的语言范畴的性质。这

里,"性"和"时"各自用两个不同的词来表示不同性质的范畴,这一点耐人寻味。"性"范畴的实质是名词的语义分类,与自然的"性"(sex)并无必然的联系。语法"性"的语义基础可以是 sex,也可以是形状、质地、颜色、可食性等等,总之任何一种自然的属性都可以成为语法的"性"的基础。印欧系语言的"性"既然不等于自然的性别,那为什么还要和 sex 联系在一起?那纯粹是为了方便,因为"我们找出了这些差别,就需要给它个名称。我们选择最容易记住的名称;它们主要要有助于记忆而不要求别的什么。语言学并不是用这样一种方法的唯一的学科。大熊猫单纯靠竹子生活,但是按照动物学却把它列入食肉动物"(帕默,1971,93)。"性"是名词的各种范畴的基础,格与数的变化方式往往与"性"的语义特点有密切的关系。从总的特点来说,"性"和以"性"为基础的语言范畴表示空间,因为典型的事物都占有一定的空间,表现出大小、高低、厚薄、聚散、离合等特征。"时"(tense)是动词各项范畴的核心,以 time(时间)为基础。"性"和"时"是集中体现名词和动词的结构特点的两个特殊的语法范畴,它们以概念范畴为基础,但又不等于概念范畴。这样,间接编码型语言在造句的时候就需要调整语言范畴与概念范畴的关系,因而语法的形式结构比较复杂,而直接编码型语言在这方面就要简单得多。

"词"音的结构基础"1"还是非"1"直接导致编码方式的"直接"与"间接",而这又给语句结构的原则带来了重大的差异。

四 印欧系语言的结构基础

前面我们用"汉语的眼光"附带地考察了印欧系语言的编码方式,这恐怕难以说明其中的奥秘。为了反衬汉语的特点,为了摆脱汉语研究中的"印欧语的眼光"的束缚,我们这里必须再用"印欧语的眼光"来分析印欧语编码方式的特点,以便为语义句法的研究清除理论上的一些障碍。

如前所述,语言是现实的一种编码体系,是人们认知现实、进行交际的工具。不同语言都具有这样的性质。可能正是由于这一共同的性质,不同结构类型的语言的结构基础或结构常数都是一个"1",它决定、控制着语言的基本结构面貌。不同语言的差异主要决定于这个控制语言各子系统的"1"处于哪一个结构层次上。汉语的"1"以"字"的结构规则(语音、语义、语汇、语法的交汇点)为基础,由此产生前述的一系列结构特点。像英语等印欧系语言,它的结构基础"1"不在相当于"字"的词上,而是在句子上,由句子的"1"控制着整个语言的结构特点,其结构格式也"$1×1=1$":

1个主语×1个谓语＝1个句子

每个句子必须有一个主语,而且也只能有一个主语,即使在语义上找不到谓语的主语,也得在形式上造出一个"虚位"主语来,例如英语的 it 和 there(It is hot in here / There is a cat in the garden);每个句子必须有一个谓语,而且也只能有一个谓语。其次,在主语的位置上只能出现一个名词,在谓语的位置上只能出现一个定式动词(广义的动词,即可以包括一般所说的形容词),即主语和名词、谓语和动词之间存在着相互依存、相互制衡的结构关联;谓语中如出现名词,它必须接受动词的支配(支配关系),使它依附于动词,一起构成一个语法单位。由于这种关联,印欧系语言就可以以名词或动词为中心展开句法结构的研究。比方说,在谓语的位置上只允许出现一个定式动词,那就可以研究动词的"向"(place),分出单向动词和双向动词,并进而研究与此相联系的句法结构;可以研究"格"(case grammar 中的 case),说明动词和名词之间的语义关系。这些理论虽然还存在这样或那样的问题,但都没有离开印欧系语言的结构基础"1",因而都有重要的参考价值。如果把这种理论系统地用于汉语的研究,那就会碰到难以克服的困难,因为在汉语的句子中往往能够出现几个不同的动词。

语言是复杂的,主语位置上虽然只允许出现一个名词,在谓语位置上只允许出现一个动词,但实际上却可以出现几个名词或动词。在这种情况下,结构关联的"1"就会自发、自动地调整名词之间的关系,于是出现了变格,使不同格的名词执行各种特殊的功能,只允许一个主格名词充当主语;谓语位置上的动词需要与主语名词保持形式上的一致关系,在这个位置上如果出现几个动词,也需要进行功能性的转换工作,产生变位的现象。由于形式上结构关联的要求,印欧系语言都有一系列办法进行词的功能转化,简单地说,这就是名词的变格和动词的变位,使不同格的名词或不同位的动词执行某种特殊的功能;或者加上前缀、后缀,使词性发生变化;或者使用关联词使有关的词语转入分句,以便在分句中保持主、谓语的身份,而分句在语法上的作用只相当于某一词性的词;或者采取别的办法,使词暂时失去它的固有性质(如动词的不定式之类)。这些变化都是受句子的"1"的制约而产生的,也就是它需要将主语、谓语位置上的非"1"改造为"1",以维持"$1 \times 1 = 1$"的结构格式。印欧系语言为什么有复杂的派生构词法,即采用间接编码的方式构词?为什么有复杂的词形变化?我们可以在这里找到结构上的答案。比较汉语和英语等印欧系语言的结构常数"1",我们可以得出几点理论上的结论:

第一,不同结构类型的语言的结构基础都是一个"1",它是一个结构常数,由它控制语言的结构。不同的语言由于这个"1"处于不同的结构层面上,因而产生一系列的结构差异。语言结构的这种常数"1"我们称为结构关联的基点。英语等印欧系语言控制语言结构特点的"1"在句法层,一个句子要求由一个名词充当的主语和由一个动词充当的谓语组合构成。汉语的常数"1"集中在"字"上,由此产生一系列语义句法的结构特点。黏着语的结构常数"1"处于"词"的平面,可根据交际的需要临时在一个词根的基础上加上若干个语素组成一个"词"($1 \times 1 \times 1 \times \cdots \cdots = 1$。按:这种"词"的结构又不同于印欧语的词,因而这里打上引号),由元音和谐律使众多的"1"内聚为一个整体——"词"。元音和谐从来不超出一个"词"的范围。

第二,结构单位的分类与结构关联的基点有密切的关系,或者说,单位的分类由控制语言结构特点的"1"决定。名词、动词的分野是由句子的"1"控制的,因为结构关联的要求需要把出现在主语位置上的词和出现于谓语位置上的词分成两类,前者叫名词,后者叫动词。亚里士多德等人首先把词分成名词和动词(包括后来分出来的形容词),这有它深刻的语言结构基础。汉语的词类划分为什么那么困难?这是由于汉语结构关联的基点不是句子层面的"1",因而无法根据印欧系语言的结构框架来划分汉语的词类。相反,汉语的音位却可以根据它出现的位置而加以分类,分出声母、韵母以及韵母中的韵头、韵腹和韵尾,因为汉语的结构关联的基点是"字",它为"对立项的选择"提供的结构框架为这样的分类奠定了基础。汉语划分词类的困难正像英语的音位无法根据汉语音节结构的位置而把它们分别归入声母、韵头、韵腹、韵尾的音位类那样。语言中的各个子系统是通过结构关联的原则逐层地组织起来的。接近结构关联基点的子系统最易受结构常数"1"的控制,而与常数"1"的结构距离较远的子系统,"1"的控制力就会受到一定的影响。汉语的句法结构离结构关联的基点比较远,因而语词在句法结构中的位置就相当自由,不容易根据印欧系语言的结构特点把它们分类。英语的音位离结构关联的基点比较远,因而它也不容易受"1"的控制,在音节结构中的位置也比较自由。这一切都说明不同结构类型的语言都需要有适合于自己结构特点的理论和方法。

  第三,结构关联的基点处于哪一个层面上,对思维理论、语言理论有直接的影响。在印欧系语言的研究中对语言研究影响最深的思维理论是亚里士多德的逻辑范畴说。亚里士多德把逻辑范畴分为实体(substance)和偶有性(accidents)两大类,实体在判断的结构中是主词,表现在语言中就是主语,由名词充当;偶有性在判断的结构中是宾词,表现在语法中就是谓语,由动词(包括后来所说的形容词)充当。这种以二分法为基础的思维理论和语法理论与印欧系语言的结构特点有密切的联系,所以有些语言学家说,如果亚里士多德说的是另外一种结构类型的语言(如汉语),他就会建立另外一套逻辑理论体系(J. Lyons,1977,274)。这一论断是很有道理的。这种在语言结构基础上产生的思维理论一旦形成,就可以反过来成为语言研究的理论基础。印欧系语言的语法研究,宽泛地说,以亚里士多德的逻辑理论为基础分析语句的结构,从而得出主语、谓语和名词、动词之类的概念以及它们之间的相互关系的理论。这些概念一直沿用至今,说明建立在语言结构基础上的思维理论、语言理论是有它的生命力的。汉语的结构基础与印欧系语言不同,因而用印欧系语言的语法理论来解释汉语的现象,在大多数情况下都显得格格不入,难以解决实际的问题。不摆脱"用印欧语的眼光来观察汉语"的思想束缚,汉语的研究恐怕难以取得实质性的进展。

不同语言的结构常数都是一个"1",这是语言的共性;而这个控制语言结构网络的"1"处于哪一个结构层次上则决定语言的结构类型和结构特点。语言研究需要抓住这种特点,以便据此建立语言的语法结构框架,进行语法理论、方法的探索。

五 语义句法的结构框架

不同结构基础的语言有不同的结构框架,本族人能自发地运用这种框架去组织语言材料,调整语言范畴与概念范畴之间的关系。语言学家的任务就是去发现这种结构框架。只要能简明地、广泛地说明语言现象,它可能就是一种符合语言实际的结构框架。印欧语是间接编码型语言,它调整语言范畴与概念范畴的关系的结构框架就是一般所说的"主语—谓语",词入句时需要接受它的支配而发生形态变化。这是语法的结构标志,因而间接编码型语言又可以称为形态型语言。[①]直接编码型语言由于不需要调整语言范畴和概念范畴的关系,因而可以称为语义型语言,以与形态型语言相对应。这种分类的方法与目前流行的看法大相径庭。其实,这不完全是我们的新发明。索绪尔(1916,184-185)早就说过:"不可论证性达到最高点的语言是比较着重于词汇的,降到最低点的语言是比较着重于语法的""超等词汇的典型是汉语,而印欧语和梵语却是超等语法的标本"。我们与索绪尔不同的地方只在于把词中音义关系不可论证性之类的特点放到语言非线性结构的总体中去考察,弄清楚语言的结构基础,说明语义规律在汉语句法结构中的特殊地位。

"主语—谓语"是形态型语言的结构框架,人们对此已很熟悉,这里

---

① 原来发表时称为语法型语言,有几位同志觉得此说欠妥,宜改为形态型语言。这里据此改。

没有必要赘述。语义型语言的结构,过去人们也是用"主语—谓语"的框架来分析的,由于语言的共性,某些局部的事实可以依据这种框架做出说得通的分析,但用来分析汉语的整体,就显得格格不入,难以有效地说明语言的结构。不妨先看两个例子:

1. 那狗黄毛,黑眼圈,长身材,细高腿,特别地凶猛,要咬住人,不见点血腥味儿,决不撒嘴。
2. 王亦东,推了自行车进了门,瞧见李贵在刷油漆,他的老伴儿,陪在一旁给打扇子,真是从心眼里羡慕。

用"主语—谓语"的结构框架来分析,很难有效地说明它们的结构。比方说例1,"主语"是"那狗",但"谓语"的部分很复杂,"黄毛,黑眼圈,长身材,细高腿,特别地凶猛"这五个并列的偏正结构是谓语的前一部分,而谓语的后一部分"要咬住人,不见点血腥味儿,决不撒嘴"中的"咬住人""撒嘴"都是述宾结构,其中的"咬住"又是述补结构。作这样的结构分析,人们对这个句子的结构仍旧难以得其要领,而且"不见点血腥味儿"是什么成分?"谓语"中的偏正结构和述宾结构的关系又是什么?也都很难说清楚。例2的情况也是一样,如"他的老伴儿"之类的结构成分不大好给它贴上"主语""宾语"之类的标签;如果一定要贴这种标签,那就只能说例2有三个并列谓语,其中第二个"谓语"述宾结构中的"宾"包含两个并列的主谓结构。这种分析烦琐臃肿,而且很难说明实质性问题,人们无法依靠这种"主语""谓语"之类的概念真正掌握汉语的结构规律。我们如果采用"平行于实际的经验或认识的顺序"的临摹性原则来分析,那就会简单、明确、有效得多。例1是从说话人观察事物的先后顺序的角度有层次地说明"那狗"的特征和说话人对它的判断;例2是根据"王亦东"进门后看到的现象的先后以及由此而引起的心理反应安排各个小句的顺序。至于每个小句中各个结构成分的关系,则需要再进一步进行语义规则的分析。比较例1、例2和印欧系语言的句法结构,不难发现其中的原则区别。第一,这里的"主语"和"谓语"不受一致关系的支配;第二,语句的排列顺序和句中结构成分的排列顺序基本上都"平行于实际的经验或认识的顺序""与思维之流完全自然地合拍";第三,出现在句首的成分犹如文章的"题目",而后面的部分则是就这个题目"做文章",说明它的实际含义。所以,这种类型的句子很难纳入"主语—谓语"这种结构框架中去分析,而用"话题—说明"(topic—comment)的框架可能比较合适。

"话题—说明"始见于结构语言学家霍凯特(1958,251—253)的《现代语言学教程》,实际上这是由于结构语法进入尽头,自发地从义位句法的角度提出来的语义结构。这种框架摆脱了"主语—谓语"框架的形式束缚,而以词序为枢纽,分析句子的语义结构:"主谓结构的最一般的特点可以从它的直接成分的名称'话题'和'说明'两个术语来认识:说话人先宣布一个话题,然后就它做出说明。"这里由笔者打上着重号的"先"与"然后"就是根据语序的先后而做出的说明,虽然它们与主语、谓语这两个概念纠缠在一起,但霍凯特已经明显地感到它们之间的矛盾:"在英语和大家熟悉的欧洲语言里,通常话题也是主语,说明也是谓语,在 John|ran away 中就是这样。但是这种一致在英语口语里有时达不到,正式英语里在一些特殊情况下也经常达不到,在有些非欧洲的语言里更达不到",例如在 That new book by Thomas Guernsey|I haven't read yet(托马斯写的新书,我还没有读过)这个句子中,"That new book by Thomas Guernsey 之所以先说,是因为它指明说话人要谈论的是什么:它是句子的话题,虽然不是主语。话题同时又是动词 haven't read(yet)的宾语,而动词的主语是 I,属于整个句子的说明部分"。这些情况都清楚地说明"主语—谓语"和"话题—说明"是语句的两种不同的结构原则,应该严格地区分开来,不要把"话题—说明"纳入到"主语—谓语"的结构框架中去认识。"话题—说明"这种结构原则的解释力比较强,因而受到语言学家的广泛赞赏和积极评价(J. Lyons,1977,335)。我们着眼于语言的结构关联,分出形态型语言和语义型语言,"话题—说明"正好成为语义型语言的结构框架。前面提到的以临摹性为基础的结构原则可以纳入这一框架进行研究。

在汉语研究中首先用"话题—说明"来分析汉语句法结构的是赵元任(1968,45)。他认为,"主语和谓语的关系可以是动作者和动作的关系。但在汉语里:这种句子(即使把被动的动作也算进去,把'是'也算进去)的比例是不大的,也许比50％大不了多少。因此,在汉语里,把主语、谓语当做话题和说明来看待,比较合适,主语不一定是动作的动作者,在'是'字句里不一定等于'是'字后边的东西;在形容词谓语前头不一定具有那个形容词所表示的性质。它可以是这种种,但不是必得是这种种"。这里虽然在"主语—谓语"的框架中考察汉语的话题和说明,但对主、谓语的性质的认识与以往已有重要的区别,"因此"后面的一段话清楚地指明了汉语不同于印欧系语言的一些重要特点。Charles Li & Sandra Thompson(1976)在理论上又比赵元任前进了一步,干脆把"话题—说明"和"主语—谓语"作为语言结构类型的两种分类标准,认为可以据此把语言的结构分成四种类型:注重主语(subject-prominent)的语言;注重话题(topic-prominent)的语言;主语和话题并重的语言和主语与话题都不注重的语言。汉语分入"注重话题的语言",英语等印欧系语言分入"注重主语的语言"。这种分类标准是有参考价值的,他与兰姆的词位句法与义位句法的划分,我们关于形态型语言和语义型语言的划分在理论上显然有明显的联系,可以说是"殊途同归"。

"主语—谓语"和"话题—说明"是两种不同的结构框架,现在需要弄清楚的是"主语"和"话题"的原则区别。根据现在的研究,这种区别主要表现在以下几个方面:

第一,"主语"和"谓语"之间存在着形式上的一致关系,而"话题"和"说明"与这种一致关系无关;

第二,"话题"是有定的,是说话人想要说明的对象,只能置于句首,而"主语"是无定的,决定于和谓语动词的一致关系,不一定置于句首;

第三,"主语"和"谓语"之间因为有一致关系的联系,因而相互之间的联系非常紧密,而"话题"和"说明"之间的联系却非常松散,简直松散到在别的语言里将成为不合语法的句子。赵元任为此所列举的很多例子,如"你(的小松树)要死了找我",很能体现汉语的特点。

为什么会形成这些原则的区别? 这主要是,"主语—谓语"的结构决定于形式上的一致关系,用兰姆的话来说,它属于词位句法的范畴,而"话题—说明"的结构不受一致关系制约,但需要同时受到说话人—

听话人的交际意图、语境和语言规则三方面因素的制约,属于语义句法研究的范畴。这种原则的差异使不同的语言呈现出不同的特点。汉语语法的特点,朱德熙(1985,4)认为主要有两条:"一是汉语词类跟句法成分(就是通常所说的句子成分)之间不存在简单的一一对应关系;二是汉语句子的构造原则跟词组的构造原则基本上是一致的"。朱德熙原想以这些"特点"的研究为基础反对汉语研究中的"印欧语的眼光",但问题是,这种"印欧语的眼光"在中国语言学家的思想中已经根深蒂固,并不是主观上想摆脱就能摆脱得了的。反对"印欧语的眼光"的人,他本身的"眼光"就不一定不是"印欧语"的。朱德熙所说的汉语语法的两个"特点",恐怕就是以印欧语的语法结构为基础来观察汉语的结果,或者说,是用"印欧语的眼光"来观察汉语的具体表现。如前所述,印欧语的结构基础"1"和它的基本结构格式"$1 \times 1 = 1$"是在句法层,由此产生了句子成分与词类之间的一一对应关系(结构关联)。用这种一一对应的眼光来看汉语,就会发现汉语"一对多"(主宾语"对应"于名词、动词、形容词,谓语"对应"于动词、形容词、名词,定语"对应"于名词、形容词、动词,等等)。"一对一"叫对应,是语言结构规律的具体表现,那么错综交叉的"一对多"就不能叫"对应",说明这里不存在规律性的联系。汉语的语法研究为什么费力而收不到预期的效果?词类问题、主宾语问题以及它们之间的相互关系为什么长期得不到有效的解决?基本的原因我看就是在这种"印欧语的眼光"的束缚下一定要在这种不存在规律的地方找规律,用"主语—谓语"的结构框架来研究汉语,结果只能是顾此失彼,难以有效地说明汉语的结构规律。紧紧扣住汉语结构关联的基点,用"话题—说明"的结构框架来观察汉语,或许可以把汉语句法结构的特点表述为:

第一,印欧系语言的句法结构,一致关系决定了"主语"和"谓语"是句中的核心成分,不能省略,而汉语的句法结构以"话题"为中心,如果它可由环境暗示或提示,就可以省略,即一个句子可以不出现"话题",而这种"残缺"一点也不影响句子结构的完整性,也不影响"话题"的有定性。霍凯特已经注意到这方面的问题,说在"你好吗"时只要说一个"好"或"很好"就行,不必把"我"放进去。"话题"既是中心,却又可以省略,这种矛盾只能从制约句子构成的三方面因素的相互关系中去寻找答案。

第二,"主语—谓语"框架中的主语只能有一个,受形态型语言的结构基础"1"控制,而"话题—说明"框架中的"话题"不受这种"1"的制约,因而可以有几个。霍凯特在提出"话题—说明"的结构框架时已经注意到这一点,说"说明"部分本身也可以由"话题—说明"构成,就像中国的套盒那样一层套一层。他举了一个汉语的例子:"我今天城里有事","我"是话题,"今天城里有事"是说明;而在这个"说明"中,"今天"是话题,而"城里有事"是说明;而这个"说明"中"城里"是话题,"有事"是说明;甚至不包括"话题"的"有事"也可以成为一个完整的句子。"套盒"的比喻很形象,说明"话题—说明"结构的层次性不是线性的,而是立体性的:"话题"先于"说明"是时间上的"先"与"后";不同层次的"话题"层层套合,其实质是从大到小的空间的层次。这些看起来很不起眼的普通规则可能蕴涵着一系列影响语言结构特点的语义规则。语言学家需要说明规则之间的蕴涵关系,就像在印欧语研究中依据"主语—谓语"的结构说明一系列语法规则之间的蕴涵关系那样。结构上这种层层套合的特点可以有效地说明朱德熙所说的汉语语法第二个特点的成因。"话题—说明"中每一个层次的"词"的组合都是"词组",由于"话题"是有定的,只要环境允许,它就可以省略,这样剩下来的"说明"就是一个完整的句子,而这个"说明"本身又可以是由"话题—说明"构成,因而出现"词组=句子"的结构格局。这是语义型语言的结构特点,不必参照印欧语的词形变化来说明汉语的词组和句子的关系。

第三,根据"主语—谓语"这种结构框架造句,句子的结构规则是封闭性的,只有两根"柱子"(主语和谓语)一根"梁"(一致关系),其他成分只能支撑两根"柱子",因而只是句子的附属成分。每一个成分都不能越出一致关系所控制的范围,因而呈现出封闭性的特点。而"话题—说明"的结构框架,由于没有一致关系这种形式规则的控制,因而句子的结构规则是开放性的。层层套合的"话题"可以进行有层次的"说明",使句子的形成过程有点儿像"意识流","流"到什么地方,决定于说—听双方的协作配合和环境的限制。

上述两种不同结构类型的语言在结构上的主要差异,概括起来,就是以"主语—谓语"为结构框架的形态型语言重"形",以"话题—说明"为结构框架的语义型语言重"序"。"形"的特点是词的形式变化,讲究词与词之间在形式上的配合规律,如一致关系、支配关系等。"序"以思维的顺序为基础,即前面提到的"语序跟思维之流完全自然地合拍"。过去把"序"也纳入"形"去认识,其实这是两种不同性质的"形",不必而且也不应该把它们纠缠在一起。"序"的实质是根据思维之流来安排句法单位的排列顺序,与词形变化没有任何联系。前述的时间顺序原则、整体先于部分的原则、"话题—说明"中话题居先的原则等都是根据思维之流的顺序把有关的句法单位组织起来,构成句子的。序,这是语义型语言的句法结构的一条总纲。如果要对"序"进行调整,那可以辅之以虚字。虚字和"序"一样,应该成为汉语句法研究中的一个重点。形式上的这种特点有其深厚的结构基础。汉语以"字"中的"1"为基础,通过"$1 \times 1 = 1$"的结构格式,由下而上,由简单到复杂,从为"对立项的选择"提供以"1"为基础的结构框架开始,到编码原则、语言范畴和逻辑范畴的关系,直至语句结构的"话题—说明"原则,都是环环相扣,层层关联,在不同的层次上为语义句法奠基。汉语的句法结构以"序"为基础,是一种典型的语义型语言。现在,我们可以回答前面提出来的一个问题:汉语的句法研究为什么可以以临摹性原则为基础,就是由于我们在语言系统中找到了它的立论基础。

不同质的矛盾应该用不同质的方法来解决。不同结构类型的语言应该有不同的理论和方法。一定要把汉语这种语义型语言纳入到形态型语言的结构框架"主语—谓语"中去研究,或者说,用"印欧语的眼光"来观察汉语的结构,肯定会无视汉语的结构特点,使句法研究陷入进退维谷的艰难处境。现在汉语语法学界已经意识到这种处境,因而提出语法、语义、语用三结合的研究途径。"三结合"的精神是对的,不过我想补充两点。第一,"三结合"应该以语义为基础。第二,"三结合"应该有一个结构框架,没有框架的结合只能是杂凑。"主语—谓语"不能成为以语义为基础的语言的结构框架,这已见于前面的分析;"主位—述位"(theme—rheme)适用于语用的分析,而"话题—说明"的框架则比较适合于语义的研究,可以成为"三结合"研究的一种可供选择的框架。这或许有利于摆脱"印欧语的眼光"的束缚,有利于汉语特点的研究。

六 不同类型的语言的结构转换

形态型语言也好,语义型语言也好,它们的功能都是相同的,都是认知现实、进行交际的工具。由于形态型语言与现实的联系是间接的,因而"主语—谓语"的结构在认知过程中需要转换为"话题—说明",使间接转换为直接。霍凯特从结构语法的困境中提出"话题—说明"的理论,兰姆从有悖常理的转换—生成能力中提出划分词位句法和义位句法,实际上都已经感到这种转换的重要性和必要性。转换需要遵守一定的程序和规则,其中起枢纽作用的是语序的调整,把"话题"置于句首。印欧系语言的主语大多在句首,与话题叠合,说明语言社团已尽可能使词位句法符合义位句法(语义句法)的要求,以减少表达中的转换。总之,根据语言的性质,"主语—谓语"的结构需要转换成"话题—说明",不然就难以实现语言的认知功能。形态型语言和语义型语言的语句结构规则为什么有一系列原则的差异,最重要的原因恐怕就在于此。

现在流行的语法理论大体上都是在印欧系语言的研究基础上总结出来的。先入为主。我们接受了这套形态型语言的理论和方法之后也就用它来解释汉语的语句结构,也就是先把语义型语言的"话题—说明"的结构转化为"主语—谓语",而后再来解释以"话题—说明"为结构基础的语言现象,这就无异把简单的问题复杂化了,虽然有些话题可以解释为主语,但有很多情况无法作这样的解释。着眼于语言的性质和认知功能,"话题—说明"没有必要转换为"主语—谓语";如果一定要进行这样的转换,那就会碰到很多困难:一是往往转换不过去,因为"所有语言都有话题—说明结构",但"并非所有的语言都有主语—谓语结构"(Charles Li & Sandra Thompson,1976,38);二是多此一举,去走一段没有必要走的冤枉路。《马氏文通》以后,汉语的语法研究恐怕就走了这样的一段弯路。汉语的词类划分和主、宾语问题,特别是词类问题,为什么会引起周期性争论?恐怕正是语义型语言难以纳入形态型语言的结构框架的一个具体证明。这种研究的弊端,陈承泽(1920,14)已经说得很清楚:"今使不研究国文所特有,而第取西文所特有者,一一模仿之,则削趾适履,扞格难通,一也;比附不切,求易转难,二也;为无用之分析,徒劳记忆,三也;有许多无可说明者,势必任诸学者之自由解释,系统歧异,靡所适从,四也;举国文中有裨实用之变化而牺牲之,致国文不能尽其用,五也。"其中"削趾适履""求易转难""系统歧异,靡所适从"三条,经过几十年语言研究的检验,应该承认,它击中了"西化"的模仿道路的要害。

形态型语言为什么要划分词类?主要的原因不外是两条:第一,词类与句子成分存在着结构关联;第二,为了讲语法,"区分词类,是为的讲语法的方便"(吕叔湘,1954,134)。第二个原因是第一个原因的必然结果,二者实际上是二而一,即词类与句法结构成分之间的结构关联是划分名词、动词、形容词的结构根据。汉语不存在这种根据,因而名、动、形的划分、句子成分的解释就出现如陈承泽所说的"任诸学者之自由解释,系统歧异,靡所适从"的状况。根据傅雨贤(1988,85)的统计,汉语的词类划分,多的有17类,少的只有9类,至于各类交叉的现象,那就不好统计了。这说明汉语的词类理论存在着严重的弱点。不过本文无法讨论这些问题,而只想从反面说明,汉语是一种语义型语言,不必纳入到形态型语言的结构框架中去分析。它宜以临摹性原则为基础去开展句法结构的研究。

汉语的研究可以为建立语义型语言的理论、方法和原则开辟前进的道路。

引用书目

北京大学《国学季刊·发刊词》,1923。
陈承泽,1920,《国文法草创》,商务印书馆1957年重印。
戴浩一,1985,《时间顺序和汉语的语序》,《国外语言学》1988年第1期。
戴浩一,1989,《以认知为基础的汉语功能语法刍议》,同上,1990年第4期—1991年第1期。
傅雨贤,1988,《现代汉语语法》,广东高等教育出版社。

洪堡特,1836—1840,《论人类语言结构的差异及其对人类精神发展的影响》,《西方语言学名著选读》,中国人民大学出版社,1988。
霍凯特,1958,《现代语言学教程》,北京大学出版社,1986。
霍凯特,1961,《语言的各种单位及其关系》,《语言学资料》1964年第1期。
刘叔新,1990,《复合词结构的词汇属性》,《中国语文》第4期。
陆俭明,1989,《十年来现代汉语语法研究的理论和方法管见》,《国外语言学》第2期。
陆俭明,1990,《90年代现代汉语语法研究的发展趋势》,《语文研究》第4期。
吕叔湘,1954,《关于汉语词类的一些原则性问题》,《汉语的词类问题》,中华书局,1955。
吕叔湘,1986,为龚千炎《中国语法学史稿》(语文出版社,1987)写的序言。
帕默,1971,《语法》,上海译文出版社,1982。
索绪尔,1916,《普通语言学教程》,商务印书馆,1980。
王力,1957,《汉语语法纲要》,新知识出版社。
徐通锵,1990,《结构的不平衡性和语言发展的原因》,《中国语文》第1期。
雅科布逊等,1951,《语音分析初探》,《国外语言学》1981年第3—4期。
赵元任,1968,《汉语口语语法》,商务印书馆,1979。
中国大辞典编纂处编,《增注中华新韵》,商务印书馆,1950。
朱德熙,1985,《语法答问》,商务印书馆。
Lamb, S. M.（兰姆）,1969, Lexicology and Semantics, *Linguistics Today*, New York, edited by Hill.
Li, Charles & S. A. Thompson, 1976,《主语和主题:一种新的语言类型学》,《国外语言学》1984年第2期。
Lyons, J., 1977, *Introduction to Theoretical Linguistics*, Cambridge University Press.

（原载于《语言教学与研究》1991年第3期,收入《徐通锵自选集》时有修改,此依修改后文本）

音系的结构格局和内部拟测法
——汉语的介音对声母系统演变的影响

【提要】 内部拟测法的基本精神是就语言系统的内部根据去解释语言的演变。以往的研究比较关注的内部根据是那些不规则的形态交替、对立的中和、空格之类的现象。这有其局限性,应该扩大这种内部根据的观察视野。语音是容易变化的,但音系的结构格局是稳固的,语音的易变性和音系结构格局的稳固性是矛盾的对立统一,是控制音变的范围、方向、目标的杠杆和机制。一种语言的语音虽然古今的差异很大,但控制音变的原理和机制古今是相同的或基本相同的,我们可以用现实语言的音变机理去解释历史上已经完成的音变规律和拟测古音的某些结构。这可以而且应该成为内部拟测法的一种理论根据和结构基础。本文考察现代汉语方言中介音(主要是i介音)对声母演变的影响,总结出一些音变的规律。这完全适用于汉语历史上声母系统演变规律(轻唇和重唇的分化、舌头和舌上的分化、齿头和正齿的分化和舌根和舌面的分化)的解释,使以往看起来一些不相干的音变现象呈现出内部一致的音变原理,并且还可以对内外转之类的争论不休而难以得出结论的概念做出简明、有根据的解释。这说明,我们的假设是行之有效的。

汉语有丰富而浩瀚的文献,这是研究语言史的宝贵资料,我们的先辈学者曾用这些资料为汉语音韵的演变整理出一个大致的轮廓。由于方块汉字不能如实地反映实际的语音演变,因而要对演变规律进行语音学的描写,还得参照现代的方言。自高本汉以来,我们的前辈学者在这方面已经取得了重大的进展,使汉语音韵的研究进入了一个新的历史时期。但是,另一方面,如何用方言资料去解释音变的原理,丰富和补正历史语言学的理论和方法,则还鲜有涉及,尚待人们去探索。内部拟测法是历史语言学的一种重要理论和方法,不过它是在印欧系语言的研究基础上总结出来的,很少考虑诸如汉语等东方语言的特点,因而不可能没有它的局限性,我们有义务根据汉语的特点深化和补正内部拟测法,使之有效地为语言史的研究服务。本文着眼于介音对汉语声母系统的演变的影响来讨论音系结构格局所支配的音变机理与内部拟测法的关系,希望能为此提出一些理论性的设想。

一 结构格局的稳固性和内部拟测法

内部拟测法着眼于语言系统的"内",根据语言结构中一些不规则现象提供的线索去探索语言的演变规律,其中特别受到重视的是不规则的形态交替,认为"根据共时形态交替的少量例证进行历时音系规则(phonological rules)的拟测称为内部拟测法"(Bynon,1979,90)。汉语没有形态变化,至少是没有印欧语类型的那种形态变化,自然不能"根据共时形态交替的少量例证进行历时音系规则的拟测",但我们不能由此认为内部拟测法不适用于汉语的研究。内部拟测法的基本精神是就语言系统的内部根据去解释语言的演变,不规则的形态交替以及人们经常谈到的对立的中和、空格之类的现象都只是这种内部根据的一些表现形式,而不是它的全部表现形式。我们需要根据不同语言结构的特点去扩大内部拟测法的基础,找出普遍适用的原理和原则。

要寻找语言的结构基础自然离不开现在的"活"的方言研究。高本汉认为现代汉语的方言只适用于切韵音系的研究,无法据此研究上古音系的结构。这种看法并不错,只是有其局限性,因为它过于墨守19世纪历史比较法的基本原则,只从有对应关系的语音单位入手去探索语音的演变,而没有着眼于系统,着眼于隐含在对应关系背后的音系结构格局,没有看到具体的语音变化和音系结构格局所控制的音变机理之间的关系。如果着眼于这些方面,现代的方言不仅是用历史比较法研究切韵音系的基础,而且也可以超越切韵而去探索汉魏乃至先秦的音系结构。为此,我们需要弄清楚具体的语音变化和音系结构格局之间的关系。

什么是音系结构格局？它是控制音变范围和方向的语言结构原理。汉语的结构格局，简单地说，就是一个字由一个音节关联着一个概念（意义单位），相互间呈现出一对一的对应。"字"是汉语的基本结构单位，是各个层面（语音、语义、语汇、语法）的交汇点，每一个层面的研究都需要以它为基础，不能简单地把它看成为文字问题而在语言研究中不予理睬（徐通锵，1991，1994a，b）。音节是"字"的语音表现形式，由一个声母、一个韵母和一个声调构成，相互间也呈现出一对一的对应；韵母由一个韵头、一个韵腹和一个韵尾构成，相互间也呈现出一对一的对应，不过这里的韵头和韵尾是一种有弹性的结构单位，可以出现，也可以不出现，这种弹性就为音系的自我调整提供了一种灵活而有限制的空间。因此，可以把汉语的结构格局概括为：以"字"为基本结构单位，是一种以"1"为基础，由"1×1=1"的结构格式组成的层级体系。音系结构格局隐含于"字"的音节规则之中，或者说，音节结构规则是音系结构格局的表层活动舞台，我们可以循此去探索格局的结构规则和运转规则。音节结构可以简化为如下的公式：

$$\frac{t}{o(m)n(c)}$$

（其中的 t 代表声调；o:音首或声母；m:韵头或介音；n:韵核或韵腹；c:韵尾；括号表示其中的成分是一种有弹性的、既可出现也可不出现的结构单位）

每一个结构位置只能出现一个结构成分，而且能够出现什么样的结构成分是有定的，可以预见的，有高度的规律性：由辅音音位构成的声母（含零声母）只能出现在音节的开头；在韵尾位置上只能出现 i、u、y、m、n、ŋ 和 p、t、k（包括它们的变体）；所有的元音都能出现在韵腹的位置上，而韵头只能有 i、u、y。这是音节结构规则中音位活动的基本规律，如果方言中有和这种规则不一致的情形，那就如同音变规律的例外那样，有它自己的规律，而且结构格局的"1"会使它发生变化，把它纳入规则的结构。所以，汉语音节结构格局可以概括为：声母、韵头、韵腹、韵尾以"1"为基础的特定结构位置和在此位置中语音单位的交替和运转机制，由于韵头和韵尾这种有弹性的结构单位的产生、消失或变化而使声母、韵腹这种没有弹性的结构单位发生变化的机制，声、韵、调相互制约的机制,以及隐含于这些机制背后的音变机理。在特定结构位置中活动的语音单位很容易发生变化,但位置以及以此为基础的结构规则、音变机理却很稳固,在语言演变中不易发生变化。这样,结构格局的稳固性和语音单位的易变性就构成语音演变中的一对矛盾,语音演变的规律就是这一矛盾对立面相互作用的结果。结构格局的稳固性是语言史研究中的一个重要问题,萨丕尔(1921,48)早就对此有过明确的论述,认为"在一种语言特具的纯粹客观的、需要经过艰苦的语音分析才能得出的语音系统背后,还有一个更有限制的、'内部的'或'理想的'系统。它也许同样地不会叫天真的说话人意识到是一个系统,不过它远比第一个系统容易叫人意识到是一个完成的格局、一个心理机构。内部的语音系统虽然会被机械的、不相干的现象掩盖起来,却是语言生命里一个真正的、非常重要的原则。甚至在它的语音内容久已改变了之后,它还能作为一个格局坚持下去,包括语音成分的数目、关系和作用。两种在历史上有关的语言或方言,可能没有任何共同的语音,但是它们的理想的语音系统却可以是同格局的"。汉语的方言相互间千差万别,甚至相互不能通话,但它们在结构格局上并没有多大差异。为什么? 因为语言演变的方向和目标是由结构格局控制的,不同的变化都难以超越格局所允许的范围。现代语言变异的研究已经证明了这一原理(徐通锵,1989,1990)。因此,只要找出格局控制变化的机制,我们也就能够解释清楚音变的机理、原因和规律。这种机理属于语言系统的"内",应该成为内部拟测法的一种结构基础,而且它还可以同历史语言学中行之有效的历史比较法、扩散理论、变异理论等结合起来去解释演变的规律。以往的研究过于偏重语音单位的变化,忽视稳固的音系结构格局和它所控制的音变机理,这在方法论上不免失之于片面。

　　基于这样的考虑,我们的基本假设是:抓住语音单位的易变性和音系结构格局的稳固性这一矛盾对立面的相互关系,透过歧异的语音现象去把握语言演变的基本脉络,发现音变的机制和原理。汉语的声母系统,自古至今,已经发生了很大的变化,如果不计浊音清化之类的发音方法的变化,而只从发音部位来说,这些变化可以概括为:轻唇与重唇的分化、舌头与舌上的分化、齿头和正齿的分化以及舌根与舌面的分化。这些变化基本上集中于"三"等韵,而"三"等韵的实质就是有一个i介音(含韵母i,下同)。这里的"三"我们打上了引号,那主要是为了区别于中古的三等韵,因为不同时期的"三"等韵的实际内容是不一样的。庄组(正齿音)是二等字,但它和精组相分离的时候不一定与"三"等无关(这在后面再讨论)。这些情况不能不使我们对i介音在声母系统的演变中的作用发生特殊的兴趣,认为它可能是音系结构格局控制语音变化的一种内在机制。闽方言的声母系统没有发生上述的四大分化,它的发音部位集中在双唇、舌尖和舌根三处,说明这是汉语声母的三个基本发音部位,而轻唇音、舌上音、正齿音和舌面音则是受i介音的影响而从这些基本部位中分化出来的。这是从汉语音韵的历史发展中提炼出来的假设,而这一假设能否成立,自然需要经过语言研究实践的检验。从何处入手去检验?应该是现实方言的音变以及它和有关书面材料的结合;如果只是根据书面材料提供的线索,我们难以从不同的音变规律中发现相同的或相似的音变机制。

可能有人会提出这样的问题:现实方言的音变如何能够检验几百年或几千年以前历史音变的机理?这是从"语音单位的易变性"的角度提出来的一个问题,如果我们能够具体地考虑它和音系结构格局的稳固性之间的关系,就不会怀疑我们的上述假设和它的验证途径。汉语以"1"为基础的音系结构格局,自古至今,变化不大,因而由它所控制的音变机理也就不会有多大的变化,我们完全可以用现实方言的音变机理去解释历史上已经完成的音变规律。拉波夫(1972,281)曾用一致性原则(uniformitarian principle)解释某些历史音变,认为历史记载中曾经起过作用的音变力量和现在起作用的力量是一致的,因而可以用现在变异研究中得到验证的原理去说明过去的历史音变,就像我们用过去来说明现在一样。社会语言学的语言变异的研究虽然偏于零散,缺乏系统的考虑,但这一"论以现在的用法解释过去"(On the Use of the Present to Explain the Past)的原则是正确的。历史语言学的理论和方法,除了用文字文献资料的"前瞻"的研究方法外,所有"回顾"的研究都是用"现在"去解释过去:历史比较法是用有对应关系的"现在"去解释历史音变的过去,目前流行的内部拟测法是用不规则的形态交替、空格等的"现在"去说明"过去"的音系结构和它的演变。我们的假设与这些方法不同的地方只在于：着眼于系统,透过现在歧异的音变去发现支配这些音变的机制和原理,并以此为基础去把握稳固的音系结构格局和语音演变的关系。这些不同的"现在"所以能够用来解释历史的"过去",其理论基础就是结构格局的稳固性,不同的理论和方法只是从不同的侧面去分析结构格局的稳固性和语音单位的易变性之间的关系。以往的研究由于集中于语音单位的易变性,因而对音系结构格局对音变的巨大控制作用才没有给以应有的关注。同其他的语言史研究方法一样,音系结构格局的稳固性应该看成为内部拟测法的理论基础。本文用介音的作用去解释汉语声母系统的历史演变就是以这一理论基础为根据的。

现代方言的介音有 i、u、y,它们和没有介音的开口韵一起,构成开、齐、合、撮四呼。四呼是从中古的开口和合口的"二口"演化来的,开口三等有 *i 介音,合口三等是 *iu 介音,而其他的一、二、四等就没有这种特殊的介音(李荣,1952)。介音的表现形式古今虽然有别,但其对声母的演变会产生特殊的影响这种音变机理却没有原则的差异,因为控制这种变化的音系结构格局并没有发生重大的变化。因此,我们完全可以从现实方言的音变入手去分析介音和声母演变的关系,把从中总结出来的音变机理投射到历史音变的研究中去,解释由介音(主要是 i 介音)所引起的汉语声母系统的四大分化。

二 介音的作用和汉语方言的声母系统的演变机理

介音 i、u、y 对现代方言的声母系统的演变有积极的影响,尽管各地演变方式不完全相同,但基本规律一样：i 介音使舌尖音和舌根音腭化为舌面音,而 u 介音则使声母前化为唇齿音或后化为舌根音,因为 u 本身的发音就是舌根上抬,唇齿有轻微的接触。这两个介音,实际上是 i 使声母的发音部位"央"化,而 u 则使发音部位"前化"或"后化",相互相辅相成,成为维系音系结构的平衡的一种重要力量。y 介音的作用比较特别,它的发音以其"前"与 i 相同,以其"圆唇"与 u 相同,因而它对声母的演变的影响或者与 i 相同,或者与 u 相同,究竟是什么情况,需要根据不同方言的不同情况进行具体的分析。这是介音对声母演变的影响的基本脉络,是从现实方言的音变中总结出来的,下面就以此为基础考察声母系统的演变,从中总结音变的机理,为解释历史上已经完成的音变规律奠定必要的理论基础。

双唇、舌尖和舌根是语言中三个最基本的发音部位,任何语言都不会没有这三个系列的辅音。i 介音引起唇音声母的变化在方言中虽然比较少见,但也不是没有,例如山西闻喜一带的方言双唇音 p,p',m 在 i 前变读为 t,t',l(城关以外的地区为 n)就是 i 介音影响的结果(徐通锵、王洪君,1985)。请比较:

p文/t白: 闭 piº/tiº 镳 ₌piao/₌tiao 鞭 ₌piæ/₌tiæ 饼 ⁼piʌŋ/⁼tiʌŋ
p'文/t'白: 屁 p'iº/t'iº 飘 ₌p'iao/₌t'iao 偏 ₌p'iæ/₌t'iæ 瓶 ₌p'iʌŋ/₌t'iʌŋ
m文/l白: 米 ⁼mi/⁼li 苗 ₌miao/₌liao 棉 ₌miæ/₌liæ 名 ₌miʌŋ/₌liʌŋ/₌lie

例字中包括中古的三、四等字,说明这种变化是在三、四等合流之后发生的。双唇音改读舌尖音的例字现在均为白读,属于已完成的音变,不过我们也可以由此窥知 i 介音对唇音的影响的一点痕迹。至于 u 介音对双唇音的影响,情况比较清楚,关中地区的宝鸡、岐山、扶风、长武、武功、商县等地,把"部布卜等字读成 pfu,铺菩扑仆等字读成 pf'u,跛驳钵等字读成 pfo,波坡颇泼婆等字读成 pfo 或 pf'o"(白涤洲,1933,101—102)。这是近代发生的一次"轻唇"和"重唇"的分化。总的说,唇音受介音的影响范围比较狭窄,变化的方式也比较少,我们这里不想多说。

舌尖和舌根是声母系统中发音能力最强的两个发音部位,由它们发出的辅音声母受 i 介音的影响而发生的演变,在汉语方言中比比皆是,而且花样也最多,能从其中窥知的音变机理也最丰富。这是汉语中最活跃的一个音变领域。

舌尖音分 t(含 t、t',其他辅音系列与此同)和 ts 两个系列。i 介音可以同时引起 t 和 ts 两个系列的变化,也可以先对其中的一个系列产生影响。同时引起这两个系列的变化的方言较少,现在发现的最典型的方言是在关中地区。根据白涤洲(1933)的调查,关中 44 个县,其中商县、泾阳、宝鸡、凤翔、兴平、铁炉、同官 7 个方言点的 t 和 ts 都同时腭化为ȶ,而雒南则都腭化为tɕ。这种腭化是通过连续式变异进行的,其过程当时还没有完成,因而有些方言点的音值也还不稳定。例如"铁炉镇端齐与精齐混,同读 ts、tsʻ,近于ȶ、ȶʻ,偶闻之又似 t、tʻ,以ȶ、ȶʻ注之""雒南的 ti、tɕi 之分甚乱,端系齐齿不送气读 ti,送气读 tɕʻi,然 tɕʻi 字有时又读 tʻi 或ȶʻi"。就汉语方言的总体来看,i 介音前的 t、ts 两个系列的演变不同步,大多是 ts 这一系列受 i 介音的影响而先腭化,实现尖音团化,与来自 ki- 系列的 tɕ 合流。t 系列的声母会不会接踵而变?那得根据方言中由变异提供的线索进行具体的分析。山西的某些方言点,如洪洞、汾西,已开始了这种变异的进程,t、tʻ、n 在 i 前的实际音值都是ȶ、ȶʻ、ȵ(乔全生,1983,1990)。这种 tsi- 系列先于 ti- 系列而腭化的顺序,对观察历史音变可能是一种有价值的线索。

i 是一个舌面高元音,在元音系统的变动中(如高化之类)会受其他元音的推和拉而发生变化。它的发音点如果由舌面移至舌尖,就会转化为舌尖前元音ɿ;如果舌尖略为翘起,它就会转化为舌尖后元音ʅ;和此相应,圆唇的 y 转化为ʮ或ʯ。i 的这种变化又会进一步引起声母的变化。i 如转化为舌尖前元音ɿ,和它组合的声母 tɕ 就会转化为 ts。这在汉语方言中相当普遍。例如:

	鸡	济	欺	齐	希	西
北京	₌tɕi	tɕi ᵓ	₌tɕʻi	≤tɕʻi	₌ɕi	₌ɕi
寿阳	₌tsɿ	tsɿ ᵓ	₌tsʻɿ	≤tsʻɿ	₌sɿ	₌sɿ
合肥	₌tsɿ	tsɿ ᵓ	₌tsʻɿ	≤tsʻɿ	₌sɿ	₌sɿ
温州	₌tsɿ	tsei ᵓ	₌tsʻɿ	≤zei	₌sɿ	₌sei

北京的 i 还没有舌尖化,因而 tɕ 也就没有发生变化。寿阳、合肥的 ts 是受 i>ɿ 的影响由 tɕ 变来的,而温州的精组字由于与开口韵相组合,没有舌面化为 tɕ,自然仍旧保留着原来 ts 的读音。由舌面元音舌尖化为ɿ而引起的 tɕ 声母的舌尖化,这在汉语方言中好像是一种强大的沿流(drift),不少方言都发生了这种变化,只是变化的速度和范围有所不同

而已,一般还只局限于以 i 为韵母的 tɕ,没有涉及到介音 i 和其相组合的 tɕ 声母。山西有些方言,如沁县、寿阳、武乡、祁县等地,这方面的变化速度快一些,i 舌尖化为ɿ所产生的影响已经超出 tɕ 的范围,t、tʻ、n、l 这些声母也因受 i>ɿ 的影响而带有一些摩擦成分,读音类似 ts、tsʻ、nz、lz。在这种 i 转化为ɿ的情况下舌面音 tɕ、tɕʻ、ɕ 直接转化为 ts、tsʻ、s。

舌面前高元音 i、y 在演变过程中如果舌尖略为翘起而成为卷舌音 ʅ 或 ʮ,那么 tɕ、tɕʻ、ɕ 就会转化为 tʂ、tʂʻ、ʂ。我们可以通过湘方言的内部差异来说明这个问题。先请比较下列各方言点的语音差异("精"辖"精、清、从、心、邪",其他各组与此相同):

			耒阳	衡阳	衡山	湘潭(石潭)
姐	麻	精	ᶜtɕia	ᶜtɕie(且)	ᶜtɕia(斜)	ᶜtsiɛ文,ᶜtsia白
车	麻	章	₌tia	₌tɕʻie	₌tɕie	₌tʂɛ文,₌tsʻua白
家	麻	见	₌tia	₌tɕia	₌ta	₌ɕia文,₌ka白
取	鱼虞	精	ᶜtɕʻy	ᶜtɕʻy	ᶜtɕʻi	ᶜtsʻɿ
猪	鱼虞	知	₌ty	₌tɕy	₌tɕʻy(除)	₌tʂʮ
诸	鱼虞	章	₌ty	₌tɕy	₌tɕy	₌tʂʮ
居	鱼虞	见		₌tɕy	₌tɕy	₌tʂʮ
焦	宵	精	₌tɕiao	₌ɕiao(消)	₌tɕiao	₌tsiɔ
朝	宵	知	₌tiao	₌tɕʻiau(超)	₌tao(召)	₌tʂɔ
招	宵	章	₌tiao	₌tɕiau	₌ɕiao(烧)	₌tʂɔ
骄	宵	见	₌tiao	₌tɕiau	₌tʻao(乔)	₌ɕiɔ
酒	尤	精	ᶜtɕiou	tɕiu⁼(就)	ᶜtɕʻiau(秋)	ᶜtsiəu
抽	尤	知	₌tʻiou		₌tau	₌tʂʻəu
周	尤	章	₌ɕiou(收)	₌tɕiu	₌ɕiau(收)	₌tʂəu
求	尤	见	₌tʻiou	₌tɕiu	₌tau(州)	₌ɕiəu
将	阳	精	₌tɕiaŋ	₌tɕian	₌tɕioŋ	₌tsiaŋ
张	阳	知	₌tiaŋ	₌tɕian	₌tʂaŋ	₌tʂaŋ
章	阳	章	₌tiaŋ	₌tɕian	₌toŋ	₌tʂaŋ
脚	药	见	₌tio	tɕio⁼		tʂʊ⁼

这是京广线上的几个方言点，先后的次序由南而北排列。前高元音前的精、知、章、见各组声母的语音表现相互间有比较大的差异。耒阳（钟隆林，1983）虽已腭化，但精与知（章）、见有别：精为 tɕ，而知（章）和见都为ȶ。衡阳（李永明，1983）变得快一点，三组声母都已腭化为 tɕ。衡山（毛秉生，1983）从记音看，似乎是齐、撮呼前为 tɕ，开口呼前为ȶ，但其实质恐怕还是与历史来源有关：精为 tɕ，见组字除"居"外都念ȶ，与知（章）组的塞音ȶ相同（擦音腭化为ɕ）。"车"的 tɕʰie 音，根据衡山南岳镇（李娟，1990）提供的线索，它是文读，是受外方言的影响的结果，不能作为本方言的读音的根据。湘潭（徐通锵，1974）与上列各点又不一样，是尖、团分列，知（章）独立，念 tʊ，不过这个tʂ的发音部位比北京话的 tʊ 要靠前，实际上是顶音tʂ，是介于 ts 和 tʊ 之间的一种音，本文为行文方便，记为 tʊ。这四个方言点的音类分合关系，从空间差异所提供的时间发展序列来看，湘潭代表早期的状态，三组声母基本上都保持着自己独立的音韵地位；衡山、耒阳次之，而衡阳变得快一点，三组声母在 i、y 之前都已因腭化而合流，同念 tɕ。不过，另一方面，从音值来看，湘潭知（章）组的 tʂ 则代表发展的晚期状态，它是受前高元音 i、y 的影响而由ȶ变为 tɕ，再由 tɕ因 i 的卷舌化而变为 tʂ。空间的差异是这一发展过程的具体体现。可能有人会说，知（章）组的 tʂ像北京话的 tʂ那样，代表早期的状态。否！最有力的根据是圆唇前高元音前的见组字同知（章）组字一起演变，都变为 tʂ。上表中只有两个例字，即"居"的 ₌tʂʅ音和"脚"的 tʂʊ₌ 音。现再补充一些例字：

| 举 ꜂tʂʅ | 虚 ₌ʂʅ | 区 ₌tʂʅ | 圈 ₌tʂuẽ | 玄 ₌ʂuẽ |
| 均 ₌tʂuen | 群 ₌tʂuen | 琼 ₌tʂuen | 觉 tʂʊ⁼ | 屈 tʂʰʅ⁼ |

这里的合口介音 u 是由 y 变来的，因为 y 与 tʊ 的发音部位差异太大，相互不易组合，为保持圆唇的特点，介音的舌位就由前变后。音系中原来的合口介音 u（如瓜 kua，估 ku，㧾 kʻuei，归 kui……）仍保持其原来的音韵地位和结构状态，并没有使它前面的见组声母发生变化。韶山（王福堂，1974）的演变状况与此相同。上述语言事实说明，见与知（章）先合流为 tɕ，而后才能一起演变为 tʂ。湘潭的 tʂ是受 i、y 的影响

而产生的一种由 tɕ 到 tʂ 的历史音变，i 被吞没，而 y 转化为 u。这种音变也为 tsi- 和 ci- 的腭化留下了结构上的空格，使我们有可能预见一种拉链式音变的产生和发展。

现在需要进一步讨论 tʂ- 的演变去向。从来源上说，tʂ- 来自舌尖音 t-、ts- 和舌根音 k-，而这种源头又可以成为 tʂ- 在演变中的回归去向，即 tʂ- 既可以向舌尖音演变，也可以向舌根音回归，使语音呈现出一种循环性的变化。tʂ- 向舌尖音的演变，在汉语方言中有两种趋势。北方方言，如山西的闻喜和祁县（徐通锵、王洪君，1985）、河北的天津（张旭，1987）等方言点，tʂ- 正通过离散式变异的方式向 ts- 转化，与精组字合流。南方的湘、赣方言很多地方则向舌尖塞音 t- 的方向转化，我们现在还可以从方言间的差异和变异中看到这种转化的过程和痕迹。请比较下列方言点的语音差异：

	湘潭（石湖）	韶山	衡山（南岳）	湘乡
遮	₌tʂɛ文 ₌tʂua白	₌tʂɛ文 ₌tʂua白	₌tɕie文 ₌ta白	₌tɔ
朱	₌tʂʯ	₌tʂʯ	₌tɕy	₌tʯ
拘	₌tʂʯ	₌tʂʯ	₌tɕy	₌tʯ
昭	₌tʂɔ	₌tʂɔ	₌tɔ	₌tau
周	₌tʂɯɯ	₌tʂəu	₌tau	₌tiɯɯ
针	₌tʂən	₌tʂən	₌tən	₌tən
传	₌tʂuẽ	₌dzuẽ	₌tʃiaũ	₌duẽ
拳	₌tʂuẽ	₌dzuẽ	₌tuiã	₌duẽ
春	₌tʂʻuən	₌tʂʻuən	₌tʃʻuən	₌tʻuən
张	₌tʂaŋ	₌tʂaŋ	₌tãĩ	₌taŋ
中	₌tʂən	₌tʂən	₌tən	₌tən

湘潭、韶山的 tʂ-，如前所述，实际上是顶音，其发音部位已经由舌尖后略往前移。衡山的南岳除 -y 前为 tɕ- 外，其他条件下已失去了摩擦成分而变成顶音塞音 t。杨时逢根据赵元任等五位先生 1938 年的调查材料而写成的《湖南方言调查报告》，上述例字的衡山话读音都是 tɕ，南岳话的这个 t 当是 t、tɕ 经过 tʂ 因失去擦音成分而变来的。衡山话的内部

变异今天还保留着这种演变过程的痕迹。例如,城关话据毛秉生(1983)的记音,这些字的声母为ṭ和tɕ(见前表),而郭锡良(1993,23)记为ṭ,与南岳话相同。他在评述《湖南方言调查报告》时指出:"从整个音系看,调查报告应该是保存了五十年前的旧读。据笔者回忆,五十年代初城关话的'家'仍念 ₌tɕia,不念 ₌ṭa;'吃'仍念 tɕ'ia,不念 t'a,'九'仍念 ᶜtɕiau,不念 ᶜṭau。如果记忆不误,那么ṭ、ṭ'是五十年代以后才产生的新声母。"这个ṭ的发音部位如再往前移一些,那就变成地道的舌尖塞音t,湘乡话(王福堂,1974)大体上可以代表这一发展阶段,但还保留着ṭ的痕迹,因为在舌尖后圆唇元音ʮ前仍保留顶音ṭ的语音形式,而在其他条件下则都变成了 t。这种从ṭ、tɕ经 tʂ、ṭ而到 t 的音变过程我们也可以在某些赣方言中看到。高安话(王洪君,1986)的音变状况大体上与南岳话类似,只是情况更复杂一些,如知、支、脂、之等字都有 tθ/tsɿ两种读法。

向舌尖音 ts 或 t 的方向演变是 tʂ的一种演变去向,它的另一个去向是向舌根音 k 回归。这种情况在汉语方言中虽然不很普遍,但也绝不是一种罕见的音变方式,我们可从中悟察重要的音变原理。湘方言区醴陵方言点有这种音变规律(蒋希文,1992,73)的表现形式。请比较("春""椿"等字原文都为不送气音,疑有误,这里笔者加送气符):

猪 ₌ky	除 ₌ky	缀 kyeᵓ	追 ₌kye	篆 kyeŋᵓ
春 ₌k'uʌŋ	椿 ₌k'uʌŋ	柱 kyᵓ	诸 ₌ky	主 ᶜky
锥 ₌kyei	专 ₌kyəŋ	船 ₌kyəŋ		

湘、赣方言交界地区的崇阳,据赵元任等的《湖北方言调查报告》,也有几个字的读音与醴陵话相似,它们是:

| 缀 kyiᵓ | 赘 kyiᵓ | 追 ₌kyi | 锥 ₌kyi |

这些都是知、章组字。它们的开口韵,醴陵方言的声母都是 tʂ,崇阳为 t,变为 k 声母的都有一个圆唇的介音,主要是 y。由于 y 难以与 tʂ配合发音,因而它或者使 y 变为 u,如前述湘潭、韶山、湘乡方言那样,或者使它前面的 tʂ声母变为 k,因为 tʂy 要在保持 y 的条件下只能使 tʂ

的发音部位后化和上抬。醴陵的春、椿两字的读音,介音是 u 不是 y,这可能是这两个字的韵母是受权威方言的影响而产生的音类借用,相当于文读音。

　　介音影响声母的演变去向是汉语的一种重要的音变机理。方言之间的差异可能千差万别,但是这种音变的原理却是相同的,只要有相应的音变环境和条件,相互间没有任何联系的方言却可以出现相同的或者说平行的变化。甘肃河西走廊的张掖方言(刘伶,1986,77—79)和闽西四堡、连城地区的客家方言(邓晓华,1993a,b)都有类似湘方言醴陵话由 tʂ 到 k 的音变。这些都是因受这种相同的音变机理的支配而产生的平行变化。张掖话来自知、庄、章三组的开口字今读 tʂ、tʂ'、ʂ、z̩,而合口字的 tʂ、tʂ'变为 k、k'、ʂ、z̩变为 f、v。现在选择-u、-uei、-uɜ三个韵母的 tʂ组音节,看看它们演变为 k、k'、f、v 的情况(张掖话只有三个声调,"1"相当于北京话的阴平,"2"相当于阳平和上声,"3"相当于去声。原稿因限于篇幅,引例很少,这次重印补全了这三个韵母的例子):

　　tʂu→ku:猪渚洙珠蛛蜘朱(1)轴主(2)竹筑住嘱箸烛驻助铸祝触粥注逐珠柱(3)

　　tʂ'u→k'u:初(1)褚杵锄厨除储楚暑(2)出黍畜鼠处(3)

　　ʂu→fu:书梳疏舒输(1)殊熟孰赎墅蜀(2)树叔竖数恕术述淑(3)

　　z̩u→vu:辱乳(1)如儒孺(2)入褥(3)

　　tʂuei→kuei:追锥(1)坠缀赘(2)

　　tʂ'uei→k'uei:吹炊(1)垂捶锤槌(2)

　　ʂuei→fei:谁水(2)税睡瑞(3)

　　z̩uei→vei:蕊(1)锐(3)

　　tʂuɜ→kuɜ:中终盅钟忠冢衷(1)种(～籽)准肿(2)仲众重种谆(3)

　　tʂ'uɜ→k'uɜ:春冲充舂铳(1)崇唇纯醇莼虫宠(2)

　　ʂuɜ→fɜ:顺舜瞬(3)

　　z̩uɜ→vɜ:茸冗绒仍(2)闰润(3)

　　我们已经可以从这几组例字的读音中悟察到一般的音变机理:张掖话的演变与湘方言醴陵话相同的地方都是受了圆唇介音的影响,区别只在于前者为 u,后者为 y。u 在发音的时候舌根上抬,唇齿微闭,张掖话的 tʂ-组声母在演变中以塞擦和擦为条件,分成两组:舌根上抬的作用使塞擦音 tʂ-、tʂʻ-变为 k-、kʻ-,唇齿作用则使擦音 ʂ-、ʐ-变为 f-、v-。关中方言也有这种类型的音变方式(白涤洲,1933),不过是 u 的唇齿作用起了决定性的作用,使 tʂu-、tʂʻu-、ʂu-、ʐu-在多数方言点中变为 pf、pfʻ、f、v,但也有少数方言点的知、章组字因受舌根上抬作用的影响而变为 k 或 c。如:

	兆	庶	抽	置	肾	陕	人
美原	kau	kiə	kʻou	ki	xiẽ	xiã	ɣẽ
义龙	kau	kə	kʻou	kɯ	xiẽ	xã	ɣẽ
渭南	cə(者)	cʻə(扯)		ci̠(蛰)	ça(惹)	çi̠(世)	

闽西的四堡、连城方言由 tʂ 到 k 的音变,情况大体与张掖话类似,都是 u 介音的作用。为节约篇幅,例字不赘。

前面的分析清楚地说明,介音 i、u、y 的不同作用可以引起声母系统的重大变化。它们是舌尖前、舌尖后、舌面、舌根乃至唇齿等系列的音的分化、合流的中介和桥梁,tʂ 向不同的方向演变就是这种中介和桥梁的一种具体表现形式。我们可以从这些演变中归纳出两种呈交叉状态的循环性音变公式("t"代表舌尖音 t 或 ts,"ƫ"代表ʈ或 tʃ):

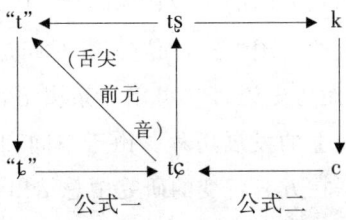

公式一　　公式二

这两个循环性的音变公式以"t"和 k 为起点,由 tɕ 和 tʂ 把它们连接在一起,使"t"或 k 既可以遵循某一公式进行循环性变化,也可以以 tɕ 或 tʂ 为中介而进行相互转化,而转化的条件就决定于介音的变化:如果 i、y 舌尖化为 ɿ、ʮ,那么 tɕ 就直接转化为舌尖音"t";如果 i、y 转化为 ʅ、ʯ,则 tɕ 转化为 tʂ,原来的齐齿和撮口也相应的转化为开口和合口;tʂ 此后如何变化,就看介音的作用,或向"t"演变,或向 k 演变,使舌尖音和舌根音有可能呈现出交叉的变化,即"t"可以经 tɕ 到 tʂ,然后向 k 的方向演变,同理,舌根音 k 也可以经 tɕ 到 tʂ 而向"t"转化。这些都是因介音的作用而使声母系统发生演变的重要途径,其中隐含着重要的音变机理。不同方言的声母系统的差异不是音变机理的不同,而是由于语言发展的不平衡性而处于这些循环性变化的不同发展阶段上,因而呈现出对应性的差异。

上述情况说明,汉语方言的声母系统的变化大多与介音的作用有关,变化的方式,大体上就是分化、合流和回归。分化,借用传统的术语来说,不外乎轻唇和重唇的分化、舌头和舌上的分化、齿头和正齿的分化以及舌根和舌面的分化,而"舌上""正齿""舌面"这些系列的音从"舌头""齿头"和"舌根"中分化出来之后相互又可以借助于介音的作用而合流或回归。在这种变化过程中,i 介音是使声母的发音部位发生变化的最重要的关键。这是现实方言的音变所提供的音变机理,我们可以循此去探索和解释语言的历史演变规律。

三 i 介音和汉语声母系统的历史演变

不同方言的音变规律隐含着相同的音变机理,这是音系结构格局控制语音演变的范围和方向的一种具体而有力的证明。方言的差异是语言的发展在空间上的表现形式,而空间和时间是一对有紧密联系的、相互依存的范畴,因而历史语言学可以在亲属语言或方言的空间差异中去探索语言在时间上的发展历程。由于空间和时间的这种联系,因而我们完全可以根据在方言音变的研究中总结出来的音变机理去解释历史上已经完成的音变规律,也就是把空间的研究方法用于时间的研究,把现实方言的音变机理投射到古代的语言结构中去,使内部拟测法进入一个新的领域。

使方言的声母发音部位发生变化的关键因数是 i 介音。这种音变机理可以使我们明白汉语历史上的声母演变为什么都集中于三等韵的原因。三等韵是汉语音系结构中最复杂、最难驾驭的一个音变领域。

现在,我们根据方言音变的启示抓住 i 介音,或许可以比较容易地发现不同的音变规律所隐含的一种统一的音变机理,为解决一些争论不休的问题提供一些新的思路和途径。

讨论汉语历史上声母的四大分化问题首先会涉及章、庄两组声母的形成和演变。这两组声母的拟测使学者们很伤脑筋。高本汉(1923)根据汉字谐声系列提供的线索,拟章为 * ȶ,庄为 * tʂ。董同龢(1944)发现章组字不仅与端组有接触,而且还与见组有瓜葛,因而把前者拟测为 * ȶ,为后者增拟一套新的 * c 组声母;至于庄,董在具体地分析了其中的一些复杂问题后推断它来自精,没有为它拟测一套独立的声母。李方桂(1968)着眼于音位的组合功能,用介音的作用来解释知、章、庄三组的演变,认为上古的 * tr-演变为中古的 ț(知), * tsr-演变为中古的 tʂ-(庄), * trj-、* krj-演变为中古的 tɕ-(章)。这些拟测基本上以汉字的谐声关系为基础,加上音理的推断,拟测出各组声母的音值。这虽然为进一步的研究奠定了必要的基础,但在方法论上有欠缺,这就是:它们只着眼于语言的静态结构规则,有几组谐声关系就拟测几组声母,而很少考虑到语言的动态演变以及在演变中的音类分合关系;只根据"死"材料进行拟测,缺乏"活"材料的印证,因而容易满足于逻辑上的自圆其说,而无法揭示隐含于不同音变规律背后的音变机理。李方桂用 * r 介音来解释声母的演变,这在方法论上比以往前进了一步,但问题是这种解释与语言事实提供的线索有矛盾,因为知的音值不是 ț,而是 ȶ,庄的音值不是 tʂ,而是 tʃ(陆志韦,1947;李荣,1952;王力,1985)。正由于此,李方桂关于 * r 的拟测现在受到了一些学者的批评(平山久雄,1993;李娟,1997),不是没有道理的。我们不想在这里过多地纠缠于这些拟测的利弊得失,而想根据现实方言所提供的音变机理,用 i 介音的作用去讨论章、庄等的形成和演变。

人们习惯于把章、庄和知并提,称为知照系,但知的形成要晚于章和庄,王力(1985,166—173)根据陆德明《经典释文》和玄应《一切经音义》的反切,推断它与端的分离大体上始于唐天宝年间,不宜与章、庄并列。章与端的分离可能是在西汉。根据山东临沂银雀山汉墓出土的竹书和长沙马王堆出土的帛书,章与端还没有完全分化,如"冬"假借为

"终","单"假借为"战","定"假借为"正"等等；庄与精也有类似的现象（周祖谟，1984，84—88）。这些材料自然有它的局限性，因为它无法顾及因语言发展的不平衡性而产生的方言差异，但现在也只能根据这些材料得出必要的结论。这种相混说明章、庄两组声母还没有完成它们与端、精的分离过程，而到《说文解字》的读若（据大徐本），章与端相混的例子很少，在章组 49 例的读若中仅有 3 例，而在端组的 61 例读若中竟无一例章组字，说明章与端那时已完成分离的过程。庄与精的分离可能也是在这一时期完成的。《说文》精组字的读若有 72 例，与庄组发生纠葛的仅 4 例，而庄组的 29 例读若，与精组发生纠葛的有 3 例。这些都可以看成为庄与精已经分离的根据。它们分离的条件应该是相同的，都是由于 i 介音的作用，即舌尖音 t、ts 因受 i 介音的影响而腭化：*ti->ṭi->tɕi-（章）和*tsi->tʃi-或 tɕi-（庄）。至于与见组谐声的章组字，它们原来的读音应该是*ki-，由于 i 介音的作用而使 k 腭化，可能经过 ci-而演变为 tɕi-，与来自*ti-的 tɕi-合流，形成了一组独立的章组字。章为什么既能与舌尖塞音端谐声，又能与舌根塞音见谐声？就是由于不同发音部位的声母由于受 i 介音的影响而合流为相同声母的结果。我们没有必要为章组字拟测一套如*rj 那样复杂的介音，更没有必要为有不同谐声关系的章组字分别拟测两套独立的新声母。章组字是汉语早期的"三"等字，是 i 介音对声母的演变产生重大影响的初期表现形式。我们在这里把"三"字打上引号，那主要是由于我们对先秦、两汉时期的"等"的结构还不甚了了。那么，为什么受相同的音变机理支配的庄组字既有"二"等、又有"三"等，与只有三等的章组字不同呢？这恐怕与声母的链移式音变有关。tʃ 或 tɕ 是 ts（精）受 i 介音的影响而形成的庄组字的读音，由于章组字的形成，即*ti 和*ki 合流为 tɕi-之后，为了保持语言单位的语音区别，音系中发生了一次链移性的音变，使庄组字由 tʃ 或 tɕ 变为 tʂ，i 介音消失，就像在某些现实方言中所发生的音变那样。这样，在那些有独立二等韵的韵摄里，庄组字转入二等，形成照系二等字，而在那些没有独立二等韵的韵摄里，它仍旧寄留在三等，形成反切上字并无分等趋势的庄组字一部分在二等、一部分在三等这种异常的分布状态。这是链移性音变和"等"的结构相互协和的结果。传统音韵学所说的"内转"和"外转"恐怕也需要从这种演变的角度去考察，即仍旧留在三等韵之内的为"内转"，而转入二等、形成"五音四等都具足"的为"外转"，因为它是从"三"等的"内"转出去的"外"。仅仅从开合或主要元音的舌位的高低前后等静态的结构去解释，那就很难说清楚同一套反切上字的声母为什么一部分在二等、一部分在三等的"外"与"内"的原因。这就是说，内外转是链移性音变留在音系中的痕迹，而不是语音共时结构的规则。正由于此，庄组字不管分布在二等还是三等，其音值并没有因"等"而异，在方言中大体上取相同的方式演变，像山西、湖南等地的方言，现在大多都读 ts。

音系是一种严密的系统，牵一发动全身。我们仅仅把章和形成初期的庄看成为汉语早期的"三"等韵，那就是说，不能用切韵的"等"的结构框架去考察先秦、两汉的"等"的结构。这样，我们必须回答两个问题：第一，中古三等韵的 i 介音，除章组字外，在先秦、两汉时期有没有 i 介音？第二，如果没有，那么中古三等韵的 i 介音是怎么产生的？这两个问题如果得不到合理的解释，我们前面的考察就会失去立论的根据。

中古的三等韵在先秦、两汉时期有没有 i 介音？根据前面的分析，应该得出明确的结论：没有。但是，这需要有语言事实的支持。现代的方言材料恐怕只有闽方言还可以为这一结论提供一些肯定性的支持，因为切韵的三等字在那里的底层白读中一般是没有 i 介音的（李娟，1997）。不过闽方言的底层白读的资料究竟较为零散，而且相互交织着不同的时间层次，因而内部的结构有些不一致。我们还需要寻找一种更为可靠的根据。郑张尚芳（1993）的《云南白语与上古汉语的音韵、词汇、语法联系看其系属问题》一文在这方面提供了一些很有价值的线索。白语的系属历来颇多争论，我们这里不讨论，但白语和汉语的关系很密切，或者说，受汉语的影响很深，这已是语言学界的共识。白语的汉语借词很多，其中"绝大多数是以音译的方式直接借入。很多汉语借词也可以做构词词素"（徐琳、赵衍荪，1984）。郑张尚芳根据他的研究在这方面又有了一些新的发现，认为"现在汉语古音研究有了长足的进步，据此检查白语，可以发现除现代借词不算外，白语固有的基本词汇百分之九十属古汉语词，两种词又有严整的语音对应规则。只是白语音韵不是与切韵而是与上古音相连的""一二三等未分化：麦＝墨 mɯ⁷，幅＝北 pɯ⁷。三等字 i 介音未产生……"郑张尚芳的结论自然可以推敲和讨论，但基本词汇里的词"绝大多数同汉语而不同藏缅语"的结论是可信的。这些词不管是同源词还是借词，其语音的结构对汉语史的研究来说都是有重要参考价值的。汉语中古音的三等字在白语中的反映基本上没有 i 介音，多属开口韵，这可以证明我们关于"中古的三等韵字在上古没有 i 介音"的假设。郑张尚芳的文章列举了一些例字，但太少，现在我们根据徐琳、赵衍荪的《白语简志》中的剑川方言的记音，将有关的三等字分摄排列如下（声调略）：

假：蛇 kʻɤ	写 vɛ	射 tsõ	借 tɕɛ	夜 xɛ̃	芽 ɕu 或 ŋɛ		
遇：猪 te	树 tsɯ	住 kɤ	煮 tsɿ	梳 sɿ	鱼 ŋɤ	去 ŋɛ	
止：雉 xõ	鬼 kɤ	撕 pʻe	睡 tsɜ̃	飞 fɿ	肥 fɛ	迟 me	
	二 ne	只 tɯ	你 no	水 ɕui	吹 pʻu	骑 kɯ	稀 tɕɛ̃
效：庙 sẽ	桥 ku	舀 kɯ	要 jõ	笑 so	小 se		
流：秋 tsʻu	九 tɕu	牛 ŋɯ	手 sɯ	酒 tsɿ	球 tsʻo	收 sɯ	
	救 kɯ	有 tsɯ	流 kɯ	浮 pɯ	稠 ku	丑 tsʻu	旧 kɯ
	臭 tsʻu						
咸：染 sẽ	尖 tɕɛ̃	叶 se	阉 miɛ				
深：十 tsɛ	拾 tsɛ	粒 kʻo	湿 xɛ̃	针 tsɛ̃	今 ke	浸 tsɯ	
深 sẽ							
山：绵 no	变 pI	箭 tɕI（碧江方言为tse）	钱 tse	剪 kɛ	编 pI		
浅 tɕʻi	件 kʻõ	砖 tsuI	远 tuI	软 pʻɛ	雪 sui	月 ŋua	
说 sua							
臻：分 fɤ̃	春 tsʻɤ̃	云 ŋɤ̃	伸 tsʻɤ	神 sẽ	真 tsẽ		
宕：肠 tsõ	长 tsõ	长(-大) kõ	象 ɕɤ	姜 kõ	枪 tsʻõ	亮 mɛ	
抢 tɕʻã	痒 jõ	香 ɕõ	上 tsõ	脚 ko	药 jo	羊 jõ	
嚼 tso							
曾：绳 so	称 tɕʻuI	蒸 tsɯ					
梗：明 me	兵 kɤ̃	井 tɕɛ̃	城 tsẽ	姓 ɕẽ	掷 sẽ	赢 tɯ	
病 pɛ̃	平 pẽ	轻 tsʻɛ̃	正 tuI				

通：龙 nɣ　　虫 tsỹ　　重 tsỹ　　种（～菜）tsɣ　　弓 kõ　　用 jõ
　　中 tõ　　松 sõ　　钟 tsʻɛ̃　　六 fɣ　　绿 lɣ　　熟 tsɣ　　肉 kɛ

  有三等韵的各摄差不多都有不同数量的例字。相互间的语音对应比较复杂，这涉及到对整个上古音的认识，这里无法讨论，只能以郑张尚芳的研究为基础。我们感兴趣的是这些中古的三等字在白语中的反映是都无 i 介音。是不是白语没有"辅音＋i＋元音"这样的音节？不是。它的固有词的语音形式有 ie、ia、io、iɯ 等，只是出现于 p、pʻ、m 以及个别的 t、l 之后，因而郑张尚芳认为应该把它们处理为 pj、pʻj、mj、tj、lj。蟹摄三等我们只找到"肺"（pʻia）、"吠"（pia）两字，它们是白语的固有字，还是汉白同源字或晚期的汉语借字？一时弄不清，故在表中未列。有少数例字，如"香"çõ，也可以说中间有一个 i 介音，只是由于记音习惯的不同而没有记出来而已。固然，这种现象可以作进一步的推敲，但它的分布比较零散，不足以成为"等"的标志。这些例字反映哪一个时间层次，不敢说；或者说，其中绝大多数的字的语音形式反映章组字形成以前的某一时期的语言状态。这种情况说明中古的"等"与上古的"等"的结构很不一样，不能认为中古有 i 介音的三等韵在上古也是"三"等，有 i 介音。

  那么，中古三等韵的 i 介音是何时产生的？又是在什么条件下产生的？这又是一个需要进一步考察的问题。i 介音产生于何时？难以妄断，只能笼统地说它产生于章组字的形成以后。由于秦汉时期 i 前的端(t)、见(k)二组声母腭化为 tɕ(章)和精(ts)腭化为 tʃ(＞tʂ)，这些声母的组合关系就留下了 i 介音的空格，使其他韵母有可能在元音系统的变动（如高化之类）中产生新的 i 介音，以填补这种空格。至于产生的条件，用方块汉字注音的反切无法说明，只能从现实方言的音变机理中去寻找有关的线索。由于汉语的音系结构格局古今变化不大，因而现实方言的音变机理完全可以为解释历史上的音变规律提供一些有价值的启示。①

切韵以后产生 i 介音的音类主要有四等字,它已与三等合流;还有二等的见系开口字,有些方言也涉及某些帮组字,如山西太原话的百 pieʔ,麦 mieʔ 等。多数方言现在还只涉及四等和二等的见系字,赣方言和与它有密切关系的鄂东南地区的方言这方面的音变范围要广一些,已经涉及到某些一等韵。我们或许可以在这里找到一些有益的启示。

切韵侯、痕、登(赅上、去、入,下同)是流、臻、曾三摄的一等韵,其主要元音一般拟测为 *ə,没有 i 介音。在赣方言的发展中,这个 *ə 已演变为 ɛ,它在组合上逢见系字(匣除外)就增生一个 i 介音。请比较:

	侯			痕			登		
	兜	勾	欧	吞	根	恩	登	肯	刻
高安	tɛu	kiɛu	ŋiɛu	tʻɛn	kiɛn	ŋiɛn	tɛn	kʻiɛn	kʻiɛt
南昌	tɛu	kiɛu	ŋiɛu	tʻɛn	kiɛn	ŋiɛn	tɛn	kʻiɛn	kʻiɛt

根据熊正辉(1982,164)的描写,iɛ、iɛu、iɛn、iɛt 中的 i 介音可以有,也可以没有,说明那里的这个 i 介音的产生时间还不很久远。它还只限于见系字,在其他条件下这个 i 介音还没有产生。鄂东南地区的某些方言,这方面的演变比赣方言快,侯、痕、登三类韵的 i 介音已不限于见系字,已扩及到所有的声母(登除精组字外)。请比较:

---

① 此文写于 1994 年,因重点讨论汉语方言的音变原理与内部拟测法的关系,对汉藏系语言的比较缺乏必要的考虑。根据现在汉藏系语言的研究,声母位置上有丰富的复辅音,其结构大体是:"前置辅音 1+前置辅音 2+基本辅音+后置辅音"(孙宏开《原始汉藏语的复辅音问题》,《民族语文》1999 年第 6 期)。上古汉语有复辅音,其结构应与此相同或相似。后置辅音的演变,特别是其中的 -l-,是介音的一个重要来源。汉语的 -i- 介音最初可能来自后置辅音 -l- 的变化,缅语和其他少数民族语言有不少这种类型的变化(缅语的音变情况读者可参看汪大年的《妙齐提碑文研究(一)》,《北京大学学报》1986 年第 4 期)。不同民族的语言出现这种平行的变化可能就如萨丕尔所说,是原始语的共同结构格局影响语言发展的结果。今天重新刊出此文,这一点应该补充。——编者注:此处为收入论文集《汉语研究方法论初探》时作者所加注释。

	侯			痕			登		
	头	走	勾	吞	根	恩	崩	登	肯
通城	₌dou文 ₌diau白	ᶜtsou文 ᶜtɕiau白	₌tɕiau	₌tʰien	₌kien	₌ɲien	₌pien	₌tien	₌xien
蒲圻	₌dʰou文 ₌dʰiau白	ᶜtsou文 ᶜtɕiau白	₌kou文 ₌tɕiau白	₌tʰen	₌kien文 ₌tɕien白	₌ŋən文 ₌ɲien白	₌pən	₌ten	₌gən文 ₌gʰen白 ₌dʑien白

通城(方霁,1991)的情况比较简单,内部相当一致,虽有文读形式,但不占主要地位,代表本方言的白读形式仍占主流。蒲圻(姜松,1992)文白并存,而有些字只有文读形式,说明文读在排挤白读的过程中已经占有某些优势。这两地的白读形式可以清楚地说明传统的一等韵也可以因产生 i 介音而并入"三"等。这种演变的机理有助于说明中古三等韵的形成,不能把 i 介音的有无看成为一种一成不变的东西。

现实方言产生 i 介音的条件,不管是四等、二等还是一等,韵母中的主要元音一定是前元音。在这一前提下,元音的舌位越高,产生 i 介音而并入"三"等韵的可能性就越大,如四等韵,切韵时期的主要元音是 e,它最早与三等韵合流,在现实方言中已难以见到三、四等之间的区别。其次,如声母为见系字,由于"前"(i)与"后"(见系声母)的矛盾,也比较容易产生 i 介音。再次,赣方言和鄂东南方言的情况说明,只要元音相同,i 介音的产生不会"顾此失彼",而是依照"语音规律无例外"的方式一起演变;如有例外,也一定可以找到产生例外的条件。这些音变的机理都是受汉语的音系结构格局支配的,汉以后因 i 介音的产生而形成的中古三等韵,其语音条件大体上应与此相似,即音系中有一批韵母的主要元音相同,比方说,同为ɛ或 e,由于其"前"的特征,在声、韵之间增生一个 i 介音,如现在赣方言和鄂东南方言那样。根据吴方言区某些方言点提供的线索,四等韵的主要元音低于三等韵(金有景,1964,1982)。这一事实为我们理解《切韵》时期的三等韵何以早于四等韵而产生 i 介音的原因提供了一些重要的线索,四等韵 * e 应该是元音高化的结果。合口介音 u 可能也是在这一时期形成的。李方桂(1968,17, 21)认为合口介音 w 或 u 有些是从上古的开口韵变来的,大部分来自圆唇的舌根音,一部分是后起的。u 介音的成因自然可以作进一步的推敲,但认为它是后起的,这一结论是能够成立的。李荣(1984,5)在谈到这个问题时说,"有些字从上古的开口变成《切韵》系统的合口,我很佩服,这有蛛丝马迹。比方说干支的'辰'字和海市蜃楼的'蜃'是开口,嘴唇的'唇'是合口。谐声字有时候开合口相谐,可以看出蛛丝马迹来,表示《切韵》系统有些合口是从开口变来的"。虽然非见系的合口字是不是全部来自开口还得一个一个地研究,但认为合口介音是后起的,应该是可信的。这就是说,开合口的划分和"等"的结构也是一个历史范畴,不能把切韵音系的开合口的结构套到上古音的结构上去。

开、合口和"等"的形成自然使汉语的音系结构发生了重大的变化,但这主要是表层的变化,支配这种变化的音系结构格局和音变机理并没有发生原则的改变,因而 i 介音继续发挥它的调整音系结构的功能,使汉语的声母系统进入了新的一轮的分化,其具体的表现就是轻唇和重唇的分化、舌头和舌上的分化、舌根和舌面的分化等。舌头和舌上的分化始于唐天宝年间,而轻唇和重唇的分化则是在晚唐—五代时期(王力,1985),而舌根和舌面的分化,即 ki-腭化为 tɕi-(团音),那要晚得多,始于近代;至于舌尖和舌面的分化,即 tsi-(尖音)腭化为 tɕi-,现代的不少方言也还没有完成它的演变过程。这些变化虽然在时间上先后不一,但音变的机理一样,都是受 i 介音的影响而发生的演变。闽方言没有经历这些变化,因而还维持着中古以前的声母系统的状态。如果说,章、庄组字的形成是 i 介音对声母的演变产生影响的第一个浪潮,那么由中古时期所开始的四大分化则是 i 介音对声母演变产生影响的第二个浪潮,而且它比第一次更广泛、更深刻。演变的方式和途径大体上就是前面所描写的两个交叉的循环性变化公式。唇音字的演变有点像"独立大队",与这种循环性的变化公式关系不大,这可能是唇音和舌音的发音差异在语音演变方式上的反映。尽管如此,唇音字的分化仍与 *-iu-中的那个 i 有关。张琨(1972,73)在谈到这一点的时候指出: "……我们推测三等韵因为有个-j-介音促使重唇圆唇化,终于变成唇齿音……介音-w-的增入,是根据韵书韵图中所定的合口推断的。"现在汉语的音韵结构已由中古的开、合二"口"发展为开、齐、合、撮四呼,介音体系更复杂,但其对声母的演变会产生影响这种音变机理并没有发生变化,因而它们会使汉语的声母进入第三次浪潮的变化。这是音系结构格局和语音演变的关系给我们提供的启示。

四 语言的相互影响和结构格局的调整

我们前面从音系结构格局支配下的音变机理考察介音对声母系统的演变的影响,基本要领就是抓住语音单位的易变性和音系结构格局的稳固性之间的矛盾去分析音变的方向、目标和规律,说明音变很难摆脱格局的控制而随意演变。那么,格局有没有可能发生变化?答案当然是肯定的,它自然也会发生变化,只是变化的速度非常缓慢而已,"我一点也不想暗示这格局是不能改变的。它可以伸缩或改变它的功能的面貌,但是它变得远不如语音本身那样快"(萨丕尔,1921,43)。格局的差异自然会对语音的变化方式产生具体的影响。汉语以"1"为基础的音系结构格局应该是一个历史范畴,形成于某一历史时期,并不是原始汉语时期一开始就是这样的,它是由于种种原因而产生的音系结构自我调整的结果。这就涉及到语音演变的时间层次问题,即我们前面所考察的汉语声母系统的演变规律大体上始于哪一个历史时期的问题。

以"1"为基础的音系结构格局的基本表现形式,如前所述,就是一个音节由一个声母、一个韵母和一个声调构成。音节中的这三个"1"相互制约,其中的一个"1"如果还处于形成的过程中,还不完善,那么必然会涉及到其他的两个组成部分是不是一个"1"的问题。汉语的谐声时代早于《诗经》,根据谐声系列提供的线索,那时是有复辅音的,现在这已是学术界的共识,我们不必赘述。这种复辅音同后来的音节结构规则相比较,说明声母部分还不是一个"1",这种情况自然会影响韵母和声调的结构。谐声时代有没有声调?或者说,声调系统是一种什么样的面貌?还缺乏专门的研究,至少到《诗经》的时代声调系统还没有完全定型,其具体的表现形式就是存在着相当大数量的异调相押的诗句。

丁邦新(1982)根据张日昇的统计,诗韵异调相押的情况是：

	上	去	入
平	361	293	10
上		166	39
去			161

此外还有平上去三调相押和平上去入四调相押的情况。这只能说明那时候的平、上、去、入的四个声调还没有最后定型。周祖谟(1984，82)从另一个角度说明汉语声调系统的形成的漫长过程,也可以印证前述的论断。他根据汉代竹书和帛书中的通假字的运用情况认为汉语在周、秦时期的三个或四个声调"是经过长时期逐渐发展而形成的""周秦时期不同韵部的调类多寡不一,也有一个发展过程。阴声韵如之支鱼等部除平声外,先有上声,进一步发展出去声,阳声各部,冬蒸两部没有上去,阳侵真三部则有上而无去""去声成为一个调类,发展比较晚"。这些都是根据后来平上去入的调类系统去考察早期汉语的字调而得出来的结论,说明四声的定型经历了漫长的过程。汉人自觉地意识到四声的存在是在南朝,但其形成的时间自然要早于此时,至少在曹魏时期的孙炎在创制反切的时候,汉语的平上去入的四调系统应当已经定型。谢纪锋(1984,317—318)根据《说文》的读若,发现本字和读若字声调相同的占89.4%,而去声和平上入三调一样,自成一类,说明那时候的调类系统虽已基本定型,但还有十分之一的字调与规律不符。从这些迹象来看,认为汉语的四声调类系统大体上定型于两汉,可能是比较合适的。

先秦时期的上古汉语有没有复辅音和平上去入的四声调类系统是否已经定型这两个问题是有内在联系的,这就是：复辅音、复韵尾之类的现象越多、越复杂,声调系统就越难以定型,因为一个字一个音节,有复辅音起区别功能,也就没必要有一个独立的声调去实现同样的功能；反之,如果没有声调,那复辅音之类的现象一定比较复杂,声调系统没有定型,也就说明复辅音之类的现象还在向单辅音的转化过程中,没有完全形成我们前面所说的以"1"为基础的音系结构格局。汉藏系语言的声调产生过程可以清楚地说明这方面的问题。周耀文(1992,133—150)根据对37种汉藏语系的语言的研究,发现28种语言有声调,5种没有声调,4种正从无声调向有声调的转化过程中。没有声调的语言的特点是:"复辅音声母多,声母总数多""辅音韵尾多""音节结构形式多,辅音在音节中出现的频率高于元音";而有声调的语言则是"单辅音声母占优势,复辅音声母少或者没有""辅音韵尾最多只有7个""音节结构形式趋向简化";至于那些处于从无声调到有声调的演变过程中的语言则是"有一定数量的复辅音""单辅音韵尾大多还保留""音节结构的形式还比较多""音节已开始出现音高对立的声调"。作者根据汉藏语系语言的这些特点推断"周秦时代是古汉语从无声调向有声调发展的过渡时期"。不过我们想在这里补充一句,就是它已处于过渡的晚期,因为《诗》韵就其主流来说已是同调相押。平上去入的四声调类系统可以看成以"1"为基础的结构格局是否形成的标志。

新格局是从旧格局演变来的,前后有继承性。以"1"为基础的结构格局和它所从出的格局的联系或相似性,主要是一个字一个音节,这一点不管是先秦还是先秦以后,都是一样的,区别是在于声、韵、调三部分是否都只允许出现一个结构成分。复辅音声母、复韵尾都不是"1",由于它们具有区别语言结构单位的功能,音节中自然不需要声调、或者需要的声调数量很少;声调实质上是为了弥补由于复辅音等的简化、消失而产生的一种补偿性的区别手段。汉语在周秦的时期已经接近于完成这种交替和转化。对比汉藏语系的其他语言的发展,大体上可以印证这一论断。区别是有的,主要是汉语产生声调的时期早,其他汉藏语系的语言要晚得多。如藏语,7世纪时创制的藏文所反映的藏语有复杂的复辅音声母和复韵尾,但没有声调;即使是现代藏语的安多方言,也还没有声调。为什么汉语会那么早地先于其他汉藏语系语言而简化、单化复辅音声母、复韵尾等并产生独立的声调系统?这和语言的频繁接触不无关系。先秦是汉语和其他民族语言发生频繁接触,从而导致语言融合的一个重要时期(徐通锵,1981,195—196)。固然,融合不会产生第三种语言,但必然会给语言的结构带来一些深刻的影响,它可以促使语言的结构简化,甚至有可能使语言结构的类型也发生变化。拉丁语在与众多的土著语言的接触中改变自己综合性结构类型而发展为现代分析性较强的法语等罗曼系语言，就是这方面的一个很好的证明。英语在历史上和其他语言的接触比较多，受法语等外语的影响比较大，和同系属的德语比较，它的形态变化就要简单得多。这也是接触促使语言结构简化的一个例子。先秦时期的汉语在和众多的少数民族语言的接触中音系逐渐简化，复辅音之类的现象逐渐消失，从而使音节中每一个结构位置只能出现一个结构成分，形成以"1"为基础的结构格局。联绵字之类的现象就是这种因音系的简化而遗留下来的痕迹，他们在上古音系的研究中应该占有重要的地位。

这里的讨论说明音系结构格局是一个历史范畴，我们提出的以"1"为基础的汉语音系结构格局可能定型于两汉，以这种格局为基础的音变机理以及把它用于历史研究的时间和空间也适合于这一时期和由此往后的时期。先秦的上古音系虽然已接近于完成以"1"为基础的结构格局，但还存在着诸如复辅音、声调系统还没有最后定型等复杂情况，因而在用现实方言的音变机理去说明音变的规律时需要特别谨慎和小心，应该结合复辅音之类的现象进行综合性的考虑。切韵音系是一种以"1"为基础的结构，现代的方言是这一结构格局的延伸。它差不多已经经历了两千年，现在虽然正经历着复音词之类的"2"或"3"的冲击，但这个"1"还能通过变声、变韵、变调等的办法去控制"2"或"3"，使其发生变异，纳入"1"的结构格局的轨道。因此，我们现在还能以"1"为基础去研究音系的结构以及它所支配的音变机理。

透过易变的语音单位而着眼于稳定少变的音系结构格局，可以为开拓、补正内部拟测法提供一种新的途径和视角。

引用书目

白涤洲，1933，《关中方音调查报告》（喻世长整理），中国科学院出版社，1954。
邓晓华，1993a，《人类文化语言学》，厦门大学出版社。
邓晓华，1993b，《古音构拟与方言特别语音现象的研究》，《语文研究》第 4 期。
丁邦新，1982，《汉语声调源于韵尾说之检讨》，台湾国际汉学会议论文集（语言文字组）。

董同龢,1944,《上古音韵表稿》,台湾中研院历史语言研究所 1948 年重印。
方　霁,1991,《通城方言字表》,未刊。
郭锡良,1993,《杨时逢〈湖南方言调查报告〉衡山音系读后》,《语文研究》第 1 期。
姜　松,1992,《蒲圻方言字表》,未刊。
蒋希文,1982,《湘赣语里中古知庄章三组声母的读音》,《语言研究》第 1 期。
金有景,1964,《义乌话里咸山两摄三四等字的分别》,《中国语文》第 1 期。
金有景,1982,《关于浙江方言中咸山两摄三四等字的分别》,《语言研究》第 1 期。
李方桂,1968,《上古音研究》,商务印书馆,1980。
李　娟,1990,《衡山(南岳)方言字表》,未刊。
李　娟,1997,《章组字的历史演变——附论现代方言与古音研究的关系》,《语言学论丛》第 19 辑。
李　荣,1952,《切韵音系》,中国科学院出版。
李　荣,1984,《上古音学术讨论会上的发言》,《语言学论丛》第 14 辑,商务印书馆,1987。
李永明,1983,《衡阳音系撮要》,《湘潭大学学报》增刊(湖南方言专辑)。
刘　伶,1986,《甘肃张掖方言声母 tʂ tʂʻ ʂ ʐ 与 k kʻ f v 的分合》,日本 Computational Analysis of Asian & African Languages, March。
陆志韦,1947,《古音说略》,《陆志韦语言学著作集》(一),中华书局,1985。
毛秉生,1983,《衡山音系简析》,《湘潭大学学报》增刊(湖南方言专辑)。
平山久雄,1993,《以声母腭化因素*j 代替上古汉语的介音*r》,据唐作藩、孙洪开关于第 26 届国际汉藏语言和语言学会议的报道,《国外语言学》1993 年第 4 期。
乔全生,1983,《洪洞方言志》,《语文研究》增刊。
乔全生,1990,《汾西方言志》,山西高校联合出版社。
萨丕尔,1921,《语言论》,商务印书馆,1985。
王福堂,1974a,《韶山方言字表》,未刊。
王福堂,1974b,《湘乡方言字表》,未刊。
王国维,《〈尔雅〉草木虫鱼鸟兽释例》,《王国维遗书》(六),上海古籍书店,1983。
王洪君,1986,《高安方言字表》,未刊。
王　力,1985,《汉语语音史》,《王力文集》第 10 卷,同上,山东教育出版社,1987。
谢纪锋,1984,《从〈说文〉读若看古音四声》,《罗常培纪念论文集》,商务印书馆。
熊正辉,1982,《南昌方言里曾摄三等读如一等的字》,《方言》第 3 期。
徐　琳、赵衍荪,1984,《白语简志》,民族出版社。
徐通锵,1974,《湘潭(石湖)方言字表》,未刊。

徐通锵,1981,《历史上汉语和其他语言的融合问题说略》,《语言学论丛》第7辑,商务印书馆。

徐通锵,1989,《变异中的时间和语言研究》,《中国语文》第2期。

徐通锵,1990,《结构的不平衡性和语言演变的原因》,《中国语文》第1期。

徐通锵,1991,《语义句法刍议》,《语言教学与研究》第3期。

徐通锵,1994a,《"字"和汉语的句法结构》,《世界汉语教学》第2期。

徐通锵,1994b,《"字"和汉语研究的方法论》,《世界汉语教学》第3期。

张　琨,1972,《古汉语韵母系统与切韵》,《汉语音韵史论文集》,台湾联经出版事业公司,1987。

张　旭,1987,《天津话新旧两派声类分析》,《语言研究论丛》第4辑,南开大学出版社。

郑张尚芳,1993,《云南白语与上古汉语的音韵、词汇、语法联系看其系属问题》,向第7届中国语言学会年会提交的论文,未刊。

钟隆林,1983,《耒阳方言词汇》,《湘潭大学学报》增刊(湖南方言专辑)。

周耀文,1992,《周秦时代是古汉语从无声调向有声调发展的过渡时期》,《纪念王力先生九十诞辰文集》,山东教育出版社。

周祖谟,1984,《汉代竹书和帛书中的通假字与古音的考订》,《音韵学研究》第1辑,中华书局。

Bynon, T., 1979, *Historical Linguistics*, Cambridge University Press.

Karlgren, B., 1923, Analytic Dictionary of Chinese and Sino-Japanese, Paris.

Labov, W., 1972, On the Use of the Present to Explain the Past, reprinted in "*Readings in Historical Phonology*", eds. by Baldi, P. & R. N. Werth, The Pennsylvania State University Press, 1978.

(原载于《语文研究》1994年第3—4期)

说"字"
——语言基本结构单位的鉴别与语言理论建设

【提要】 语言是现实的编码体系,是一种非线性结构,音、义关系是语言研究的一个最基本、最重要的问题。根据音义关联的基点确立的语言基本结构单位具有现成性、离散性和语言社团的心理现实性三个特点。有这些特点的结构单位,印欧语是词和句,而汉语是字。字与词的一个重要区别就是语音上的单音节和多音节,即字以一个音节去关联一个意义,而词中的音节与意义(不管是语素义还是词义)无联系。这反映不同语言社团语音感知单位、感知方式的差异,并由此形成感知单位、听觉单位和结构单位之间的相互关系的差异。这些差异给语言理论研究带来了深刻的影响,在语言与文字的关系上也表现出不同的特点,都需要语言学家做出切实的解释。汉字适合汉语的结构特点,形、音、义三位一体的"形"可以成为音义关系的研究的一根拐棍。共性隐含于特性之中,只有通过语言特点的研究才能通向语言的共性。

字需要"说",人们可能难以理解,但实际上现在已到了不得不"说"的时候,因为自我们提出字本位理论以后,除了一些表示支持和理解的(李瑞华,1996,XV、354、450;潘文国,1997,162—184)以外,已有不少误解,其中最重要的有两个方面:第一,把字与语素混为一谈,认为字本位实际上就是语素本位;第二,否认字这个概念的所指的模糊性或多义性,认为字仅仅是书写的单位,与语言的结构单位无关,因而提出"在文字发明以前,人们说话的结构单位是什么"的问题。这两方面的误解涉及一个根本的理论问题,即我们应该根据什么样的标准去确定一种语言的基本结构单位? 在特殊的语言现象背后是不是隐含有一般的结构原理? 所以,就这两个方面的误解展开一些讨论,说明语言基本结构单位的鉴别标准,分析特殊语言现象的研究与语言理论建设的关系,这是有普通语言学的理论意义的,并且对汉语研究如何摆脱"印欧语的眼光"的束缚也有重要的价值。

一 字与语素没有可比性,不能把它们混为一谈

语素是语言中有意义的最小结构单位,是词的构成成分,人们往往据此认为汉语的字就是语素。最早提出这个看法的好像是吕叔湘(1963,39-45),认为"汉字、音节、语素形成三位一体的'字'"。从我们今天的语言观来看,这个论断自然有可以挑剔之处,但在当时它无疑具有革命性的意义,因为人们都把字看成为一种书写单位,排除出语言研究的范围。吕先生的汉字、音节、语素三位一体的看法已明确地说明字有语言的性质,应以此为基础去研究汉语的结构,而词在汉语里"本来没有这样一种现成的东西","讲汉语语法也不一定非有'词'不可"。这些论断涉及汉语研究的方向,意义非同一般。但遗憾的是,当时和此后的一个很长时期,吕先生的论断都没有引起学者的注意,自然也不会有相应的研究。20世纪90年代,我们提出字本位的理论之后,有些学者认为字"大致上相当于语素"(李宇明,1997,20),字本位实质上就是一种语素本位。这种观点见之于文字的还不多,但日常与我交换意见的同志持此意见的却不少。为什么人们会把字混同于语素?可能是"最小",用语言中"有意义的最小结构单位"这一标准来衡量,它们都是"最小"。根据这种表面的相似性就把字看成为语素,这一方面可能是由于习惯的力量,因"印欧语的眼光"的影响而自觉或不自觉地用印欧语的语法理论来分析汉语,另一方面也是由于字本位理论的创导者和支持者还没有把二者的本质区别说清楚。关于字和语素的原则区别,徐通锵(1994b,8-9)曾从结构的线性和非线性、功能的单纯和复杂、字中可隐含若干个不同的词三个方面进行过分析,虽然涉及二者的差异,但还没有抓住问题的关键。关键是什么?应该是它们在系统中的不同地位和音义关联的差异。只有弄清楚这些关键问题,我们才有可能确定语言基本结构单位的鉴别标准,并进而据此弄清楚字与语素的原则区别。

语素这个概念产生于 20 世纪初叶,是布龙菲尔德 1926 年首先在《语言科学的一套基本原理》中提出来的,指的是"一个最小的形式就是一个语素(morpheme),它的意义就是义素(sememe)";"最小的"的实际含义是"一个最小的(minimum)x 就是并非全部用更小的 x 的 x 所组成的 x"。从此之后,语素就成为结构语言学的一个最重要的概念。为什么结构语言学如此看重语素?这扎根于它对语言系统的独特看法:语言的结构可以分为表达(expression)和内容(content)两个方面,语言学只研究表达的方面。语言的表达系统是一种线性结构,高层的结构单位由低层结构单位的线性组合构成。音位是表达系统的最基本的单位,数量有限,一种语言只有几十个音位,但整个表达系统就是以这些有限的单位为基础构成的。语素是表达系统的第二个基本单位,通常由一个或几个音位的组合构成;它是和内容系统相联系的一种表达系统的基本单位,"语言学家把音位和语素作为基本单位来研究就可以建立语言表达系统的完善理论……这通常称为描写语言学"(A. Gleason,1961,1—13)。这就是说,语素只是语言表达系统的一种结构单位,虽然它与内容系统有联系,但研究的时候不必涉及内容,以便有效地说明"语素由音位的组合构成"的原理和语言结构的二层性。这是结构语言学的方法论基础,如强调词,由于它不是"最小的",就无法用"组成"说来解释非"最小的"词如何由音位的组合构成的结构关系。"语素由音位的组合构成"的"组成"说是不能成立的,已有很多学者进行过批评(霍凯特,1961;帕默,1971,133),这里不赘。结构语言学为什么不研究内容?格里森列举了三点原因:第一,语言学家对语言两面性的真正意义认识太晚,因为表达系统的有成效的研究使语言学家比较关注语音的分析,而忽视内容的研究;第二,缺乏精确的、严格的方法;第三,内容系统太复杂,本质上是人类经验的全部总和,难以进行全面的研究。这里虽然已经感到不研究内容的遗憾,但结构语言学的线性结构理论无法解决表达与内容的相互关系问题。这是方法论的局限的一种具体表现。

语言是现实的编码体系,是人类最重要的交际工具,它的本质是一种非线性结构,线性只是其中的一种局部情况,因而适合用结构关联的概念来分析它的结构(徐通锵,1991)。着眼于线性,利用"最小"把字等同于语素,这是观察视角的一种误差。"字"的实质是非线性的,它着眼于音义的结合,是一种表达与内容相统一的结构单位。如果说得绝对一点,也可以说它是内容系统的结构单位,因为它有顽强的表义性,语义是它的核心。汉字和汉语的关系、汉语研究的传统、借字的意译化改造、变音(如儿化之类)的语义基础等等都可以清楚地说明这方面的问题。文字必须适应它所记录的语言的结构特点。独立形成的文字体系都与它所记录的语言的结构特点有密切的联系。汉字在它的发展中始终坚持它的表义的方向,没有通过假借而走上拼音化的道路,就是由于它适合汉语结构单位"字"的顽强表义性要求。汉语的研究传统俗称小学,以字的研究为基础,分文字、音韵、训诂,其核心就是语义。我国最早出现的四本语文学著作《尔雅》、《方言》、《说文解字》和《释名》就是从不同的侧面研究字的语义(杨树达,1941)。如果说,印欧语的研究传统主要是语法,亚里士多德的语法理论、特勒克斯(D. Thrax)的《希腊语语法》对后来的语言研究产生了巨大的影响,那么可以说汉语的研究传统主要是语义,我们从来没有离开过以字为基础的语义研究轨道。千百年来形成的研究传统是对语言结构性质的最好说明。借字的意译化改造是人们熟知的事实(徐通锵,1994b,3—4),这里不赘。儿化之类的变音也是以字的语义为基础的,只有那些语义上能具体地名物化、且能寄托语言社团某种感情色彩的字才能进行儿化之类的变音(如刀儿、玩儿、蔫儿等等),而不是以名词、动词、形容词的划分为根据。字就是字,它的核心是语义,是构成内容系统的基础,与语素不是一种性质的东西,相互没有可比性,不能给字戴上语素的帽子。

　　字与语素尽管都是各自语言里的一种结构单位,但在系统中的地位却有原则的差异。字是汉语的基本结构单位,但语素不是印欧语的基本结构单位。这就涉及确定基本结构单位的客观标准问题。语言非线性结构的基础是音义结合的统一体,它的各级结构单位都是音义结合的产物;音位只是语音层面的结构单位,不能与语言结构单位相提并论。结构语言学以"语素由音位的组合构成"的方法论为基础把语言看成为一种线性的二层结构,在理论上是说不通的。音义结合的结构单位在语言中有好几个,分属于不同的层级,像印欧语就有语素、词、词组、句子等。哪一个是"最基本"的?这不决定于线性组合的大小,而决定于音义结合的关联,看关联点选择在哪儿;只有成为音义关联点的结构单位才有资格成为一种语言的基本结构单位。语言是现实的编码体系,把现实转化为语言的"码"的最基本的思维单位是概念,所谓音义结合关联点的"义"应该是和概念相对应的语义,具有相对的独立性,即能单说,而且说出来人们就能知道它的所指。为行文方便,不妨直接称为概念。从传统语文学到洪堡特、索绪尔的语言理论,在这一点上从来没有发生过疑义。根据这一标准,音义结合的关联点,汉语是字,印欧语是词,因而它们是各自语言中的最基本的结构单位。这种结构单位具有如下的特点:一、现成的(吕叔湘,1963,45),拿来就能用;二、离散的,很容易和它相邻的结构单位区别开来;三、在语言社团中具有心理现实性,即使是文盲,也能知道一句话中有几个结构单位,例如说汉语的人知道一个句子有几个字,说印欧语的人知道一个句子有几个词。语素是印欧语的最小结构单位,但不是基本结构单位,因为它一不是"现成"的,需要语言学家去寻找,而且找起来很困难,成为印欧语研究的一个难点;二不是离散的,同一个语素在不同的词中的语音分界线不一定相同;三是在语言社团中没有心理现实性,没有受过专门训练的人是意识不到语素的存在的,更谈不上从句中找出语素来。现在一般讲语言基本结构单位的时候由于着眼于语言结构的线性性质,因而常常强调"最小",其实"最小"不一定是基本结构单位的最重要的特点,如语素,它虽然"最小",但不具备基本结构单位的三大特征。它是到 20 世纪初才被人们认识的,并被看成为语言的一种结构单位。这不是历史上各个时代的语言学家的无知或失误,而是语言结构单位的性质所使然。一种语言的基本结构单位的确定必须着眼于音义关联的基点和由此而形成的现成、离散、心理现实性三大特点,不然就无法对语言进行有效的研究。

前面的分析表明,字与语素是两种不同性质的语言现象,相互没有可比性,混淆二者的差异或张冠李戴必然会影响汉语研究的发展方向。

二 语音感知方式、感知单位的特殊性和字的特征

音义结合的关联点或音义关联的基点,这是一种语言的结构基础和枢纽;不同语言的关联基点的差异隐含着语言结构的原则区别。语言研究必须抓住这种音义关联的基点,抓住了它就等于抓住了控制结构全局的枢纽,就有可能把握住语言结构的脉络和正确的研究方向。印欧语研究历来都以词为基本结构单位,把它纳入封闭性的主谓结构框架进行研究,建立主语、谓语这些句法结构成分与名、动、形的词类划分的结构关联(徐通锵,1997,91—106)。这抓住了关键,因而取得了重大的成就,并对世界其他地区的语言研究产生了深远的影响。现在需要进一步讨论的是,不同语言的音义关联的基点为什么会不一样?它对语言结构有什么影响?我们从这种差异中能得到一些什么启示?要探究这些问题,就必然会涉及语言编码机制以及其他的一些深层次问题。

汉语体现音义关联基点的结构单位是字,它的特点是"1个字·1个音节·1个概念"的一一对应,就是一个音节可以包装一个概念。印欧语体现音义关联基点的结构单位是词,如果仿效汉语的结构格式,它的特点就是"1个词·n个音节·1个概念"。字和词都是各自语言的基本结构单位,因而比较这两个公式,唯一的差异就是音节的多少,即汉语和概念相联系的音节是1,而印欧语是n(n=1,2,3……)。这个简单的差异隐含着两个语言社团的语音感知方式、感知单位和两种语言的编码机制、结构模式等的一系列原则差别。这是引导我们深入观察语言结构奥秘的一个很好的向导。

汉语和概念相联系的语音形式是音节。它是一种非线性结构,是一个以"1"为特征的层级体系(徐通锵,1991,253;1997,127—134)。它一分为二,先分出声母和韵母;韵母再细分为头、腹、尾。韵母的细分是专家的研究成果,汉语社团的一般成员不会意识到这种微细的差异。这就是说,汉语社团能直接感知到的最小语音单位是声和韵,双声、叠韵的联绵字结构和汉语的诗歌押韵传统就是这种语音感知单位的最好

注释。声和韵,或者粗略地说声母和韵母(韵和韵母是两个不同的概念,这里不细究),用现代音素分析的语音学来看,是两个模糊的概念,因为其中能容纳几个音素有很大的弹性。韵或韵母中的音素可以是1,是2,是3,这是人们熟知的事实,不必重复;声母的位置也可以容纳几个不同的音素,上古的复辅音和汉藏系语言的前置辅音就是这种弹性或模糊性的具体表现。比较麻烦的还有一个介音。介音的特点是"介",它不属于声,也不属于韵,或者既属于声,又属于韵。传统反切的处理办法是声、韵两属,使上下字和谐地相切(赵元任,1940;李荣,1952),而根据现代音系学的响度顺序原则(石毓智,1995),它应归属于声。这就是说,汉语社团的语音感知方式是声、韵的对立二分,最小的语音感知单位是声母和韵母,不是音素;字音中的韵腹、韵尾与声母,或前置辅音与韵母,都不处于同一个层次上,说明它是一种非线性的结构,而不是音素的线性组合。这种声、韵二分的拼合机制所透视的最重要的信息就是"2"和"1"的矛盾运动,即"1"可以分为"2",而"2"也可以合为"1"。孤立地考察字音中的声母和韵母,人们难以捕捉这种矛盾运动的线索,如果联系汉语社团的两点论的思维方式(徐通锵,1997,38—52)、音义的相互转化机制、文字与语言的关系等来分析(参看后面的分析),就会发现这种矛盾运动具有系统的性质,是把握汉语结构的关键。这种声与韵的合二而一的拼合机制使汉语的音节具有很强的内聚力,而和语流中的其他相邻的音节则保持着很强的离散力,彼此界限分明。音节是汉语中一种自足的编码单位,一个音节就可以表达一个概念,编出一个"码",形成"1个字·1个音节·1个概念"这样一一对应的结构格局。

和汉语相反,印欧语体现音义关联点的词在语音上有 n 个音节,就是说,音节不是印欧语的自足的编码单位。印欧语的结构单位,语素、词、词组、句子,没有一个单位是和音节有强制性的对应关系的。如一个词有若干个音节,而语素呢,它的语音可以是一个音节,也可以不到一个音节,也可以是几个音节,总之,音节在印欧语的结构中没有如汉语音节那样的表义作用,而是一种与表义无关的纯粹的语音结构单位。青年语法学派和布龙菲尔德关于音变是一种纯语音过程的论断看来是有它的语言结构基础的依据的。为什么会形成这种差异？这是由于印欧语社团的语音感知方式、感知单位与汉语社团不一样。它的感知单位不是声和韵，而是音素；感知方式不是音节的声、韵对立二分，而是以元音为核心的音素的多分线性组合，依据出现的先后次序一个一个地拼读出来，每一个音素都占有和其他音素相同的发音时间。这种语音感知方式、感知单位给语音结构带来的明显影响就是：音节仅仅是一种语音结构单位，不是特定语言结构单位的语音形式，因而造成语流中的音节界限不清，甚至词与词之间的语音界限也可以消失。例如，a name 的读音与 an aim 相同。印欧语为什么需要研究音渡或音连(juncture)？原因也就在这里。和汉语的音节相比，它缺乏内聚力和离散性的特点，而外连的拼合能力却很强，只要前一音节的末尾是辅音，后一音节的开头是元音，就可以打破音节之间的界限，以这个元音为中心，使其前后的辅音凝聚在它的周围。如：a pear and an apple 读起来好像是 a pea(r)-ran-da-na-pple。为什么会形成这种特点？就是由于它不是表义的语音单位，语义对它没有强制性的制约作用。这是以音素为语音感知单位的语言的一种重要的语音特点。文字是记录语言的书写符号系统，必须适合它所记录的语言的结构特点。印欧系语言的拼音文字就是和音素这种感知单位相适应的书写符号系统，一个字母记录一个音素，然后把它们一个一个地拼起来，"拼"到能表达一个概念才算拼到了头，然后留出一个空格，再开始第二个词的拼写。索绪尔(1916,51)早就清楚地意识到这一点，认为表音文字体系的"目的是要把词中一连串连续的音模写出来"，并且强调"我们的研究将只限于表音体系，特别是只限于今天使用的以希腊字母为原始型的体系"，而不涉及汉字的表义体系。这清楚地表明，语音感知单位的差异和音义关联方式的不同使汉语和印欧语的语音组合方式呈现出各自不同的特点，"汉语中元、辅音本身不明显，最清晰的单位是音节。辅音和元音不是慢慢地拼合，而仿佛是一个共生的板块，一团一团地往外扔，与英语作比较，就更加明显：sway 与'岁'、why 与'外'、lie 与'来'等"(潘文国，1997,154)。这一观察是比较符合两种语言的实际状况的。

前面的分析说明，不同语言的音义关联点的差异扎根于语言社团的语音感知单位、感知方式的差异,并由此造成语言基本结构单位的差异。音节如与概念性意义具有强制性的一一对应关系,它就是表义的语音单位,具有自足的编码功能,由此而形成的语言基本结构单位的特点就是"1个结构单位·1个音节·1个概念"。汉语的字就是这种类型的结构单位的典型代表。字的特点是形、音、义三位一体,或者换一句话说,是最小的书写单位(方块汉字)、最小的听觉单位(音节)、最小的结构单位(字)三位一体①,如果说得更简洁一点,就是写、听、说三位一体。这是字的最重要的特点。印欧系语言由于音节与概念性意义没有强制性的对应关系,不是表义的语音单位,因而就没有这种三位一体的特点,而是三者相互分离:书写单位是字母,听觉单位是音节,基本结构单位是词。形、音、义三者关系的这种差异形成不同语言的音义关联点的差异,使一种语言的基本结构单位具有自己独特的特点,并给语言结构的差异、文字体系的差异和文字的发展方向带来了决定性的影响。汉字的表义体系不是"表义—意音—表音"文字发展三阶段的一个阶段,而是和表音一样,代表文字发展的一个方向(何丹,1996,1997)。它和印欧语文字的表音体系都各有自己语言结构的基础,各自适合语言的结构特点。

有人可能会就我们的"三位一体"说提出质疑,认为形、音、义三位一体指的是书写的方块汉字,不是语言的结构单位;语言的结构单位是不管"形"的,语言和文字在语言研究中应该严格地加以区别,不要受文字的干扰。我们在这里想说明两点。第一,字首先是说的,用书写形体写下来的方块字是第二性的,只是把口说的字书面化而已。比方说,要人家说话说得慢一点,只能说"请你一个字一个字慢慢说",绝不会是"你一个词一个词慢慢说"。这一点,无论是山村老妇,还是语言学的泰斗,都得这么说,概莫能外。这就是说,字是汉语社团中具有心理现实性的结构单位,是用来"说"的,在文字发明以前,汉语社团就是用字说话的。现在有点本末倒置,把写的字绝对化,认为字只是用来"看"的,

---

① 形音义三位一体性是字的重要性质,但论文此处表述略有不妥之处。字是这三个层面可以接换的最小单位,但并非单一层面的最小单位。——编者注。

与"说"无关。否！字的所指模糊,或者说,所指多义,"既可以指口说的音节,又可以指它的书写形体,还可以兼指二者"(赵元任,1975,241),《文心雕龙》的"夫人之立言,因字而生句"的"字"则是指音义结合的语言结构单位(吕叔湘,1963,40)。这种"模糊"或"多义"实际上就是从不同的角度去观察"三位一体"的字而形成的结论。徐通锵(1994a,1—3)曾就这个问题进行过专门的讨论,由于人们的习见太深,往往把字绝对化为一种书写形体,因而我们不得不在这里再强调一次。"三位一体"的字即使排除了"形",留下来的音与义和口说的字是一致的,音义二位一体。这里的具体问题我们后面再讨论。第二,语言研究应该充分利用文字所提供的线索,不要把二者对立起来。自结构语言学诞生以来,普遍流行着一种说法,认为语言学的研究对象是口语,任务是描写,应该排除文字的干扰。这种说法虽有其合理的一面,但在实践中把它绝对化了,甚至陷入了自欺欺人的境地。谁都知道,在有文字的社会中,没有一种语言研究是不利用文字所提供的线索的,因为文字(特别是那些独立形成的文字体系)需要适应它所记录的语言的结构特点。没有文字的社会是不会有这种"学"那种"学"的,其中自然包括语言学;如果说有语言学,那也是有文字的社会的学者们建立起来的,美国描写语言学对印第安语的研究和中国学者对某些无文字的少数民族语言的研究就是这方面的例证。我们现在所知道的语言研究,无论是希腊—罗马或印度的语法研究,还是中国传统的小学,都是根据文字提供的线索对书面语进行详尽研究的结果。现代的结构语言学虽然标榜口语的描写,但除了那些无文字的印第安语的研究以外,排除文字干扰的语言研究实际上也只是一种假象,因为语言学家都在自觉或不自觉地利用文字所提供的线索,即使是音渡或音连(juncture),也得比较诸如 a name 和 an aim 之类现象的异同才能进行相应的研究。现代计算机科学的发展也为语言与文字的紧密联系提供了新的证据,没有文字的科学处理,人类无法一步登天,直接进入人机对话的时代。语言研究应该充分利用文字所提供的线索。

　　语言社团语音感知方式、感知单位的差异给语言结构会带来如此重大的影响,这是一个值得深思的问题。现在可以追问:汉语社团和印欧语社团为什么会选择不同的语音感知单位？音义结合的关联点为什么会呈现出如此重大的差异？音节在两种语言的音系结构中的地位为什么有那么大的区别？回答是：汉语和印欧语的基础性编码机制有异，即汉语是以理据性为基础，而印欧语是约定性。情况大致是：音节如果与概念形成一对一的对应关系，是表义的语音单位，语言的基础性编码机制以理据性为准，反之，就以约定性为基础。汉语和印欧语就是这两种编码机制的典型代表[①]。自索绪尔创导语言符号的任意性学说以来，语言基本结构单位的音义关系已有既定的模式，都认为是任意性或约定性；理据性或可论证性只是以此为基础而派生出来的第二性现象。在汉语的研究中人们还捧出我们的老祖宗荀子的"约定俗成"说，认为我们早于索绪尔两千多年就已有语言符号的约定性理论。这些都把复杂的问题简单化了。徐通锵(1997,28—38,265—294)曾从语言与文字的关系、汉语独特的研究传统、"约定俗成"说在荀子正名说中的地位和实际含义以及汉语字族的结构等方面进行过具体的讨论，这里不赘，只想就理据性问题再说几句。理据，一般都认为是概念得名的理由，讨论语言基本结构单位的音义可论证性联系，这自然不错，但理解似乎偏于狭窄。其实，理据的实质是语言与现实的关系，讲语言如何接受现实规则的投射而形成自己的规则。这就是说，理据是语言规则的语义基础，研究规则的成因，任何语言的研究都在研究它自己特有的理据。一种语言的基础性理据在哪一个层次，哪一个层次就会成为该语言的研究重点。汉语基础性编码的理据存在于字(符号)中，因而字就成为汉语传统研究的重点，形成文字、音韵和训诂三大部门，分别研究三位一体的字的形、音、义三个方面。印欧系语言的基础性编码理据表现为符号和符号的组合，即语素与语素的组合、词与词的组合之类，因而构词法和造句法就成为研究的重点。两种语言为什么会形成各自不同的研究传统？就是由于基础性的理据存在于不同的层次，汉语是符号(字)，而

---

① 这里把"约定性"与"理据性"作为相互对立的概念提出，这一提法此后有修正。在《编码的理据性和汉语语义语法形态的历史演变》(2004)中，徐先生对二者的相互关系重新说明，认为二者是辩证统一的，约定的可以无理据，也可以是有理据的。——编者注。

印欧语是符号的组合,而这种差异的成因则可以追溯到不同语言社团的语音感知方式、感知单位的差异和音义关联点的差异。"失之毫厘,谬以千里",语音感知方式、感知单位的初始的"失之毫厘"的小差异必然会导致不同语言结构的"谬以千里"的大区别。

三 音、义的相互转化和字的生成机制

不同语言社团的语音感知方式、感知单位的差异和语言的音义关联点的差异,必然会给结构单位的生成机制带来重大的影响。这里所谓的"生成机制"就是现在一般语法书所说的构成新词的方法,即构词法。汉语构词法的研究大体上都是根据印欧语语法理论的模型建立起来的,并不适用于汉语的结构。为什么?印欧语的构词法是一种线性的构词方法,讲如何以词根为基础加上前、后缀而构成新词以及词干如何加词尾而使一个词发生不同的形态变化。这是由其特定的音义关联方式和编码机制决定的构词与变词的方法,不讲音、义之间的关系,音节在这种构词法中没有任何地位。汉语没有词(吕叔湘,1963,45;赵元任,1975,246),它的基本结构单位或"中心主题"是字,是一个音节表达一个意义,是一种非线性结构,很难以线性的原则为基础进行相关的分析。因此,要想弄清楚字的性质和特点,我们还需要根据它本身的固有特点,即音、义的关系来研究它的生成机制、运转机制以及它的演化轨迹。

前面说字是形、音、义三位一体的单位,这个说法不错,但显然过于笼统,难以说明它的生成机制和运转原理。"三位一体"中的"形"属于书写的范畴,只能作为辅助的标准,重点应该研究音与义的关系,因为它们都是纯语言的问题,音、义一体,相互间有理据性联系。所以,字的生成机制和运转原理的实质就是要弄清楚字中音、义的关系以及它与语言基本结构单位的形成、演化的关系。它在语言结构中的地位相当于印欧语的构词法,不过它是一种非线性的结构,无法用印欧语构词法的线性原则来分析,而应该联系语言社团的思维方式的特点对音、义的关系进行非线性结构的分析。自然,我们这里限于篇幅,无法就这种机

制和运转原理展开全面讨论,但可以清理出一个简单的线索。这种线索大体上可以通过以下的几个阶段或时期来认识:

(一) 音、义一体时期,它的文字表现形式大体上就是以象形、指事、会意等为特点书写形式,体现语言社团对字的理据性的认识;

(二) 音、义相互转化的时期,它的文字表现形式就是形声字。这是承前启后的一个关键时期,既坚持字的理据性,又为非线性理据性向线性理据性的转移开辟前进的道路;

(三) 由于理据性向线性的方向转移,从而形成不同类型的字组,使汉语基本结构单位的生成和运转进入一个新的时期。

文字的产生比较晚,但这种土生土长的文字体系完全适合它所记录的语言结构的特点,因而可以利用文字发展的线索推断语言的某些生成机制,从文字看语言。上述几个时期的划分就是参照文字的发展做出的。不过这只是一个大致的划分,以便认识每一时期的理据性问题的主要特征。音、义一体时期,理据性的重要特征是字中音与义之间存在着可论证性的关系,是汉语社团根据临摹性原则(iconicity)直接接受现实规则的投射,因而可以说出概念得名的因由。《释名》的目的就是要说明字中音、义的理据性联系,但是由于语言的发展,音与义都发生了重大的变化,就一个个单字来说,《释名》已无法实现它想"论叙指归""百姓日称而不知其所以之意"的音义理据性联系的目标,因而一些解释陷入主观,以致后人对它的批评多于褒扬。但这不能成为否定字的理据性的根据,因为汉语与汉字的关系和汉语特有的研究传统,如果离开这种理据性,我们就得不到合理的解释(徐通锵,1997,28—38)。联绵字是汉语早期编码机制中的一种重要现象,是音、义一体的活化石,因为"夫双声、叠韵之字,其义即存乎声,求诸其声则得,求诸其文则惑矣"(王念孙《广雅疏证》卷六上"犹豫"条)。语言是一种组织严密的体系,基础性的编码机制是统一的,联绵字"其义即存乎声"的编码机制可以成为音、义一体的字的理据性的一个有说服力的注释。至于联绵字为什么是两个音节,形成"2个字·2个音节·1个概念"的结构,和字的单音节结构有异? 那是由于联绵字的主要任务是摹声和摹形,声和形不像日、月、人这些现象那样,有具体的物可以作为摹写的凭据,因而只能增加一个音节,使其尽可能与所摹写的对象一致,所以王力(1944,384—392)干脆称它们为拟声法和绘景法。各种迹象显示,字的生成机制就在于它的理据性,基本上是一个音节表达一个意义,编成一个"码",联绵字的结构只是这种基本结构方式的一种变体。这里还要附带说一句,就是理据的表现形式要受制于语言系统的结构,不同的语言即使是面对由相同现实而形成的理据,它们也会有不同的表现形式。这只要比较一下不同语言的拟声词的结构,就不难得出相应的结论,例如英语的拟声词是决不会"拟"出汉语那样的联绵字的结构的。人们不必为承认语言编码的理据性而担心会否定语言结构的多样性和丰富性,因为不同语言社团的不同的语音感知方式、感知单位和不同语言的不同音义关联方式不允许出现类同的语言结构。

根据临摹性原则,音、义一体,生成有理据性的字,这种编码方式自然有其严重的局限性,因为现实中有很多现象比较"虚",难以找到临摹的标杆;如果死守这一原则,语言中字的数量就会受到限制,无法满足日益增长的交际需要。借助于转注和假借,从义和音两个角度扩大一个字的运用范围,但仍有其局限。转注是"一字具数字之用",会"愈转而愈远"(朱骏声《说文通训定声》),相当于现在一般所说的多义字;"转"虽然仍旧维持着音与义之间的理据性或可论证性联系,但其范围终究会受到本义的限制,不能无限制地转下去。假借的方法论基础是音义结合的任意性或约定性,与汉语社团的理据性编码原则矛盾。它可以因交际的需要而使用一个时期,但无法改变和代替汉语社团的理据性编码机制,因而最终被放弃,改用形声字,重新走上理据性的道路。由于形声的体系适合汉语理据性的结构特点,因而它一经形成就获得了强大的生命力,一直沿用到现在。形声字所透视的汉语最重要的生成机制和运转机制就是声与义在一定条件下的相互转化,即"声"由义转,"义"由声生,以"声"为核心,形成汉语的一种特殊的向心性字族;字族中每一个字声义一体,维持字的理据性。这种转化的机制是汉语社团两点论的思维方式在字的生成和运转中的具体体现(徐通锵,1997,38—52,265—294)。

以"声"为核心的一族字,声同义近或声近义通,写出来每个字不一样,但说或听起来相互间并没有多少差别,好像是同一个字。例如"吕"声的字族,据杨树达(1934,44-45)的系联研究,有如下几个字:脊骨谓之吕、伴谓之侣、二十五家相群侣谓之闾、军五百人谓之旅、屋楣谓之梠、缝衣使相连谓之绺、禾四秉谓之筥、木之叶密布者谓之榈、屋上枅谓之栌,除旅、栌二字暂不考虑外,其他几个字都是"吕"声,如不管"形",听起来就是一个字。语言是说和听的,原来形、音、义三位一体或说、听、写三位一体的字在这时候出现了一些矛盾,过多的同音字势必会干扰交际的顺利进行。语言是一种自组织系统,会对这种矛盾做出自发的调整。调整的办法就是增加字的长度,找一个意义相关的字与之组合,使之成为双音字,例如律吕、伴侣、情侣、僧侣、尾闾、闾里、闾巷、棕榈等,或者另造字组,如缝衣代替不常用的绺,这样就可以使原来音同、音近而书写有异的字区别开来。这一调整对汉语的发展产生了重大的影响,使"1个字·1个音节·1个概念"的基本结构格局受到了严重的冲击,形成大量"2个字·2个音节·1个概念"的结构单位。语言的结构格局是很稳固的,它可以改变它的表现形态,但很难改变它的结构原理。随着双音字的大量产生,音、义之间的关系也就出现了新的表现形式,这就是以字义为核心而产生诸如儿化之类的一分为二和合二而一的变音(徐通锵,1997,400-410)。其次,字的理据性也增加了一种新的表现形式,出现了字义线性组合的理据。这种理据的新形式是以字的非线性理据为基础的,是声、义一体经过声、义相互转化而形成的,因而不能破坏字的"三位一体"的理据性原则,不能因字的"声同"而写成同一个字,或用其他同音字代替。"别字"的概念可能就是因字的理据性表达的需要而产生的。西方语言只有错字,没有别字;别字是汉语的特产,是字的理据性的一种很好的注释,或者说,是从书写上杜绝音义结合任意性的孳生道路。别字的概念始自两汉,是和形声字体系的完善、双音字的产生和发展相呼应的。所以,为克服说、听、写三位一体的一些矛盾而发展起来的双音化过程是汉语发展中的基本结构单位的一次重大的自我调整,使字义线性结构的原则在基本结构单位构成中的比重中渐次增加。

调整结构格局的办法不是从天上掉下来的,而是汉语的结构本来就具备这种调整的机制,这就是联绵字的结构。如前所述,联绵字的结构是"2个字·2个音节·1个概念",在编码体系中处于次要的地位,是基本结构格局"1个字·1个音节·1个概念"的一种变体。联绵字的单个音节不承担意义的表达,只有两个字联成一个整体才能表达一个概念。这种和一个概念相联系的双音节结构为汉语基本结构单位构造原则的调整准备好了结构框架,办法就是用实义字代入联绵字中无意义的字音,使之成为交际所需要的一个结构单位。所以,双音字在其产生之初往往带有联绵字的痕迹,会受到双声、叠韵的限制,而后语音的限制逐渐放松,只要意义上有联系,就可以组合起来构成双音字,使汉语在非线性的音义结合的理据性基础上又逐步向线性组合的理据性转移(徐通锵,1997,348—361)。结构原则的变体在语言发展中的这种重要的作用是语言自组织系统的结构原理富有弹性的一种表现,它可以为适应日益增长的交际需要而变动常体、变体在系统中的地位,使之灵活有效。不同的语言在发展中都有这一类灵活变动的调整。英语动词过去时的表现形式是在动词词干的后面加-ed,而 take~took 之类的现在时和过去时的转换形式则是一种例外。但在古英语中情况正好相反,take~took 之类的 ablaut(元音变换)是时的变化的主要规则,而加-ed 则是次要的例外形式。语言会根据交际的需要而灵活调整各种表达手段在结构中的地位和比重,英语过去时表达形式的演变和汉语联绵字的"2个字·2个音节·1个概念"的结构格式成为基本结构单位向双音化过渡的桥梁,就是这方面的两种重要的例证。

  双音字组(辞)是汉语基本结构单位的一种新形式,它的构造原则是什么样的,传统的汉语研究从来没有碰到过这方面的问题。如何分析,人们就教于印欧语的语法理论,因而就仿效动宾结构、主谓结构等格式来分析双音字的构造原则,结果把汉语统一的语言事实弄得支离破碎,人们难以得其要领。此路为什么走不通?主要是汉语结构单位的生成机制与印欧语有别,应该根据自己的特点进行向心、离心的分析,整理出统一的结构规律(徐通锵,1997,362—390)。

四 字的研究和语言理论建设

我们前面从音义关联、语言社团的语音感知方式和感知单位、结构单位的生成机制等方面讨论语言基本结构单位的特点,强调字的结构的特殊性,说明不能用印欧语的语法理论来套汉语的结构,也不能用印欧语的语法单位代替汉语的结构单位来研究汉语。人们可能会就此提出问题:像你这样来研究语言现象的特殊性,那还有没有可能建立人类语言的一般的、普遍适用的理论?回答自然是肯定的,因为在特殊现象的背后隐含有一般的、普遍的特征,只是需要人们去挖掘,去转化,揭示出隐含于特殊现象背后的规律,阐释它的理论价值。这方面最有说服力的一个例证就是汉语音节结构规则所隐含的普遍理论意义。汉语的一个音节可分声、韵、调三部分,我们已讲了一千多年;声调是控制整个音节的一种超音段特征,在我们的语言学著作中也已讲了几十年,但都局限于就汉语论汉语,没有进一步揭示隐含于它背后的普遍理论价值。美国语言学家在这方面比我们强,在汉语音节结构规则中发现了它所具有的普遍理论意义,创立了韵律单位层级说,促成了非线性音系学、生成音系学的发展。据生成音系学的初始人 M. Halle 告知,他们在各种语言的韵律规则的研究中都发现了辅音在音节首和音节尾的功能不同,因而发现汉语音韵学的音节结构层次说原来是一种普遍的结构模式,其惊人的解释力令许多音系学家震惊(王洪君,1994,310)。这一事实的含义是明确的,就是不同语言的语音感知方式、感知单位可以不一样,但相互之间存在着某种转换的机制,例如印欧语的音素多分线性组合的感知方式可以转化和改造为二分的结构模式进行分析;声调和重音虽有原则的区别,但都可以从非线性层级结构的角度来分析它们与音段的结构关联。这种"转化"就是语言理论建设,不然无法在两种不同结构类型的语言之间建立起语言共性的联系桥梁。所以,要赶上国外语言学的理论水平,我们认为主要不是去追赶人家不断翻新的理论形态,用某一种理论或方法来解释汉语,而是要改进我们的思维方法,从特殊语言现象的研究中去挖掘隐含于它背后的规律,认识它的普遍理论价值。

　　特殊性和普遍性是一对对立统一的范畴，没有特殊性也就谈不上普遍性。语言的研究应该立足于特殊性，设法从个性中探索共性的规律。词是一种特殊的语言现象，是从印欧语的研究中总结出来的，但它隐含有语言基本结构单位的普遍特征，这就是前面谈到过的现成性、离散性和在语言社团中的心理现实性，人们可以以此为基础研究语言线性结构的普遍规律，并为语言非线性结构的研究奠定必要的基础。印欧语研究的成就已为此作了很有说服力的注释。字是汉语的结构单位，具有特殊性，但它同样隐含有语言的共性规律，具有语言基本结构单位的现成性、离散性和心理现实性三大特点。除此之外，我们还可以以此为基础去窥探语言非线性结构的奥秘，具体地说，我们至少可以从中得到三方面的启示：一、语言系统的非线性结构的性质；二、语义在语言系统中的核心地位；三、语义是语句生成的基础。我们如果能在这些方面找出语言的共性结构规律，就能对语言理论建设做出重要的贡献。印欧系语言，由于其语言社团的语音感知方式、感知单位和音义关联点的特殊性，它的基础性的编码机制取约定性或任意性原则，因而它的研究偏重于通过符号的组合来弄清楚语言的线性结构，整理出以"主语－谓语"结构为纲的词法和句法。语言的线性结构是表层的，固守线性结构的原则就很难弄清楚音义关联的原则和语法与语义的关系，迈进语言非线性结构的大门。结构语言学无法解释语言各结构层次之间的关系、转换－生成学派诞生以后理论上的激烈震荡等都与此有密切的关系。印欧语的研究现在已开始探索语言的非线性结构的性质，美国菲尔墨的格语法、雷可夫的生成语义学、切夫的语法理论和英国韩礼德的系统功能语法等都已在这条途径上迈出了重要的一步。但是，印欧语的研究由于线性的语法结构的干扰，至今也还没有找到解决语法与语义的关系的钥匙，难以进窥语言非线性结构的奥秘。语言非线性结构的实质是与理据性相联系的音与义的关系以及以此为基础的语义结构。汉语的字是体现这种结构性质的结构单位，传统的汉语研究也为我们积累了丰富的经验，是研究语言非线性结构的理想的向导。我们前面讨论的是字的特殊性，但始终是围绕着以语义为核心的非线性结构展开的,想从中探索一些带有普遍理论价值的规律;生成的问题涉及整个语言结构,无法全面展开,只能就本文涉及的范围作一些必要的说明。根据我们的观察,语言的非线性结构的性质、语义核心和语言的生成机制是语言学当前需要攻克的堡垒,研究的重心已明显地向着这些方面倾斜。印欧语研究要解决这些问题的难度比汉语大,因为它需要克服以主谓结构为框架的表层语法规则的干扰。汉语对这些问题的解决有其自己得天独厚的优越条件,因为字的性质已为此奠定了坚实的基础。我们能不能以字的研究为基础总结出有普遍价值的理论,那就得看我们自己的能耐了。

现在有两种思维方法阻碍我们的语言理论研究。一种是就事论事,没有在"论事"的基础上进一步讨论在"事"的背后的规律。前述关于声、韵母的分析就是这方面的一个典型例子。另一种就是所谓"印欧语的眼光",用印欧语的理论来套汉语的结构,虽然由于语言的普遍特征,也可以在一定范围内解释汉语的现象,但总的说是削足适履,无法有效地解释汉语的一些特殊类型的结构。这两种思维方法是殊途同归,都看不到汉语结构的特殊性和隐蔽于特殊语言现象背后的普遍理论规律。就当前的研究来说,"印欧语的眼光"影响更大,因为人们自觉不自觉地把印欧语的理论看成为我们语言研究的金科玉律,不敢逾越它的雷池。本文就字的特征进行理论探索,目的是想逾越这种雷池,摸索改进语言理论研究的思维方法的途径,从汉语特殊现象的分析中揭示隐含于它背后的规律。

引用书目

布龙菲尔德,1926,《语言科学的一套基本原理》,译文见《语言学资料》1961年第5-6期。

何　丹,1996,《人类文字演变阶段和演变规律新论》,《浙江大学学报》第2期。

何　丹,1997,《人类文字第一成熟期述要》,《浙江大学学报》第2期。

霍凯特,1961,《语言的各种单位及其关系》,译文见《语言学资料》1964年第1期。

李　荣,1952,《切韵音系》,中国科学院出版。

李瑞华,1996,《英汉语言文化对比研究》,上海外语教育出版社。

李宇明,1997,《汉语语法"本位"论评》,《世界汉语教学》第1期。

吕叔湘,1963,《语文常谈》,三联书店,1980年重印。

帕　默,1971,《语法》,上海译文出版社。

潘文国,1997,《汉英语对比纲要》,北京语言文化大学出版社。

石毓智,1995,《论汉语的大音节结构》,《中国语文》第3期。

索绪尔,1916,《普通语言学教程》,商务印书馆,1985。

王洪君,1994,《汉语的特点和语言的普遍性》,《缀玉二集》,北京大学出版社。

王　力,1944,《中国语法理论》,《王力文集》第1卷,山东教育出版社,1984。

徐通锵,1991,《语义句法刍议》,《徐通锵自选集》,河南教育出版社,1993。

徐通锵,1994a,《"字"和汉语的句法结构》,《世界汉语教学》第2期。

徐通锵,1994b,《"字"和汉语研究的方法论》,《世界汉语教学》第3期。

徐通锵,1997,《语言论——语义型语言的结构原理和研究方法》,东北师范大学出版社。

杨树达,1934,《形声字声中有义略证》,《积微居小学金石论丛》,中华书局,1983。

杨树达,1941,《论小学书流别》,《积微居小学述林》,中国科学院,1954。

赵元任,1940,Distinction within Ancient Chinese,《哈佛燕京学报》(*HJAS*)第5卷第2期。

赵元任,1975,《汉语词的概念及其结构和节奏》,《中国现代语言学的开拓和发展——赵元任语言学论文选》,清华大学出版社,1992。

Gleason, H. A., 1961, *An Introduction to Descriptive Linguistics*, New York.

（原载于《语文研究》1998年第3期,原篇名为《说"字"——附论语言基本结构单位的鉴别标准、基本特征和它与语言理论建设的关系》,收入《汉语研究方法论初探》时,副标题有改动,今从改动后篇名）

编码的理据性和汉语语义语法形态的历史演变
——附论语言结构异同的比较研究与语言理论建设

【提要】 每一种语言都有自己的语法,不能以某一种语言的语法形态作为语法共性的标志,并以此为标准去衡量其他语言的语法的有无和短长。语法学是对语言基本结构单位的构造规则的研究。字是汉语的基本结构单位,重理据,形、音、义三位一体,这就使汉语有可能通过"形"去研究字的构造规则。汉语自古以来就有与字的构造规则相联系的语法,它重语义,形成汉语的语义语法。它扎根于编码的理据性,并因理据载体的变化而发生过几次重大的转型。以语义为基础的汉语研究传统"重文轻语",与印欧语的"重语轻文"的传统形成鲜明的对照。

一般都认为,汉语在《马氏文通》以前没有语法研究。持此说的根据是印欧系语言的语法理论,认为语言的基本结构单位是词,语法就是组词造句的规则;讲语法就得讲词的分类,最重要的是需要将实词分为名、动、形、副几类;就得讲"主语—谓语"结构以及词类与句子结构成分之间的对应关系,而且自觉不自觉地将这种语法理论看成为语法共性的标志,并以此来衡量其他语言的语法结构的有无和短长,从而得出汉语的研究传统无语法的结论。笔者本人以往也是持此观点的,现在发现这实在是一种谬识。追溯这种谬识的成因,恐怕与对语法性质的认识有关。不同语言的语法各有自己的特点,语法的共性是通过不同语言的特性表现出来的。任何语言的语法结构,包括印欧语的语法结构,都不可能成为语法共性的标志,因为共性不会浮现在表面,而需要通过分析研究之后才能挖掘出隐含于特性背后的语言共同结构原理。语言学家面对的都是特殊的语法结构,生成语义学派的创始人乔治·雷可夫(George Lakoff)在回答叶蜚声(1982,8—9)的相关提问时说:"现有的理论大多来自西方语言""爪哇语里最重要的是敬语系统。这是语法的主要部分,当地语言学家研究的,主要就是这个。可是从西方的观点看来,爪哇语没有语法。"说汉语的传统研究没有语法,也导源于这种观点,不同的只是说这种话的人是中国人自己。汉语有自己的语法,不过不是印欧语类型的那种语形语法,而是语义语法。

"语义语法"这个概念与"语形语法"相对。两种不同类型的语法各与特定的思维方式相联系。语形语法与推理式的思维方式相联系,而语义语法与直觉性思维方式或隐喻性的两点论思维方式相联系,因而语义句法或语义语法是一种理论体系,不是在现行的理论体系上用一两个语义概念就能成为语义语法的。语义语法与思维方式的联系,请参看徐通锵(2004),本文是该文的姊妹篇,重点讨论汉语语义语法的表现形态、发展历程等问题。两种语法的形态迥异,但其中隐含有共性,就是它们讨论的都是各自语言里基本结构单位的构造规则;"语法是组词造句的规则"的定义只是这种共性结构原理的一种特殊的表现形态。为突出这种共性结构原理,我们认为有必要重新定义"语法"。

一 语法:理据载体组合为语言基本结构单位的规则

这个标题就是我们对语法的定义。为什么提出这么一个概念?这与语言的性质有关。语言是现实的编码体系,它的结构规则,归根结底,都是现实规则的这样那样的投射或临摹(iconicity),而其中最基本的就是与编码的理据性有关的规则。我们就从这里入手讨论这个定义和与此相关的问题。

关于编码的理据性问题,拙著《语言论》曾以此为基础讨论语形语法和语义语法的分野,但有些问题的认识现在需要做一些修正。这主要是编码的理据性和约定性(或任意性)的相互关系问题。自索绪尔以来,它们在学界的认识中已成为两个互不相容的对立概念,而这种"对立"已成为人们的基本"常识"。我们现在发现这种"常识"有误,因为理据性和约定性是辩证统一的,并不对立。理据性讲的是语言符号的定名根据,人们可以对符号的音义关系进行解释和论证,而约定性讲的是音义联系由社会约定俗成,无法论证其成因。这种对立的解释把原本统一的东西割裂开来了。谁都知道,每一种现实现象都是立体的,具有多种多样的特征,其中的每一种特征都有可能成为命名的理据;即使是同一种特征,也可以从不同的角度去观察,使之突出不同的状态。对于同一类现象,选取哪一种特征、哪一个角度去观察,使之成为命名的理据,不同的语言社团由于社会条件、生活环境、观察角度等等的不同,相互间必然会呈现出差异;即使是同一语言社团在观察同类事物中的不同现象时,也会用不同的标准摄取不同的特征。汉语是以理据为基础性编码原则的语言,这方面可以为我们提供丰富的例证。这里不妨先引述一段有代表性的言论,以见一斑。刘师培在《字义起于字音说》(上)中指出:"古人观察事物,以义象区,不以质体别,复援义象制名,古数物义象相同,命名亦同。及本语言制文字,即以名物之音为字音,古义象既同,所从之声亦同;所从之声既同,在偏旁未益以前,仅为一字,即假所从得之声之字以为用。"他依据这一总原则,对《尔雅》的"虫名"做了"今释":

> 顾一物必有一物之名,而名各有义。试即《尔雅·释虫》一篇言之,其命名之义约有十二例。如蟋蟀、螟蛉、蝼蛄,此以自鸣之声呼之者也。蛞蝓、蚱蜢、蚨蜴、诸虑、蚥蠖、蒺藜、虹蛏、蜘蛛、蟒蟠、果蠃,此以形状得名者也。寒蝉之属,此以所生之时名之者也。啮桑、守瓜、负版,此以所具之能名之者也。草蚤、土蚤、土蜂、木蜂、桑虫,此以所生之地别之者也。蜻蜓、蠸舆、文白鱼,此以颜色别之也。毛蠹、长踦,此以形体别之者也。王蚁、茅蜩、马蜩、大蚁、蠛蠓,此以种类大小别之者也。有以音近名者,如蛾罗、强蚚是。有以切语名者,如莫貈即蜴是。有以合音名者,如啮桑即蠰是。有以相似之物而同名者,如渠略即蛞蜣是。以上诸例,岂惟虫类惟然哉?凡万物名字奇异,皆可以诸类求之。

西学东渐,提倡符号的任意性说;新中国成立后"一边倒"学习苏联语言学,批判语言起源的摹声说,遂使这一类音义关系理据性的研究日渐淡化,直至消失,因而有相当长的一段时间放弃了汉语语源的研究。进入

20世纪的八九十年代,随着学术空气的改善,人们又重新研究符号的理据性问题,有代表性的论著就有严学宭(1979)、董为光(1997)、宋金兰(2001)和李海霞(2001)。宋金兰以语言年代学的 100 核心字为基础(个别作了一点调整),逐个考察字的理据,结合隐喻取象的途径,得出了理据形成的"近取诸身"和"多取诸鼻"的两条总原则。李海霞的观察角度与宋别,用"名素"("构成动物名的最小取象单位")的概念去考察"命名取象选择规律"。她共得名素 1482 个,其中头 5 种名素(形体、纹色、性态、动作、绘声)占四类主要动物(哺乳、鸟、鱼、昆虫)的命名理据的 86.4%。人们只要比较一下事物得名的理据,就不难发现:同一类现实现象究竟要从哪一个视角、哪一种标准去摄取符号得名的理据,并没有一个统一的标准,有的据声,有的取形,有的凭色……,而某一种现象究竟选取哪一种特征作为命名的理据,则完全由社会约定。这就形成理据性和约定性的辩证统一:现实现象的多种多样的特征为语言社团的理据选择提供了客观的根据,而选择哪一种特征作为命名编码的理据则由语言社团约定俗成;这就是说,以现实现象的特征为基础而形成的理据可以成为符号约定性的基础,人们从多种可能的理据中约定、选择一种进行命名编码。约定性是符号理据性得以实现的条件和表现形式,因而承认语言编码的理据性,并不否定符号的音义关系的约定性;任何语言的语言符号的音义关系都是约定的,区别只在于是有理据的约定还是无理据的约定。将理据性和约定性对立起来,用约定性否定理据性,这就自觉或不自觉地降低了语言学家的责任,放弃了理据性的研究;而对于像汉语这样的语言的研究来说,无疑是放弃了语源研究的基础。

汉语是以理据性为基础性编码原则的语言,印欧语呢? 早期的研究也有有无理据的争论,但后来多取无理据的说法。近、现代的语言学家,如叶斯伯森(1921)、雷可夫(据叶蜚声,1982)等虽然都曾论及语音的象征作用,揭示音义之间的理据性联系,但多属例证,缺乏系统性,而就学界的一般看法而言,都认为印欧语的语言符号的音义关系是无理据的。根据我们的鉴别标准,印欧系语言的基础性编码机制毫无疑问是无理据的,音义关系由社会约定俗成。汉语与印欧系语言的这种差异和语音感知单位、感知方式及其相互关系有关。

　　语言是现实的编码体系,是一种音义结合的结构。立足于语言基本结构单位去分析音义之间的关系,人们不难发现汉语和印欧语这两个语言社团的语音感知单位、感知方式以及感知单位、听觉单位、结构单位之间的相互关系都有重大的差异。汉语社团能直接感知到的最小语音单位是声和韵,双声、叠韵的联绵字结构、反切上下字的区分和汉语的诗歌押韵传统就是这种语音感知单位的最好注释。声和韵,用现代音素分析的语音学来看,是两个模糊的概念,因为其中能容纳几个音素有很大的弹性。韵中的音素可以是几个,后来人们将它们称之为韵腹和韵尾;声母的位置也可以容纳几个不同的音素,上古的复辅音和汉藏系语言的前置辅音、基本辅音、后置辅音之分就是这种弹性或模糊性的具体表现;介音介于声和韵之间,不属于声,也不属于韵,或者既属于声,又属于韵。传统反切的处理办法是声、韵两属,使上下字和谐地相切(赵元任,1940;李荣,1952),而根据现代音系学的响度顺序原则,它应归属于声。为行文的方便,这里不纠缠于介音的归属,将声母、韵母简称为声、韵,而用音类这个概念统称这种声和韵。这就是说,汉语社团最小的语音感知单位是音类,即声和韵,不是音素,而语音感知方式是声、韵的对立二分。声与韵的拼合组成一个音节,是人们的一个听觉单位;一个音节表达一个概念,组成汉语的一个符号,生成汉语的基本结构单位:字;就是说,字是一个音节关联着一个概念的结构单位,如用形体表达,那写出来就是一个汉字。所以,字是形、音、义三位一体的结构单位,或者说,汉语的听觉单位、书写单位和结构单位三位一体,始终突出音节的音义关联的性质;由于这种关联,汉语的音节结构也就具有很强的内聚力,而和语流中的其他相邻的音节则保持着很强的离散力,彼此界限分明。音节是汉语中一种自足的表义单位。印欧语的词的音义关系与此不同,一个词表达一个概念,这一点与汉语的字相同,但它有几个音节却是不定的;就是说,音节虽然是听觉单位,但不是表义单位,是一种与表义无关的纯粹的语音结构单位。为什么会形成这种差异? 这是由于印欧语社团的语音感知单位、感知方式与汉语社团不一样。它的感知单位不是声、韵的音类,而是音素;感知方式不是音节的声、韵对立二分，而是以音素为单位的线性多分组合，具体说，就是先以元音为核心，将音素组合为音节，而后将若干个音节组合起来形成一个词音，依据音素出现的先后次序一个一个地拼读出来，因而每一个音素都占有和其他音素相同的发音时间。这种语音感知单位、感知方式给语音结构带来的明显影响就是：音节仅仅是一种纯语音的结构单位，不是特定语言结构单位（如语素、词、词组等）的语音形式，因而语义对它没有强制性的制约作用。这种以音素为语音感知单位的语言的一个重要特点就是听觉单位（音节）、书写单位（字母）和结构单位（语素、词、词组、句子）各自独立，属于不同层面的结构。文字是记录语言的书写符号系统，必须适合它所记录的语言的结构特点。印欧系语言的拼音文字就是和音素这种感知单位相适应的书写符号系统。这清楚地表明，语音感知单位的差异和音义关联方式的不同使汉语和印欧语的语音组合方式呈现出各自不同的特点。

现在需要弄清楚的是语音感知单位、感知方式的差异与编码的理据性的关系。以往讲理据都以符号为单位，看它的语音和概念之间有无理据性的联系。我们这里想对此作一点补正，认为应以语音感知单位为基础考察音义关系的理据性。就是说，如果语音感知单位与意义有一种自然的、可加以论证的联系，我们就说它是以一种以理据性为编码基础的语言，突出语义在语言结构中的地位；反之，如语音感知单位与意义无任何联系，它就是一种无理据的语言。这种与意义相联系的语音感知单位我们称为理据载体。声与韵是汉语的语音感知单位，它与意义有一种理据性的联系，因而是一种理据载体。这样说，现在听起来简直是天方夜谭，但在语言的初始时期，如在下一节将会分析的那样，这是一种可能的结构，现在还留存有或明或暗的痕迹，因而我们将汉语称为理据性的语言。印欧语的语音感知单位是音素，与意义无联系；由它组合而成的音节也与符号的语音形式没有直接的对应关系，因而是一种无理据性编码的语言。这种基础性编码的差异使汉语和印欧语的结构呈现出原则的差异。这可简化为如下的表：

	语音感知单位	理据载体	载体的组合:符号	符号的组合:句法
汉语	音类(声、韵)		字	语义语法
印欧语	音素	语素(?)	词	语形语法

差异的关键导源于语音感知单位与理据载体的关系。汉语是二位一体,使声、韵成为音义结合的最小的结构单位,并以此为基础组合生成理据性的层级编码体系:字、辞(字组)块、读、句,始终突出语义。印欧语的语音感知单位音素与意义无联系,无法成为理据的载体。语素呢？它的音义关系与理据无关,但表中又将它列入"理据载体"那一栏,只是打了一个问号。为什么？因为它是通过另一条途径而取得理据载体的资格的。语言是现实的编码体系,语言规则实质上都是现实规则的这样那样的投射,有它的理据;一种语言的基本结构单位如果找不到音义联系的理据,那就会通过别的途径生成理据,这就是音义结合的最小结构单位的组合,因为有意义的单位的组合,不管大小,都可以从中找到理据。语素是从词的结构中分离出来的一种音义结合的最小结构单位,是词借助于语素间的相互关系而凸显概念得名的理据,因而语素也由此而成为理据的载体。这就是说,汉语和印欧语的理据载体是通过不同的途径取得的:汉语是直接来自语音感知单位与意义的联系,富有直觉性,并以此为基础进行组合,生成汉语"字"这一基本结构单位;而印欧语是间接的、曲折的,是因组合而产生的相互关系赋予音义结合的最小结构单位以理据载体的资格。所以,汉语的理据载体与印欧语的理据载体的性质有别,我们将汉语型的理据载体称为成分理据,而将印欧语型的理据载体称为组合理据;有成分理据的语言一定有组合理据,而有组合理据的语言不一定有成分理据。这两种不同性质的理据载体使两种语言的结构向着不同的方向发展,形成彼此间的重大差异。

第一,以成分理据为编码基础的语言重语义、重"文",直接以理据载体为基础进行组合,形成语义语法和语义型语言,而只有组合理据的语言重形态、重"语",形成语形语法和形态型语言。

第二,以成分理据为编码基础的语言与直觉性的思维方式相联系,说话人的主观性因素很容易渗入语句的结构,重意合,规则隐而不显;而只有组合理据的形态型语言的结构重形合,规则的客观性很强,与推理式的思维方式相联系，说话人的主观性因素很难渗入语句的结构。

第三，以成分理据为编码基础的语言，它的基本结构单位的特点是形、音、义三位一体，听觉单位、书写单位、结构单位三位一体，语音、语义、语汇、语法的结构特点都汇聚和交织于字，呈现出以语义为核心的很强的综合性特点，是一种典型的综合型语言；抓住了字的研究，也就抓住了语言各个层面的结构的研究。相反，以组合理据为编码基础的语言，它的基本结构单位的特点是形、音、义三者分离，听觉单位、书写单位、结构单位三者分离，需要对语音、语义、语汇、语法等结构层面进行各别的研究，分析性的特点非常突出，应属于分析型语言。我们的这种说法自然与现在通常所说的语言结构类型的分类原则大相径庭。为什么要进行这样的修正？因为分类的标准有别。通行的分类以形态变化为准，将有形态变化的语言列入屈折语或综合语，而将没有形态变化的语言列入分析语或孤立语。这一标准显然有它的局限性，因为它只涉及语言结构的某一个侧面，而我们是从总体上考察语言结构各个层面之间的关系，看其分合的特点，因而对语言进行新的结构类型的分类。汉语在单字编码格局的时期，基本结构单位是形、音、义三位一体，听觉单位、书写单位、结构单位三位一体，因而应将它看成为一种典型的综合语。这种综合语的重要特点是：语言和文字关联、语音和语义关联、语汇和语法关联、语音和语法关联，关联的对立双方可以在一定的条件下向其对立面转化。汉语不同于印欧语的很多结构特点都可以从这种关联中找到答案。

理据是语言规则的语义基础，因而理据载体以及载体间的相互关系应该是一种语言的语法研究的基本依据。一种语言的理据在哪一个层次，哪一个层次就会成为这一语言的研究重点，并由此生成它的语法。汉语的理据是通过字表现出来的，因而字就成为汉语传统的研究重点，分别从文字、音韵、训诂几方面去分析字的结构规则，生成汉语的语义语法（详细的讨论有待于后面几节展开）；印欧系语言通过结构单位的组合而取得理据，因而语素如何组合成词的规则、词如何组合成句的规则就成为该语言研究的重点，也就是现在一般所说的词法和句法。两种语言的语法形态虽然各异，但实质一样，讲的都是理据载体组合为语言基本结构单位的规则,因而我们现在将语法定义为"理据载体组合为语言基本结构单位的规则",或者简单地说,语法就是语言基本结构单位的构造规则。现在流行的"组词造句的规则"这一定义只是语法的一种特殊表现形态,不是语法共性的标志;要说共性,我想,我们的定义更接近于语法共性的标准,至少能兼容世界上使用人口最多、分布地域最广泛的两种语言。载体可能会随着语言的发展而有变化,即载体的音义联系如果由于语言的演变而在语言社团的心理意识中日渐淡化,或者载体的组合方式难以适应日益增长的交际需要和编码要求,那么原由载体组成的符号就可能成为理据的载体,使语言的理据性规则在不同的历史时期呈现出不同的形态。同一语言的古今语法结构的重大差异基本上就是由这一原因造成的。总之,抓住了理据载体和载体间的相互关系,就能对语言的基本结构单位的构造规则进行有效的研究,建立相应的语法理论。

二 声、韵的理据载体和汉语史前时期的语义语法的拟测

字是汉语的基本结构单位,一个音节表达一个概念,呈现出"1个字·1个音节·1个概念"的结构格局。据此,我们将字定义为:一个音节关联着一个概念的结构单位。概念性的意义由若干个语义组成成分合成,而这种成分往往由理据的载体承担。语法研究的任务既然是要弄清楚理据载体组合为语言基本结构单位的规则,汉语的研究就得追溯理据的载体及其相互关系。史前时期汉语理据的最小载体是声和韵,它们是汉语社团的语音感知单位,说它们本身含有意义,是理据的载体,从现代我们所了解的声、韵情况来说,人们肯定会认为是胡说八道,但根据汉语传统的研究和隐含在现代语言的语义中的一些蛛丝马迹来看,说音类即声、韵是含有意义、承载理据的假设,不能简单地斥之为无稽之谈。汉语传统的研究是很强调声、韵的这种含义说的。刘师培就是这方面的一个代表。他根据"盖古人名物,以一意一象为纲,若义象相符,则寄以同一之音。虽审音造字,形不必同,然字形虽殊,声类同者义必近"的假设,提出"古韵同部之字义多相近说":"之耕二部之

字,其义恒取于挺生;支、脂二部之字,其义恒取于平陈;歌、鱼二部之字,其义多近于侈张;侯、幽、宵三部之字,其义多符于敛曲;推之蒸部之字,象取凌逾;谈类之字,义邻隐侠;真、元之字,象含联引,其有属于阳、侵、东三部者,又以美大高明为义"(《左盦集》卷四)。后来,刘赜(1932)步其后尘,也写了一篇《古声同纽之字义多相近说》。章炳麟的《文始》等著作也含有不少这一类的论述,如"按凡泥纽字多含重滞不流利之义"等。这是对早已消失了的语言现象的考察,说法过于笼统,若干个韵部含有相同的意义的假设也过于粗疏,而且也没有必要的论证,但提出声、韵含有意义,我们现在对此种说法还不能完全持否定的态度,至少在理论上还不能最后排除声类、韵类早期也含有某种意义的可能,何况章炳麟、刘师培等人也找到了这方面的一些痕迹。训诂的"诂"的实质是对字义的注释和解释,自古都强调声韵明而训诂明,这也可以为声、韵有义提供一个佐证。王国维在《〈尔雅〉草木虫鱼鸟兽释例》的序言中与"方伯"沈子培有这样一段对话:

> 维又请业曰:近儒皆言古韵明而后古训明,然古人假借、转注多取双声,段、王诸君自定古韵部目,然其言古训也,亦往往舍其所谓韵而用双声,其以叠韵说古训者往往扞格不得通。然则与其谓古韵明而后古训明,毋宁谓古双声明而后古训明欤?方伯曰:岂直如君言,古人转注、假借,虽谓之全用双声可也,君不读刘成国《释名》乎?每字必以其双声诂之,其非双声者大抵讹字也。国维因举"天,顯也"三字以质之。方伯曰:顯与濕俱从㬎声,濕读他合反,则顯亦当读舌音,故成国云,以舌腹言之。

这里强调双声的"声"在训诂中的作用是很重要的,它可以说明"声"同"韵"一样,是有意义的,故有"古韵明而后古训明""古双声明而后古训明"之论。

假设古代声与韵都隐含有"义",那么这种"义"的性质是什么?是概念性的,还是别的什么?概念是与音节相联系的,形成"1个字·1个音节·1个概念"的结构格局,因而声、韵的意义不可能是概念性的,最大的可能是语义特征性的,是概念性意义的语义组成成分,即若干个语义特征的结合构成一个概念。这有点类似音位的区别特征,一个音位隐含有若干个区别特征,不同特征的组配可以用来描写一个音位的结构。以此类比,人们自然会提出问题:声、韵中隐含有哪些语义特征?这是一个悬案,东汉刘熙《释名》的时代已是"百姓日称而不知其所以之意",现代自然更难以给予准确的回答,但人们始终没有中断这种声、韵含义的研究,上述刘师培的《古韵同部之字义多相近说》就是对这种特征性语义成分的一种探索。姑且不说我们的前辈在新中国成立以前的研究,即使是改革开放以来,在中西学术交流比较频繁、语言学现代化取得明显进展的情况下,人们也不乏对这一"考古性"问题的关注,就声、韵的理据性问题进行了一系列新的探索。董为光(1987)对声、韵的表义作用进行了相当全面的考察,宋金兰(2001)与李海霞(2001)的研究的基本精神已见于前述,而最有特点的论述恐怕还要数陈克炯(1993)。他着眼于语义,并联系少数民族语言对语音的差异进行历史比较的研究,做出解释。汉语字义的迹象显示,含有声母 s-、m-的字多表"小"义。他考证了三十余个字,计有小、少、细、肖、私、蔑、啾、眇、麿、硝、磭、碾、瓅、蕞、襕、挚、尐、醉、稍、掺、笙、溲、秒、微、麽、绵、貒、蔑、鑲、系、佻等。上列诸字多属三等韵,有一个 i 介音;声母多集中于心、精、从、山诸母(上古齿头和正齿相通)和唇音的明母,其中以心、明二母占绝对多数,说明它们有紧密的联系,如"从'少'得声的字,有的读 s-,如'沙''砂''纱''钞''鲛';有的读 m-,如'杪''秒''眇''沙''吵'(《广韵·小韵》:亡沼切,雉声)"。根据谐声字提供的信息,并参证某些少数民族的语言,陈克炯认为"其深层原因盖出于同一复辅音声母,即'小'或'少'古代的声母为 sm-,后来一分为二了……","'小'或'细'是所有语言中最核心的根词组成部分,变化最慢,能最稳固地保存语言间发生学上的同源关系……'小''细'在藏缅语族一部分语言中的语音形式是颇为引人注目的"。他列举"小"义的例子有:

	小	细		小
门巴语	zemo	zemo	土家语	suæ^{55}
彝语	ʑe^{33}	ʑe^{33}, e^{55} tsɿ^{33}	木雅语	tsæ^{53}

白语	ʒe³¹	mo⁴⁴	怒语	a³¹ mŋ³¹	
载瓦语		tsai⁵⁵	傈僳语	ʒo⁴⁴	
基诺语		mi⁴²	哈尼语	mɯ⁵⁵	

陈先生由此得出结论:"对这些语音形式细加玩味,是颇有启发的。门巴语为'擦音＋唇鼻音',组成的双音节词,其他几种语言中则明显地分作两组,一组为擦音或塞擦音,一组为唇鼻音。既然这些语言与汉语有亲属关系,这些语音形式所表示的又是同一概念,即同源词,那么它们这两组语音形式同汉语'小'义词所反映出来的上古声母形式如此近似,难道这是偶然的巧合吗？答案当然是否定的。我们完全有理由认为:它们都是由一个'舌音擦音＋双唇鼻音'的复辅音声母分化的结果,只不过一个是通过内部的'小'义词群综合反映出来,一个是亲属语言在不同时空的分布,共同说明母语时代的声母形式这一实质性问题。""小"义诸字在汉语和诸亲属语言中的"音近义通"的现象与《释名》所说的"名之于实,各有义类"的情况类似。这种比较的研究可以将汉字的谐声系列、复辅音的衰亡以及声、韵理据的表现形式等结合起来,对上古汉语的理据载体的组合规则和它的演变进行系统的考察。

说声母 s-或 m-表"细碎、频数"的意思,人们自然会找出很多反例,如"茫"等表盛大、高远的意思,"桑""相"等也不表"小"义,等等。反例是考验规律的,这些现象自然需要认真研究,找出原因。这可能与理据载体的组配有关。声和韵都是理据载体,有些字的理据如与韵发生感知性的关联,那么 s-或 m-自然也会与某些表"小"义的声发生矛盾。从刘师培到董为光,不同时期的人们都很强调-aŋ韵字多表盛大、高远、强壮之意,如京、强、勍、壮、刚、亢、昂、洋、茫、光、广、圹、扬、放、荒、唐、荡、堂、皇、昌、敞、庞、康等。它们都是上古的阳部字,主要元音为低元音-a。maŋ、saŋ中的-aŋ与"大、广阔"义发生理据性的关联,这就与表"小"义的声母 s-或 m-发生冲突,究其原因,恐怕与汉语史前时期声、韵的理据载体如何组合为字的规则有关。

声、韵如何组合为汉语的基本结构单位"字"？其规则性表现在哪儿？这涉及史前汉语语法的重建,以往鲜有研究。近年来,这方面的探索有所展开和进展,其中齐冲天(1997)的《声韵语源字典》及其相关的研究应该是这方面的一个比较突出的例证。此前的1981年,他就根据双声、叠韵的规则拟测"单音节复合词"的构成,开创了不同于印欧语原始语研究的新途径。"单音节复合词"这个概念今天听起来很奇怪,但他不是言之无据,理由是汉语"很早就对单音节词作了声母和韵母的分析,如果不能分析出声母和韵母,怎么能有双声为训和叠韵为训呢? 既能分出声和韵,就必定存在着频繁的拼音,有分就有合,能分就能合,这也是可以想见的,合乎逻辑的",并由此进一步认为"至少有相当一部分单音节词是由不同来源的声母和韵母构成的。这不同来源的声母和韵母又各自都有特定的意义。这种单音词,我姑且把它叫做复合词,一种特殊的单音节的复合词"。他以这一假设为基础分析了莫、朔、牒、筐、苤、览、给、答、丧、佚、遁、追这十二组与"单音节的复合词"有关的字。例如"遁"字,它与"逃"双声,与"隐"叠韵,其义为"逃隐也"。这就是说,"逃"不是一般的逃跑,而是一种隐蔽的"逃";"遁"也不是一般的"隐",而是逃避危险的"隐","遁"是"逃"与"隐"的音义结合体。作者的基本思路是:"对于复合词来说,双声和叠韵的关系就是相辅而行的,二者之间既有相互依存的一面,又有相互排斥的一面。甲与乙为双声,就不能又是叠韵,但是既发生了双声,必随之以叠韵,乙必有丙与之为叠韵,而乙与丙为叠韵,就不能又为双声。反之亦然,发生了叠韵,必随之以双声。一个新的单音节复合词的产生,就是通过这样两步来完成的。"到了《声韵语源字典》,作者的思路进一步系统化,强调声训"也是很深刻的,因为它强调音义联系,而词语以至整个语言都不过是音义的结合物。声训是符合语言本质的一种训诂方法"(1,数字是该书的页码,下同)。他以前贤的声训为基础,对传统训诂中的"音近义通"的含糊说法提出明确的鉴别标准,除了同音字互训外,"就是双声为训或叠韵为训。此即一个音节有声母和韵母,二者之一相同,另一部分不同,便是音近,两词因而可以互相训解,便是义通"(2),可以从"双声为训与叠韵为训同时出现与并行不悖"中寻找字的理据。这是一种语言考古,从现存语言的痕迹中探索汉语的语源。例如"幾",《尔雅·释诂》:"幾,近也。"《说文·丝部》:"幾,微也。"幾、近为群母双声,幾、微为微部叠韵。他认为这两个训解都是正确的,并引证历朝注释家的注释证明幾、近、微三字字义之间的内在联系,认为"'幾'字的这两个声训在现代语言中也是行得通的。如说'幾乎……',就是差点儿,即是近于……,这是声母方面的意义。如说'问君能有幾多愁',幾多愁,就是多少愁,少即微义";以往说"'幾'有近义,又有微义",将两个有内在联系的意义分离开来了,似乎不够准确,因为"幾"的本义只有一个,就是"近微",由两个语义特征的组合构成,用我们的话来说,就是两个理据载体的组合,"当它的意义偏重于近义,它是指数量或程度上只差微少的接近,从而区别于一般的接近;当它的意义偏重于微义,是指接近于微少的数量或程度,从而区别于一般的微。我们现在说'幾个',也还是接近于少,不等于微少"(7—8)。这是新近对音义结合的理据的一种论述。杨伯峻先生对这种论证颇为赞赏,"兄谓只讲双声或讲叠韵,皆嫌偏颇,二者结合,始觉全面,此论足使人信服。"(见该书"代序")。这种双声、叠韵所折射出来的结构原理"与汉语的语法特征相一致"。"声韵语源是两个义素及其相应的两个音素的结合,不仅是词汇意义的结合,而且是语法意义的结合",字的"跨词类的现象特别普遍",一个字往往有两三个不同的词性,其中的一个重要原因就是"它常常和两个音义来源相适应的两个词性来源相一致"(82)。这些都应该是和汉语理据性编码机制相适应的一些表现形式,对史前时期的汉语研究自然有重要的意义。用我们的语法定义来衡量,这种双声、叠韵的编码原理就是汉语早期语义语法的一种表现形态,是声、韵的理据载体组合为字的规则。齐冲天的这种"异端"的思维方式是以语言编码的理据性为基础的,他明确申明,"我历来不同意欧洲语言学中谈音义关系的任意性、无理性、不可解释性之类"的意见,"相反的,我国的语言学从汉代声训,到清代的以声求义,到现代的音义同源、声中有义,始终把音义关系看得有声有色,生动活泼,条分缕析,来龙去脉,左右逢源。声中有义,并不是发音的部位和发音的方法中包含着什么意义,而是说这个音节始终和这个意义在语言中结合着,不管这个音节本身在音值上发生什么流变,不管这个意义出现多少左引右申,这个音义结合的语源始终在语言史中活跃着"(419—420)。这一理论设想是对史前汉语的语法结构的一种拟测,说明双声、叠韵就是史前汉语声、韵理据载体组合为字的规则。至于声、韵理据载体本身的语义性质以及相互的组合规则,那只能根据历史语言学以今证古的回顾的方法进行拟测。这一点,我们将在最后一节进行补充论证。

汉语的音节现在分声、韵、调三部分,缺一不可,但前面讲理据载体时只说声与韵,没有涉及声调。为什么?因为声调是声母系统因前置辅音的简化、弱化和消失而产生的一种补偿性区别手段(徐通锵,1998a,2001a),是后起的语言现象,与理据的载体无关,因而在拟测史前时期由理据载体组合为语言基本结构单位的规则的时候,不必考虑声调。

根据前面的讨论,由双声、叠韵生成的结构单位有几个重要的特点,这就是:第一,它集语音、语义、语汇、语法于一身,是一种综合性的结构;第二,声、韵的数目有限,由此产生的双声、叠韵的数量自然也会受到严重的限制,与所要编制的语码的庞杂数量发生矛盾,因而语言中出现了大量的同音字,这恐怕是汉语的同音字特别丰富的内在原因。语言是一种自组织系统,会适应日益增长的交际需要而不断改进自己的结构,以声、韵的理据载体为基础的双声、叠韵的编码规则既然难以满足日益增长的编码需要,它自然会对结构做出适当的调整,使语义语法的规则发生一次历史性的转型。

三 声(符)、形的理据载体和汉语语义语法的转型

这次转型与汉字的产生、演变相联系。文字是视觉的符号系统,是用来记录语言的。自源性文字的造字原理一定与它所记录的语言的结构原理相适应。汉字是自源性的文字,它的造字方法是"据义构形造字",通过"形"把史前时期汉语理据性编码原理表现出来,使理据从"隐"转化为"显",借"形"的差异扩大语言的编码范围。从总体发展趋势来看,声、韵理据载体功能的日益淡化和汉字体系的日益完善呈相辅相成的状态,而《说文解字》则是完成这种转移的标志。这种"据义构形造字"的体系使文字的"字"与语言的"字"呈现出很大的一致性,可以通过汉字的研究透视汉语的结构原理。这不是"字本位"论者的个人癖

好，也不是想人为地把汉字生拉硬拽地"拖"入语言研究的范围，而是由语言的结构原理和汉字与汉语的关系的性质决定的。法国语言学家马尔丁内(A. Martinet)曾提出语节(articulation)的概念，认为任何语言都无例外地在两个不同层面上分节：第一层面是在语义单位上分节，称为意素(monème)；第二层面是在音素单位上分节，称为音位(phonème)。法国学者汪德迈(L. Vandermeersch, 1993, 88-93)根据这一论断，认为一种文字"表达话语链的方式，只能通过所用符号和摄取话语构成元素之间的完全契合来顺利实现。但是双重语节使得有两种摄取元素来表达话语的方式：一是在第一层面即语义单位上摄取元素，一是在第二层面即音素单位上摄取元素。表意文字可以被定义为按照第一种方式组成的文字，拼音文字则是按照第二种方式组成的"。由于汉语基本结构单位的单音节性和音节的音义关联的性质，使汉字的发展有别于其他的表意文字。汪德迈(1993)认为"汉字系统与苏美尔和埃及文字的重大区别是，苏、埃文字仅仅是一种书写系统，而汉字则兼有书写系统和真正的独立的语言系统双重功能"，"必须反复强调指出，中国汉字并非书写符号，其本身就是词，同其他书写语言中的表意符相比，每一个汉字都直接意指某件事物而决不需要重新借用口语"。这里的某些说法是否有点儿绝对，暂且不论，但它的基本精神是完全正确的。马尔丁内的语节理论和汪德迈的汉字双重功能论，与我们所说的语形、语义两种语法和不同思维方式相联系的理论，以及语音感知单位和理据载体的关系的论述，基本精神完全一致。所以，文字的"形"在语言研究中有无地位，不在于它的"形"，而在于它是否是一种理据载体、是否在语义单位上分节；如是理据载体，我们就没有理由将它从语言研究中排除出去，如不是理据载体，那么即使是语音，语法研究中也没有它的地位。

汉字与汉语的关系的特殊性形成了汉语、汉文化研究的独特传统，在语言中的表现就是"重文轻语"。中国的历代统治者都推行"书同文"的政策，基本上不管"言异语"。这在维护国家统一、民族团结方面具有不可估量的作用；而就汉语和汉字的关系而言，"文"在汉语结构中也占有重要的地位，通过书面语的规范化不断巩固和加强"文"的地位和作用,并以此来控制和影响"语"的演变。例如,广泛存在于汉语方言中的文白异读就是以"文"来调节方言的发展速度和演变方向的一种重要力量(徐通锵,1994,52—55),使其不能超越与"书同文"相对应的汉语结构格局所能控制的范围。印欧语的情况与汉语有别,它"重语轻文",最典型的例子就是随着文艺复兴,不同地区的人们根据自己的方言特点发展出不同的拼音文字,从而架空权威的拉丁文,使它走向消亡;欧洲所以成为一个小国林立的地区,这种"重语轻文"的传统也不能不说是一个重要的原因。梵文的命运与拉丁文一样,也因古印度不同地区为适应语言的演变而发展、创制不同的拼音文字,从而使它走向消亡。19、20 世纪之交,这种"重语轻文"传统的典型表现形式就是索绪尔的"语言中心主义",强调语言研究的对象是口语,必须排除文字的干扰;不过他没有走入极端,指出"我们的研究将只限于表音体系,特别是只限于今天使用的以希腊字母为原始型的体系",而不适用于汉语,因为对汉人来说,"文字就是第二语言"(索绪尔,1916,47—51)。从 20 世纪的六七十年代开始,西方的学者已认识到"语言中心主义"的片面性,"从科学的观点看,我们对书面语的了解远不如对口语的了解,这主要是由于 20 世纪以来语言学研究过程中过于注重口语的偏见,这一偏见直到最近才开始得到纠正"(克里斯特尔,D. Crystal,1988,179)。对索绪尔的"语言中心主义"或"逻各斯中心主义"的最猛烈的抨击来自当代两位著名的法国哲学家德里达(J. Derrida)和利科(P. Ricoeur),而德里达的《论文字学》则是这方面的代表作。他宣称现在需要实现的是文字的转向,因为"经过几乎难以察觉其必然性的缓慢运动,至少延续了大约二十世纪之久并且最终汇聚到语言名义之下的一切,又开始转向文字的名下、或者至少统括在文字的名下……文字概念开始超出语言的范围。从任何意义上说,'文字'一词都包含语言。这不是因为'文字'一词不再表示能指的能指,而是因为'能指的能指'似乎奇怪地不再表示偶然的重复和日渐衰微的派生性"(德里达,1967,8)。这种观点在世界各地产生了广泛的影响,使他的《论文字学》一书成为他的解构主义理论的一本代表作。利科的相关论述可参看徐友渔(1996)。"'文字'一词都包含语言"这样的论断是不是有点言过其实,矫枉过正?这可以讨论,但其中透视出来的对"语言中心主义"的否定则是我们需要吸取的合理内核,因为中国的语言学家基本上仍局限于"语言中心主义"的研究。

"重文轻语"和"重语轻文"是两个不同的传统。"重文轻语"传统或"书同文"的基础是字,由于它形、音、义三位一体,听觉单位、书写单位和结构单位三位一体,是汉文化的结构基础,因而不同领域的研究都无法摆脱字的影响。对这一点有深刻认识的人现在已越来越多,哲学家叶秀山(1991,26－27)认为"西方文化重语言,重说,中国文化重文字,重写","中国文化在其深层结构上是以字学(science of word)为核心的";画家石虎(1996,2002)提出"字思维",认为它的含义是"汉字有道,以道生象,象生音义,象象并置,万物寓于其间","相当于中国古典哲学中道生一之后而二而三而万物的宏大母题"。这一"字思维"理论已引起了人们的高度重视和热烈的讨论,因为"'字思维'理论涉及了汉字的结构和汉语诗歌的语言特质和诗性本原的问题,第一次将'字'的问题提升到一种诗学理论的高度,也是第一次试图把汉语诗歌的语言本质归结为汉字及其汉字思维","诗坛理论界关于'字思维'的讨论,已成为世纪末一道鲜亮文化景观……"(谢冕,2002)。我们倡导汉语研究的字本位理论只是这种字学思潮中的一个分支,只要能从中抽象出反映汉字结构的规则,就应该能为此做出一些贡献。

讲了上面的一些"题外"话,主要是想从不同的角度说明据义构形造出来的汉字在汉语研究中的重要地位。汉字的构造方法,传统名之为六书:象形、指事、会意、转注、假借和形声,基本精神就是根据字义的理据创制书写的文字。人们后来对这样的分类有歧见,不过这不是我们的讨论范围,因而这里仍以六书为讨论的参照点。每一种"书"都以其特定的方式反映"据义造字"的理据性编码原理。象形反映名实的理据,"画成其物,随体诘屈";指事仍带有名实理据的痕迹,但"实"已趋向于淡化;会意已能运用已有的文字符号,加以组拼,使A与B合于一体(如"休"),表示一个字的意义,"实"的理据痕迹已几近于"无",向"据义构形造字"的方向迈出了重要的一步。这三种造字方法尽管都能反映理据性的编码机制,但使用的范围有限,无法满足记录语言的要求,因而产生了转注和假借。这两种造字方法与理据性的联系不是那么直接,因为它们是借助于一个已有的字去表达新事物、新概念,区别只在于转注所表达的新义与原字义有内在的联系,有理据,而假借字的意义与原字义无联系,无理据(徐通锵,1997,267-270)。这些造字方法可以分为两类:一表义(象形、指事、会意、转注),有理据;一表音(假借),无理据。这两种对立的原则难以长期"和平共处",重理据性编码的汉语不会允许汉字充当单纯的表音工具,因而对两种造字方法进行各得其所的改造,就是取其所长,弃其所短,相互结合,创造了形声体系的造字方法:每个字一个形符,一个声符,相互组配,生成一个字,突出造字的理据,表达一个概念。"别字"概念的产生宣告无理据的假借方法的终结。形声字是为适应汉语理据性的编码结构原理而创造出来的一种文字体系,使史前时期的声、韵理据载体转化为声(符)、形的理据载体。载体的转移说明汉语理据性的编码方法出现了一次历史性的转型。

语言理据性的规则分载体和载体间的相互关系两个方面,并由此生成语言基本结构单位的构造规则,即该语言的语法。形声字是汉语理据性编码规则的体现,其中形和声是理据的载体,而形和声的关系就是理据性的组配规则。《说文解字》就是这样一部著作。人们可能对此感到奇怪,"《说文》是讲文字的构造,怎能叫'语法'"? 这要根据我们关于"语法是理据载体组合为语言基本结构单位的规则"或"语法是语言基本结构单位的构造规则"的定义去理解。根据这个定义,我们完全有理由说《说文》也应列入语法论著的范畴。不要把这种看法视之为"奇谈怪论",因为我们讨论的是语法的"神",是隐含于不同语言的语法背后的基本结构原理。把《说文》比之为语法的,在我所知道的语言学家中只有一个林语堂(1971)。林语堂是精通英、汉语结构的学者,既是著名的语言学家,也是著名的文学家和翻译学家,能从"神"上抓住语言结构的实质。他在《英文学习法》一文中比较了英、汉语结构的异同,就"语汇语法语音之分"的问题说了这么一段颇能引起人们深思的话:

> 语汇英文就是 vocabulary,就是语言的内容实质。语法英文叫做 grammar,是讲某种语言中表示意念关系的种种方法。语音就是读音(phonetics)。这三个区别略与中国小学家分形、音、义

三学相仿佛。说文等于文法；音韵等于发音学；训诂等于语汇。所不同者中国小学是以文字为主，学英语者却须以语言为主。故如在中国小学，说文及金石之学只讲文字的变化与构造，而在文法，却需讲语言字句的变化与构造。然其同属于一类的研究，注重构造化合的原则，则两者实处于相等的地位。（旧式文法一部分专讲形的演变，名曰"形态学"〔morphology〕，则与字形之义尤近。）

在讲到具体的语法学习的时候又说，"文法的研究只是对于词字形体用法之变换作精密有系统的观察""文法中最重要的界说及专门名辞不过一二十个，其余的都是文法学家装作门面的东西，白白浪费学生的光阴，而结果使学生视文法为畏途"。我们同意林语堂的论断，原因是他抓住了两种语言结构的"神"。这"神"是什么？就是语言的基本结构单位。grammar是讲印欧语基本结构单位词和句"表示意念关系的种种方法"和"对于词字形体用法之变换作精密有系统的观察"，而汉语的基本结构单位是字，不是词和句，因而林语堂才将研究"文字的变化和构造"的《说文》和金石之学看成为和印欧语 grammar 相当的学科，都"注重构造化合的原则"。基本结构单位是驾驭语言系统的枢纽，印欧语和汉语这两种不同语言的研究传统各自都抓住了自己语言的枢纽，研究理据载体组合为语言基本结构单位的规则。林语堂抓住了这一枢纽进行对比，才摆脱两种语言表现形式的差异的束缚，直接把握住它们的结构的共性本质。

汉语的理据载体从声、韵转移到形、声（符），这就不可避免地使汉语结构规则的研究进入一个新的时期，讲求"文字的变化和构造"，"注重构造化合的原则"。据统计，《说文》9353个小篆字形，所使用的字符约400多个，而其中使用频率比较高的20个字符就能造字3868个；至于甲骨文，已发现的有五千多个字，大约是用一百多个字符构成的（这里所列的统计数字系首都师范大学中文系教授宋金兰提供）。少量的字符通过一定方式的组合就能构造出大量的字，从这种组合方式中提炼出来的构造规则无疑就是"注重构造化合的原则""对于词字形体用法之变换作精密有系统的观察"的语法。这可以将它称之为字法，其实质就是根据字符的理据及字符间的组合关系而将字义结构形式化、规则化。形声体系是造字的基本方法,体现理据载体组合为汉语基本结构单位的规则,是字法的结构框架,形成先形后声的基本组配方式,包括左形右声("右文说")、外形内声(如"圆、國"之类)、上形下声(如"崮、崟、崧"之类)等。这是据义造字的字法的基本规则,体现文字的"字"与语言的"字"的相对一致性,但文字的"字"由于受自身形体结构布局的影响,自然会出现一些不合此规律的例外,如"放、剑、動、擧、羣、娶"等都是先声后形的组配,这就要像音变规律的例外那样,进行文字的书写体系与声、形组配规则之间的关系的研究,因而不影响声、形组配规律的表述。如何解决无限的造字任务和有限的造字方式之间的矛盾?汉语社团采用的办法是让各"书"尽可能地接受形声框架的支配,而且使声、形组配造字的方式有层次地包孕于一个"面"形的方块空间里,逐次将组成的字降格为一个形或声来用。如以"慟""瞳"两字为例,它们都是由几个层次的声、形组配而逐次包孕生成的;两字的意思不同,"慟"是"痛心、哀痛","瞳"指瞳孔,但如追溯它们"构造化合的原则",就不难发现它们之间的联系,因为几个层次的声、形组配,其中有一个层次的"声"因配之以不同的"形"而向不同的方向发展,疏远了彼此的联系。请比较:

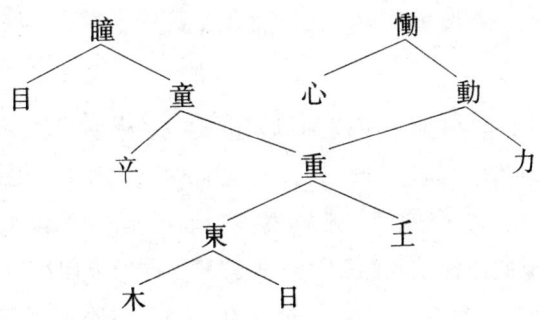

每一个层次都是理据载体的两两组配,有层次地生成不同的字。底层"木""日"是象形,本来已是一个独立的字,但在组合的层级体系上它们又可以作为理据载体组合生成会意字"東","从日在木中",意为"动也"(《说文》);同样,"東"也可以作为"声"的理据载体,借助于另一个理据载体"壬"(tǐng,《说文》:"象物出地挺生也。"朱骏声的《说文通训定声》:"按此字从人立土上,会意,挺立也,与立同谊")而组配生成"重";"重"又作为理据载体,如借助于"辛"(《说文》:"辠也,读若愆"),生成"童",如借助于"力",就生成"動"……。字法的这种生成体系是以字造字,字中有字,犹如套盒,一层套一层,内层可以成为外层的理据载体,而"声"的理据载体在这个组合层级体系中居于一种"纲"的地位,逐次借助于不同的"形"造字,使各个层次都递进隶属于形声的框架。底层的"木""日"等原与形或声无关,但在构字的体系中它们处于一种基础性的地位,都统一于形声的框架,接受此框架造字体系的改造,张儒、刘毓庆(2002,3,317)可能考虑到这些非形声字在汉语造字体系中的作用,干脆将"形声字以外的所有汉字"都看成为能构成形声字的声素,"由于形声字的声符还可以是形声字,所以形声字的声素总是最原始的那个不是形声字的声符"。形声组配造字的树形图,每一个分叉的节点都是形声组配或理据载体组配字的汇聚点,以"声"为纲,根据《释名》的"名之于实,各有义类"的原则,组配不同的"形",创制新字,形成字族:

　　[東]　　棟凍涷蝀重辣甂
　　[重]　　踵僮踵腫種湩憧緟動錘童董爉犝睡
　　[童]　　董衝橦穜㿔燑罿僮憧撞瞳鐘韣潼膧曈甋瞳
　　[動]　　慟

这里的每一个"声"借助于不同的"形"生成一系列字。每一组字大致都是以"声"义为基础,通过"形"义去限定它的语义范围,生成字族。如"東"声的"动也",字义宽泛、笼统,概括的范围非常广泛,如辅之以不同的形,生成"棟凍涷蝀重辣甂"等字,那就从不同的方向给"动也"的意义进行限制,使以它为基础而生成的不同的字表示不同现象的"动也"。它们与"声"义的关系犹如概念的上下位,即"声"表上位概念,而"声""形"组配而生成的字表下位概念。字的这种生成体系必然会产生大量的同音字,而语言交际又要求结构单位的区别性,这种矛盾使重"文"的汉语社团以形异来克服音同,产生"别字"的概念,放弃了假借的编码途径,突出汉语编码的理据性要求。"别字"这个概念很能体现汉语的特点,像英语那样的印欧系语言,只有错字,没有别字,这是语言结构的差异的具体反映。

树形图上的节点是字义结构的枢纽,纵向联系渐次升级的"声",横向联系由同"声"的字组成的字族,使不同层次的字族既相互区别,又相互联系,形成字义结构的系统。不同层次的"声"以及由此生成的字的韵相同,而声在语音的发音方法上有清浊、送气不送气之分,发音部位有舌尖前和舌尖后的区别,这种"声近义通"的现象可以运用历史语言学的方法,联系汉字的谐声系列、上古时期的复辅音以及受语音条件的影响而产生的音变等问题进行研究,从中得出规律。例如发音部位舌尖前后的区别就是语音演变端、知分化的结果;如果系列中的字声近而义不通,那这个"声"可能是假借造成的结果,或别的什么原因(如有些声符只单纯表音),需要作为规律的例外另作研究。这是汉语与汉字的特殊关系给字义研究所提供的重要线索,是字的形、音、义三位一体给字义研究所提供的便利条件。放弃这种现成而重要的线索而盲目地根据拼音文字的拼写法与语言的关系去观察汉字与汉语的关系,这无疑会使汉语字义的研究失去一个有价值的观察窗口。

人们可能会说,这是文字的构造,不是语法。这就把原本形、音、义三位一体的字的构造和它所提供的复杂信息简单化了。不错,这是字的构造形体,但也是汉语语义语法或字法的一种表现形态,"注重构造化合的原则",特点是从两个字符(理据载体)的相互关系中衬托每一个字的字义。形声字的字符是"形"与"声",二者的相互关系犹如上述,这里姑且不说,即使以"指事"的"上""下"两字而言,一竖一横,竖在横上即为"上"字(⊥),反之即为"下"(丅)。这竖与横两个笔画,就其本身来说,没有什么意义,但放在一起,就可以从它们的相互关系中表达"上""下"两字的意义,这种情况犹如数学中的"正"和"负"("+"和"−"),有"正"才有"负",如只有一个孤立的符号,就没有什么意义。汉字的造字方法虽然不同,但从两个字符的关系中表达一个字的字义却是造字的一条总原则。这种原则可以和印欧语语素组合成词的规则相类比,因而我们前面将它称之为字法,人们可以从这里看到它的一些规则:

第一,形、声组配的结构是理据载体的角色转换,即声与形可以在一定条件下向其对立的方向转化的结构框架，如"豆"原是象形的表义字，但在形声组配的框架下可以转化为声，借助于不同的形生成逗、痘、侸、剅、桓、浢、脰等字；"堇"原为会意字，也可以在形声框架下转化为声，造出谨、廑、僅、馑、殣、槿等字。另一方面，声也可以借助形声的组配转化为表义的字符，如联绵字的每一个字只表一个音节，不表义，但在形声框架下可以借助于形，使它转化为表义的字符。例如"非"声有分违义、肥义（如腓、剕）和赤义（如菲、翡、痱），但其中表肥义、赤义的"非"与分违义无关，因为它是从联绵字中截取下来的一个"声"，"番声之训白，非声之训赤，非声之训肥，庚声之训大，皆需从连语得义。如云'番番''菲菲''腓腓''庚庚'始能形容白赤肥大之意，止用单字，或文不成义"（吴承仕，据沈兼士，1933）。这是"声"转化为"义"的一条重要途径。所以，形声组配是汉语基本结构单位的构造规则的框架，绝大部分的字都可以在这种框架中找到自己的位置，从而进入系统的网络；至于那些非形声的字，也可以像上述树形图所表现的情况那样，作为声素，纳入形声的框架。这种框架的核心体现一分为二和合二而一的对立统一的矛盾运动，是史前时期双声、叠韵的"2"与"1"的对立统一关系的延续，其结构公式，从下层到上层，是"1+1=1"，而从上层到下层，是"1=1+1"。形声体系形成以后汉字就没有再进行体系性的改造，说明此一框架适合汉语的结构原理，彼此和谐合拍。

第二，以形、声为标志的"1+1=1"的结构框架是汉语字义关系的结构公式，每一个字的字义都是"1个字义=1个义象+1个义类"，体现汉语社团的"比类取象"和"援物比类"的隐喻式的两点论思维方式。声与形，哪一个表义类？哪一个表义象？应该是声表义类，在字族中充当义根；形表义象，从某一个侧面揭示义类所具有的一种语义特征。"类"生于"象"，"象"烘托"类"，它们可以在一定的条件下向自己的对立面转化，同一个字如处于"声"的位置就表义类，如进入"形"的位置就表义象。如"土"，在场、坛、址、坊等字中充当形，表义象，而在吐、钍、杜、汢等字中则充当声，表义类。声与形为观察汉语字义关系的结构提供了一个最佳的视角，我们可以从中总结字法的规则：以声为基础而生成字族的方法是向心造字法，而以形为基础而将形声字整理成系列，则可以总结出离心造字法,《说文解字》就是这种离心造字法的范本(徐通锵,1997,295—306)。向心和离心,这是汉语字法结构的两种最重要的规则。两种方法,哪一种重要?这决定于研究的目的。如要研究字的语源,要研究字义的生成过程,那就需要以声为纲,清儒的"因声求义"理论为什么能使汉语的研究水平上升一个台阶,就是由于它抓住了汉语字义结构的关键;字的生成的上述树形图也清楚地说明"声"在字义结构中的核心地位。离心造字法实际上是对语言中已有的字,从一个新的角度,即以形为纲进行系统化的整理,在"名之于实,各有义类"的构造原则日渐淡化的情况下,是掌握字义结构的一种有效的方法,《说文》在汉语史中的地位就清楚地说明了这方面的问题,但要真正解决字义结构的问题,还离不开"因声求义"的途径。形声的组配框架是字义结构中义类与义象相互依存的关系的一种反映,隶属于语言的语义语法的结构。

第三,以声为纲的树形结构体现了语义生成规则的递归性(recursive)。递归原是一个数学概念,由转换—生成学派引入语言研究,指同一规则的反复使用,以生成层层包孕的长而复杂的句子。生活在社会中的人必须具备这种语言能力,这样他才能根据交际的需要造出人们从来没有说过的新句子,也会听懂从来没有听说过的句子的意思。还没有人用这一概念分析汉语语义的生成,前面树形图所示的汉字生成体系实际上就是理据载体的层层包孕、向心造字法的反复使用的递归。我们用"递归"这个概念来解释汉字的层次结构,人们可能会提出反对意见,认为是"生搬硬套,驴唇不对马嘴"。否!对待一种理论和方法,不能简单地根据其表现形式生搬硬套,而需要吸取其精神和内核。语法是理据载体组合成语言基本结构单位的规则,转换—生成学派的递归自然符合这一标准,汉语的字的层次结构同样与此一标准一致,每一层次的"A借助于B"的"A"与"B"都是理据的载体。其次,递归是同一规则的层层包孕,反复使用,字的结构层次都统率于形声框架,是以"声"为基础的理据载体组合规则的包孕组配,反映向心造字法的递归性。区别是有的,这就是印欧语讲的递归是单向包孕的线性结构,重形态变化,而字的结构是面性的,重字义组配,同一个"声"在递归的中途可以因借助于不同的"形"而向不同的方向包孕发展,如将它们画成树形图,这种线、面的区别就会呈现出清楚的轮廓。字的构造由于有这种递归性,才能用有限的规则生成数量庞杂的字,人们可以从字符的组配中去了解一个字的意义。递归,这是汉语造字的一条重要原则,反映字义的结构。

这三个方面都是寄生在字的形体构造中的汉语结构的信息,是字法的基本结构原则。它的特点就是形、音、义三位一体,听觉单位、书写单位和结构单位三位一体,人们可以从文字构造的研究中悟察语言的结构原理。印欧语的听觉单位(音节)、书写单位(字母)、结构单位(词)三者是分离的,只能进行各别的研究。汉语的研究传统为什么"重文轻语"?印欧语的传统为什么"重语轻文"?从三者的关系中可以得到一些重要的启示。我们如果一定要根据三者分离的语法理论来研究三位一体的语法结构,那结果只能是南辕北辙,难以揭示汉语的规律。

四 理据载体的转移和汉语语义语法的第二次转型

语言需要表达的现实现象是无限的,人们对现实现象的认识也没有止境,因而语言这一自组织系统需要不断调整和改进编码的方法,以满足社会的发展和人们日益增长的交际的需要。以声(符)、形理据为基础的编码系统虽然克服了声、韵理据的编码系统的不足,通过递归的原则将声、形逐级有层次地包孕于一个面形的方块里,造出很多字,解决了一些无限的造字任务和有限的造字方法之间的矛盾,但这种方法仍有它的局限性。这主要表现在:第一,"声"固然可以像套盒那样,外层套内层,逐次升级,在理论上可以无限地套合,但"面"形的方块的容量却是有限的,因而逐次生成的"声"到了一定的层级,就很难再作为一个"声"在一个方块的空间内造字,例如上述的"慟"和"瞳"。第二,跟理据载体生成的直觉性有关,"声"的功能负荷过重,往往一个"声"要表达若干个意义,而不同的"声"也可以表达相同的意义,随着人们对现实现象的认识的加深,造字的任务不断扩大,因而语汇中的字数越来越多,字族的范围不断扩大,出现大量的同音字,而其中很多字的含义却又很狭窄,使用的频率也不高。这对于作为交际工具的语言来说,既不经济,也不灵活,人们的记忆任务也过于繁重,难以承受。编码体系与交际需要的矛盾自然会迫使语言系统进行自我调整。如果说以"声"为核心的递归性造字原则,基本上都是"名之于实,各有义类",观察的思路是从内到外,由于它难以满足日益增长的交际需要,那么语言这个自组织系统就会自发地迫使汉语社团反其道而行之,采用从外到内的编码思路,这就是比较已有的字的"声",对其所表示的意义进行横向的比较,发现其异同,抽象出共性的语义要素,将其归属于某一个字,使之成为理据的载体。这样,它就可以与另一个意义相关的字组合,生成只表达一个概念的字组,使编码的方法从造字向组字的方向转化。这样,单字编码的格局逐渐解体,而双字编码格局则越来越显出它的重要地位。这个问题徐通锵(2001b)已进行过详细的讨论,这里不赘。

汉语单字编码格局解体,组字代替造字,这就给汉语的结构带来深刻的影响,使听觉单位、书写单位、结构单位三位一体的格局日渐淡化,从而使汉语综合型的结构向分析型的结构转化。这给语言研究提出了一系列新的要求,具体的表现就是要把研究的重心从字内转向字外,从关注字的结构的研究转向字与字的组合关系的研究,需要重点考察字组的生成机制,以及由此而产生的语言结构的特点。这一转化使字在语言系统中的地位发生了重要的变化,它不仅仅是原有理据载体的归宿,而且本身也成了理据的载体,从而使理据载体在套盒式的层级体系的阶梯上又上升了一个台阶,也就是使汉语编码的理据性从第一期的声、韵承载转化为第二期的声(符)、形承载,最后转化为字的承载,进入一个新的转型期,研究的重点从字内的构造规则转向字外的组合规则,或者说,从造字法转向组字法。这一转型与古代汉语发展为现代汉语相对应。结构单位的理据载体虽有这种变化,但字法的基本结构原理未变,即字组的字义组配规律仍是"义象+义类",结构方式仍是向心和离心以及以此为基础的递归,不同的只是表现形式发生了变化。原来是以声为纲,在一个方块的空间里借助于不同的形,逐次、逐层生成不同的字,而现在则以核心字为参照点进行字的线性组合,根据核心字在字组中的前后位置分出向心、离心的结构,前字表义象,后字表义类(徐通锵,1997,362—390)。核心字和以它为基础而生成的字组的关系犹如上述字义结构递归表中的"東""重""童"和以它们为"声"而构成的字那样,既是使用频繁的独立的字,又是构成新字的一种理据载体;表达一个概念的字组的性质就如"重"声借助于"力"的组配而生成的"動"字那样。"重"与"动"是汉语的基本结构单位,同理,核心字和以它为基础而生成的字组(如"和"与"和平、和善、和气……谦和、柔和、调和……")也同样都是汉语的基本结构单位,表达一个概念。所以,字虽然成了理据的载体,但它仍然是汉语的基本结构单位。人们往往根据所谓"独立运用"的标准否定字的基本结构单位的资格,这恐怕没有什么根据。例如"校"字,它好像已失去了独立运用的能力,但它可以借助于另一个字,从两个字的相互关系中透视它独立表达概念的功能,如留校、返校、回校、离校、进校、全校、骑校、警校、戏校、驾校、校服、校庆、校本部、校内、校外……,它与原来单字编码时期的区别只是从自由走向黏附。所以,字本位实际上就是语义本位,说得绝对一点,就是概念本位,所以表达一个概念的字组的结构地位与字相同,甚至通过虚字的联结而把两个不同概念合成一个概念(例如"朋友的选择"之类)的字块,其语义语法的功能也与表达一个概念的字相同,造句的时候充当一个结构单位。所以,"因字而生句"的"字"是与概念相对应的结构单位,在现代汉语中它宜分为字、字组和字块三级。

根据"语法是理据载体组合为语言基本结构单位的规则"的定义,字成为理据的载体,似乎应该有一个由它组合而成的基本结构单位。根据一般的推论,这个单位就是句。问题是什么是句?汉语很难给它下一个明确的定义。为什么?语法结构是思维方式的一种外在表现形式,不同的语法结构与不同的思维方式相联系。思维的基本单位,如以现在通行的思维理论为参照点,就是概念、判断和推理。印欧语的语法结构是与这种思维理论相适应的,词对应于概念,句子的结构对应于判断,形成名、动、形的词类划分有规律地和句法结构成分相对应的语法系统,而推理的表现形式则由一系列相关句子组成的语篇去表达。这是在亚里士多德的逻辑范畴说的基础上建立起来的语法系统,与思维方式自然相互合拍。如以此为参照,字对应于概念,和词的地位相当,这一点没有问题,但与判断、推理相联系的语言形式就难说了,因为汉语社团"比类取象""援物比类"的两点论的思维方式并没有可严格地与判断、推理相比拟的思维形式,比喻例证式的思维与论证方式既像判断,又像推理,但又不是判断,也不是推理,因此在"因字而生句"的过程中无法生成与判断相对应的句子,或者说,和"比类取象""援物比类"的两点论的思维方式相对应的句子,由于没有明确的判断和推理的界限,因而从古至今,什么是汉语的一个句子,一直无法给以一个确切的科学定义(请参看徐通锵,1997,38-52,415-419;2004)。那么,汉语有没有句子？回答自然是肯定的,《文心雕龙》的"夫人之立言,因字而生句,积句而成章,积章而成篇"的论断已明确地说明汉语的句的存在。至于这种"句"是什么样的？《文心雕龙》只说"……句者,局也；局言者,联字以分疆……",人们难以准确把握,但可以从有些特殊文体对句的理解中去体察汉语的"句"的特点。这些文体的典型表现形式就是诗词格律和曲谱的运用规律,而这种规律的核心则凝聚为对联或楹联,形成上下联相互对待依存的格局。这里虽然没有对"句"的解释,但有对"句"的运用,突出"句"的含义。它的基本特点是：如仅为一联,它虽具句形,但不足句意,难以成句；就是说,形"句"只成"读",联"读"才能"局",使语义的表述"分疆",生成一个完整的"意"句。"形句"者,就是只具句形,表达句意的某一个侧面,只有若干个形句相连缀,才能生成意句。《诗经》的"关关雎鸠,在河之洲"、李白的"孤帆远影碧空尽,唯见长江天际流"中的每一个"句"都是形句,语义上不足以"分疆",只有前后两个形"句"联成一体,才能成"局""分疆"。从诗经、骚赋到唐诗、宋词、元曲,都表现出这种形"句"只成"读",联"读"才成"局"的"句"。楹联是悟察汉语的句的结构特点的最佳例证。这种"句"的基本精神与史前汉语的语义语法的基本精神相通,不管是字还是由字的组合而生成的格律,都是集语音、语义、语汇、语法于一身,综合性的特点很突出,不是单纯的语音规律或语义、语法规律。这是汉语语义语法规律的特点,扎根于编码的理据性。抓住这一基本精神,考察从诗经、骚赋、古体诗到唐诗、宋词、元曲的格律表现形式的差异,或许可以从一个侧面找出汉语"因字而生句"的"句"的生成和演变的线索,从中悟察语义句法如何随着语言的发展而发生变化的规律。散文的"句"虽然没有像诗词格律或楹联那样有突出的规律性,但基本精神一样,也多是形"句"只成"读",联"读"才成"局",如韩愈的"业精于勤,荒于嬉;行成于思,毁于随"就是这种联"读"成"局""分疆"的句子的典型,它与楹联句的区别只在于它所联的"读"不一定是"二"而已。白话代替文言,现代汉语代替古代汉语,语句的结构自然也发生了很多重要的变化,但"句"的"神"没有变,仍旧是形"句"只成"读",联"读"才成"局",使语义的表述"分疆"。所以,这种"句"的实质相当于现在一般所说的语篇,属于语用的范畴。正由于此,汉语虽有句的概念,但不是汉语的一种基本结构单位,因而也没有基本结构单位所必须具备的现成性、离散性和存在于语言社团中的心理现实性的特点。句的这种特点与印欧语有很大的差异。既然如此,那么字如何组合成句,进行句法的研究?这只能着眼于字、字组的组配方式,也就是重点考察句读中与句式相联系的字与字的组合规律,其中最重要的是自动和使动的组配规律;现在经常谈到的一些结构规律,如"述补式""连谓式"之类,都不过是使动式的历史变异而已(徐通锵,1998b)。自动和使动是汉语组成形句的两种基本句式,我们可以据此去研究句法语义的结构。字组虽然与字一样,是汉语的基本结构单位,但毕竟它是字的组合,研究的重点需要从字内转向字外,研究字义间的结构关系,整理出规则。这些规则的基本的特点是:如属于同一概念的范畴,就是由逐层递归表现出来的限定关系,字组表达核心字的一个下位概念,在句法结构中充当一个结构单位;如是表达不同概念之间的关系,就取自动和使动的结构方式(徐通锵,1999)。这就是说,字组的生成规则和与语用相联系的句式的结构规则相互靠拢、并轨,从而使字组成为连接字与句的枢纽。正由于此,字组在汉语语义语法的研究中占有特殊重要的地位。

字组的大量生成改变了汉语基本结构单位的面貌,但没有改变"语法是理据载体组合为语言基本结构单位的规则"的原理,从史前汉语到现代汉语,语义语法的表现形态发生了几次重大的变化,但一条核心的线索贯穿始终,这就是 A 与 B(声与韵、声[符]与形)的相互借助和制约,始终是"1"与"2"的对立统一的矛盾运动,因而现在仍需遵循这种借助和制约的机制去探索字与字的组合规律以及"因字而生句"的大致脉络。字组的研究需要以核心字为基础,再借助于另一个字,从两个字的相互关系中去把握每一个字的语法化潜能以及字义结构关系的规则;即使难以下准确定义、具有语篇性特点的句的研究也得以句首的有定性话题为基础,借助于说明进行语义结构的分析。徐通锵(1997,1999)已对此进行了初步的探索,虽然理论表述比较粗疏,某些观点也需要修正、补充或完善,但它的基本思路是对头的,因为它与传统研究的基本精神一致,从 A 与 B 的相互关系中去把握每一个结构单位的性质和特点。自古以来,汉语语义语法的表现形态经历了几次重大的变化,为什么结构单位的"1"与"2"的对立统一的规律始终支配着各个时期的语法结构的运转?这是由汉语社团的隐喻式的两点论思维方式决定的,因为语法结构实质上就是思维方式的一种外在表现形式(徐通锵,2004)。

五、以字为衔接点,实现语言研究的中西、古今的两个结合

从史前汉语到现代汉语,汉语的语义语法因理据载体的转移而发生了两次历史性的转型,总的趋向是集语音、语义、语汇、语法于一身的综合性特点渐次减弱,而分析性特点渐次加强。这种转型层次清楚,规律性很明显,就是由低层理据载体组合而成的结构单位可以因语言的发展而成为高层结构单位的理据载体,而低层的理据载体则由此淡化,直至隐退。比方说,由声、韵理据载体组合生成的字转化为字的一个构成成分"声(符)"或"形"之后,它们的理据载体的性质,不经专家的考证,人们就难以认识。从史前到现代,汉语因理据载体的转移而引发的语义语法的发展线索可以简化为如下的树形图:

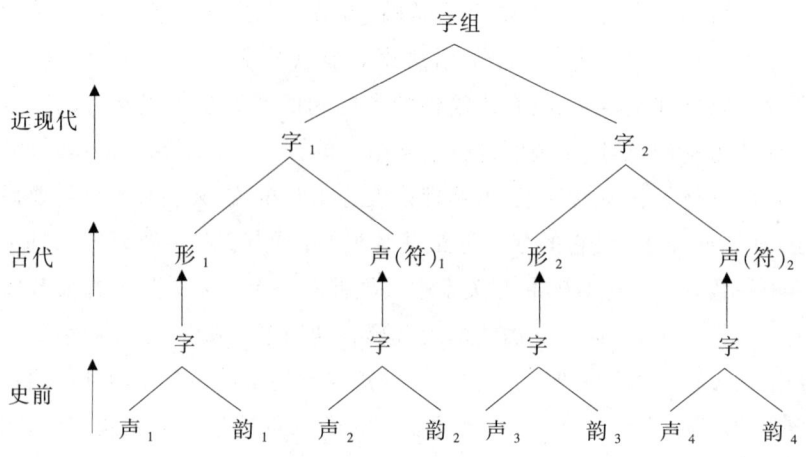

"↑"可读为"转化"。每一个时期不同枝杈上的两个理据载体的组合就能生成一个字。史前时期是声韵或双声、叠韵的组合,古代时期是声符、形的组合,近现代是字的组合。不同时期相互交叉的一些复杂情况,不是本文需要讨论的问题。现在需要弄清楚的是第二节遗留下来的一个问题,即史前声、韵理据载体的语义性质和其相互的结构关系。这只能求助于历史语言学以今证古的回顾的方法,比较现代汉语字组的结构原理和以形、声符为理据载体的字的结构原理,拟测史前汉语的理据载体和它的结构规则。根据古现代字和字组的结构原理,字义是"义象+义类",结构方式是向心和离心,因而史前的声、韵理据载体和它们的结构关系也应该与此一样。训诂中为什么能"古韵明而后古训明""古双声明而后古训明"和双声为训、叠韵为训?就是由于声、韵这两种理据载体表示的是义类或义象,使人们有可能据此去训释某一个字的意义;至于哪一个音类代表义类?哪一个代表义象?那还有待于来日的研究。

以上是根据"语法是理据载体组合为语言基本结构单位的规则"或"语法是语言基本结构单位的构造规则"这一新的定义而对汉语的语法结构进行的一次初步的探索。人们可能会对此提出疑问:字、字组等属于语汇的范畴,怎么叫语法?这就涉及语汇与语法的关系。我的已故的同事、学长叶蜚声先生曾对语汇与语法的关系有过精辟的论述,认为语法是从语汇中抽象出来的规则;抽象出来的规则越多、越丰富,该语言的语法就越厚,而语汇则越薄;反之,抽象出来的规则越少,该语言的语汇就越厚,而语法则越薄。汉语是语汇厚语法薄的语言,而印欧语是语法厚语汇薄的语言。我很同意叶先生的这一论述。确实,汉语的语汇很"厚",因为以前因受印欧语语法理论的影响,没有从汉语语汇中抽象出自己的语法规则,以至于语汇"厚"到人们看不到自己的语法,需要像林语堂那样,通过汉外语的类比,才能揭示《说文》是相当于印欧语grammar那样的著述。如果将叶蜚声先生的语汇、语法"厚薄论"的精神贯穿于语言的研究,那就不能把语汇和语法截然分开,应从汉语的语汇中去抽象汉语自己的语法规则。我们前面的讨论大体上就是根据这一精神展开的,从集语音、语义、语汇、语法于一身的综合性的结构单位中抽象出汉语的语法规则。

汉语的结构从综合型向分析型转化,这就给语言研究提出了一系列新的要求,需要对语音、语义、语汇、语法进行相对独立的研究。印欧语的语言理论为什么能对汉语的研究产生立竿见影的影响?基本的原因就是由于汉语转型时期需要有新的理论和方法,因而随着西学东渐,人们就迫不及待地根据印欧语的理论建立中国的现代语言学,而忽视了汉语研究的固有传统。传统是语言特点的凝聚,是不能忽视的,需要深入探究的是怎样揭示隐含于特点背后的语言共性结构原理。龚千炎(1987,356)的《中国语法学史稿》有一个很好的论断,认为《马氏文通》以后的"一部中国语法学史,就是不断向汉语特点回归的历史"。不过,应该承认,这种"回归"是在印欧语理论框架下的回归,还没有找到回归的基点。基点是什么?应该是汉语的基本结构单位,这就是既有历史根据、在语言社团中又有心理现实性的字。有人说,承认字本位理论就得否定百余年来的中国现代语言学的巨大成就。如果承认这种逻辑,那么我也可以说,您所说的中国现代语言学完全否定了几千年来的汉语研究传统。所以,这种简单化的逻辑是要不得的,我们倡导字本位,是要为现代语言学和汉语研究传统的结合寻找一个衔接点;能否实现衔接的目标,就看我们能否把隐藏于字中的语言基本结构单位的共性原理揭示出来。这是一个关键的问题。本文是对这一关键问题的一次探索,想着眼于比较,从不同语言的基本结构单位所具有的特点中抽象出语法的共性结构原理,重新定义语法,以便与国际接轨。"接轨"这个概念,现在人们经常挂嘴边上,但相互的理解却有很大的差异。据我看到的资料,人们说中国语言学与国际的"接轨",基本上是将印欧语研究的"轨"铺到中国来,让汉语的研究顺着这个"轨"运行。在我看来,这不是"与国际接轨",而是"跟着转",因为我们没有拿出自己的研究成果,也就是没有揭示出隐含于汉语结构中的语言共性结构原理去与印欧语的结构原理比较,实现中西语言学的结合。我们倡导字本位,一方面是要继承自己的传统,另一方面是要揭示隐含于字中的结构原理,并以此为基础比较印欧语的研究,从中吸取其立论的精神,实现语言学的中西和古今的两个结合。《马氏文通》以后的中国现代语言学(主要是语法学、语言理论研究等)中断了汉语研究的悠久历史传统,基本上是根据印欧语的语言理论,完全否定字在语言结构中的地位,重起炉灶,内中看不到自己传统的影子。我不知道世界上有哪一个民族会自动地中断自己的传统?也不知道汉学研究中有哪一个领域会中断自己的传统?我们倡导字本位,就是要继承传统,立足汉语的研究,从特点的研究中揭示它与语言共性的关系,为语言学的中西和古今的两个结合建立一个枢纽性的衔接点;只要准确地抓住这种关系和衔接点,语言研究就不会顾此失彼,即既不会弃传统于不顾,也不会拒绝吸取西方语言学中于我有用的理论和方法。

本文如此强调继承和维护传统,并不是说它没有弱点、不需要改进,而是说要在自己传统的基础上前进。汉语研究传统的一个弱点就是"闭门锁国",缺乏不同语言的比较研究,因而也就不可能在不同语言结构的异同比较中探索语言共性的结构规律,诞生语言理论。《马氏文通》以后的中国现代语言学基本上是追随西方的语言理论,用吕叔湘(1986)的话来说,就是:"过去,中国没有系统的语法论著,也就没有系统的语法理论,所有的理论都是外来的。外国的理论在那儿翻新,咱们也就跟着转。"这种"跟着转"的研究思路同样是缺乏语言结构的异同比较研究,与传统的区别只在于一个是眼睛向"内",一个是眼睛向"外"而已,而就语言研究的方法论来说,二者实际上是"异曲同工""殊途同归",都缺乏语言异同的比较研究,因而中国现代语言学虽然很"现代",但"跟着转"了一百余年,也没有创建自己的语言理论,只能继续"跟着转"。本文根据笔者所理解的语言异同比较研究的精神提出了一些"离经叛道"的说法,重新定义语法,正误对错和得失利弊任由读者评说,但这种异同比较研究的思路是应该坚持的。如果此说还有点道理,那么这种比较或对比的研究就会既有助于抓住特点,也有利于探索共性;或者说,既可以改进"传统",也可以改进"现代"。

引用书目

陈克炯,1993,《"小"义词上古声母考略》,戴庆厦等编《民族语文论文集——庆祝马学良先生八十寿辰文集》,中央民族学院出版社,第 408—416 页。

德里达(J. Derrida),1967,《论文字学》(汪家堂译),上海译文出版社,1999。

董为光,1997,《话说"音义初始"》,《语言研究》第 1 期,《语言研究》编辑部,第 101—108页。

龚千炎,1987,《中国语法学史稿》,语文出版社。

克里斯特尔(D. Crystal),1988,《剑桥语言百科全书》(方晶等译),中国社会科学出版社,1995。

李海霞,2001,《汉语动物命名研究》,巴蜀书社。

李　荣,1952,《切韵音系》,中国科学院印行。

林语堂,1971,《英语学习法》,《语堂选集·大荒集》,台湾志文出版社,1971 年再版,第 61—84 页。

刘师培,《〈尔雅〉虫名今释》,《刘申叔遗书》(上),江苏古籍出版社,1997。

刘师培,《字义起于字音说》,《刘申叔遗书》(上),江苏古籍出版社,1997。

刘师培,《古韵同部之字义多相近说》,《刘申叔遗书》(下)·左盦集卷四》,江苏古籍出版社,1997。

刘　赜,1932,《古声同纽之字义多相近说》,《武汉大学文哲季刊》第 2 卷第 2 期。

吕叔湘,1986,为龚千炎的《中国语法学史稿》(语文出版社,1987)写的序言。

潘文国,1997,《英汉语对比纲要》,北京语言文化大学出版社。

齐冲天,1981,《汉语单音节词的构成问题》,《语言学论丛》第八辑,商务印书馆,第 118—141 页。

齐冲天,1997,《声韵语源字典》,重庆出版社。

沈兼士,1933/1986,《右文说在训诂学上之沿革及其推阐》,《沈兼士学术论文集》,中华书局,第 73—185 页。

石 虎,1996/2002,《论字思维》,谢冕、吴思敬主编《字思维与中国现代诗学》,天津社会科学院出版社,第 1—3 页。

宋金兰,2001,《训诂学新论》,首都师范大学出版社。

索绪尔,1916,《普通语言学教程》(高名凯译,岑麒祥、叶蜚声校注),商务印书馆,1980。

汪德迈(Léon Vandermeersch),1993,《新汉文化圈》(陈彦译),江西教育出版社。

谢 冕,2002,《字思维与中国现代诗学·序》,天津社会科学院出版社,第 1—2 页。

徐通锵,1994,《文白异读和语言史的研究》,余志鸿主编《现代语言学》(第三届全国现代语言学会议论文集),语文出版社,第 41—60 页。

徐通锵,1997,《语言论——语义型语言的结构原理和研究方法》,东北师范大学出版社。

徐通锵,1998a,《声母语音特征的变化和声调的起源》,《民族语文》第 1 期,民族语文出版社,第 1—15 页。

徐通锵,1998b,《自动和使动——汉语语义句法的两种句式》,《世界汉语教学》第 1 期,北京语言文化大学出版社,第 11—21 页。

徐通锵,1999,《"字"和汉语语义句法的生成机制》,《语言文字应用》第 1 期,语言文字报刊社,第 23—32 页。

徐通锵,2001a,《声调起源研究方法论问题再议》,《民族语文》第 5 期,民族语文出版社,第 1—13 页。

徐通锵,2001b,《编码机制的调整和汉语语汇系统的发展》,《语言研究》第 1 期,《语言研究》编辑部,第 35—45 页。

徐通锵,2004,《思维方式与语法研究的方法论》,《北京大学学报》(社科版)第 1 期,北京大学出版社,第 45—53 页。

徐友渔,1996,《语言与哲学:当代英美与德法哲学传统比较研究》,三联书店。

严学宭,1979,《论汉语同族词内部屈折的变换模式》,《中国语文》第 2 期,中国社会科学出版社,第 85—92 页。

叶蜚声,1982,《雷可夫、菲尔摩教授谈美国语言学问题》,《国外语言学》第 2 期,中国社会科学出版社,第 1—9 页。

叶秀山,1991,《美的哲学》,东方出版社。

张　儒、刘毓庆,2002,《汉字通用声素研究》,山西古籍出版社。

赵元任,1940,Distinction within Ancient Chinese,《哈佛燕京学报》(HJAS)第 5 卷第 2 期。

Jespersen, Otto, 1921, *Language: its nature, development, and origin*, Rept. 1964, New York, Norton.

（原载于《语言学论丛》第三十辑,2004）

字组的生成和语汇中的语法规则[①]

1 字组和语义特征的提取

1.1 自索绪尔以后,"结构"是语言学中最常用的一个概念,但在不同的理论体系中的含义不完全一样。着眼于聚合,结构是"指一个符号系统的主要抽象特征。例如,语言是一种结构,其含义是语言是互相关联的单位组成的一个网络,各部分的意义只有参照整体才能确定",含义相当于"系统";着眼于组合,结构说的是"语言成分的某一特定序列模式……例如,小句结构可用主语、动词、宾语,或名词短语、动词短语这类成分的语符列定义;音节结构可用辅音和元音的语符列来定义。一个结构内某一'位置'上一组语项的对立于是称为系统,例如韩礼德式语言学就是这样使用'系统'一语的,那儿'结构'有特殊的地位,是那种理论分出的四大范畴之一(其他三个是'单位'、'系统'、'类'):结构这个范畴说明一个结构单位的现次如何由低一层次的单位现次组成(例如哪些种类的词组结构能构成哪些种类的小句结构)"(克里斯特尔,1997)。这些不同的理解对我们的研究都有参照的价值,不过汉语对结构的研究有其特殊性,这就是如何处理语汇和语法的关系。我们一开始就说过,语法是从语汇中抽象出来的规则,抽象得多,就形成语法厚、语汇薄的语言,反之就是语汇厚、语法薄的语言,印欧语和汉语就是这两种结构类型的语言的代表(§1.1.3),因而汉语结构的研究重点也就是如何从语汇中抽象出语法规则,进行结构的分析。鉴于此,我们

[①] 本文摘自《汉语字本位语法导论》第七章,第139—164页。各节题号单排,未按原书标题号,以方便阅读。引文中在括号内标示的章节号为原书章节。其他《导论》中的选文亦依此例处理。——编者注。

将根据汉语本身的特点,参照西方语言学理论,将结构看成为两个组成成分之间的关联如何生成一个更高层次的结构单位,既关注单位组成成分之间的组合规则,也关注出现在某一位置上的各组成成分的功能的异同。前面各章大致就是根据这一认识梳理结构单位的规则的,如"名"研究表义音节内的声、韵这两种理据载体的性质及其相互关系;"字"研究以声为核心的声、形的理据载体的性质和它们之间的结构关系。从这一章开始,我们研究字组的结构,讨论字组内部字与字的关系,梳理它们的组合规则以及某一位置对字的语义功能的制约,希望能以此实现"从语汇中抽象出语法结构的规则"的目标,为建立语汇语法或语义语法探索前进的道路。

1.2 字组是为适应交际的需要而将字义相关的几个字组合起来,借以表达新事物、新概念的结构单位。字组的长短不定,但至少得有两个字。二字组在汉语中占有特殊的地位,因为多字组的结构以及语义句法的结构原理实质上都只是二字组的结构原理的延伸和扩展。这种字组是字的线性"序"形组合,表达一个概念,借组合"以少数生成多数"。不妨先比较一下英、汉两种语言在这方面表现出来的一些差异:

表一

		公 male	母 female	小 little
猪	pig	公猪 boar	母猪 sow	小猪 piglet
马	horse	公马 stallion	母马 mare	小马 colt
牛	ox	公牛 bull	母牛 cow	小牛 calf
羊	sheep	公羊 ram	母羊 ewe	小羊 lamb
鹿	deer	公鹿 stag	母鹿 doe	小鹿 fawn

这个表引自鲁川(2003),汉语只用了 8 个字就组配生成了英语要用 23 个 words 才能表达的语汇单位。这显示两种语言的编码机制方面的一些差异,一个用单一的词,一个用字组的形式。这个差异看起来似乎很简单,实际上隐含着不同类型的语言的不同结构机理,核心是上下位概念层级体系和语汇单位的生成的关系,值得深入推敲。

1.3 前面说过,同一类属的事物可按类、种、属的体系进行分类,英语的词(至少是表一中所列的这些词)对现实的编码着眼于"属",也就是在概念的上下位层级体系上以下位概念为准,还没有从各下位概念中抽象出共性的语义要素。这可能是语言早期编码机制的遗留,其性质与汉语早期"牛""马"的各种名称(§3.3.5)类似。由于语言的发展,这种编码机制难以满足日益增长的交际需要,因而汉语和英语等印欧系语言各自改进编码的方式。印欧语采用派生构词法扩大编码的范围,用语法化了的前缀、后缀等对词根的意义进行限制,也就是对语汇单位进行语法化的改造,将其纳入特定的语法体系,而不是从语汇单位中抽象出共同的概念性语义要素。汉语的发展趋向与此不同,它虽有语法化的历程(如实字虚化),但没有采用语缀之类的形式对语汇单位进行语法化的改造,而是从同类事物中抽象出共同的概念性语义要素,并从已有的字中选择某一个字表示,然后将它和语义相关的字组合,生成字组。这里不妨以"小"义为例看看汉语社团如何从不同的字义中提取共同的语义特征。请看表二:

此声:雌,鸟母也。(《说文》)雌之受名,盖以其小也。按此声字多含小义。如"小木散材"谓之"柴";"小罚以财自赎"谓之"赀";"妇人小物"谓之"婪";"瑕釁小病"谓之"疵";"凡物生而不长大谓之㞢";"口上须"谓之"髭";"仳仳",小也。

取声:"豕牝"谓之"豵";"杂小鱼"谓之"鲰";"小邑"谓之"聚"(《枚乘传》"禹无十户之聚"的注)

戋声:戋,小也。此以声函义者也。丝缕之小者为线,竹简之小者为笺,木简之小者为牋,农器及货币之小者为钱,价值之小者为贱,竹木散材之小者为栈(见《说文》),车之小者亦为栈(见《周礼》注),钟之小者亦为栈(见《尔雅·释乐》),酒器之小者为盏,为琖,为醆,水之小者为浅,水所扬之细沫为溅,小巧之言为谴(见《盐铁论》及《越语》注),物不坚密为㦒(见《管子·参患》篇),小饮为饯,轻踏为践,薄削为剗,伤毁所余之小部为残。右凡戋声之字十有七,而皆含有小意……

"此"声、"取"声的材料据杨树达(1936);"戋"声据梁启超的《饮冰室文集》;王念孙《广雅疏证》的"婴笙挐……小也"条还有很多丰富的例证,不赘。至于"戋"声的意义是否都为"小",学者的意见虽有分歧,如裘锡圭(1988,177)认为"应该分为两个系统,一系与残损一类意义有关,一系与浅小一类意义有关",但这并不影响我们这里的讨论。比较这几个"声"的意义和"小"的关系,就不难发现"小"这一共同语义特征的几次抽象过程:首先是从若干个字中抽象出一个共性的"小"义,用一个"声"表示;其次是再比较若干个不同的"声"的意义,再抽象出其中的共同意义,用"小"字表示。"小"原是语言中已有的一个字,意义为"物之微也"(《说文》),指物件,表示一个概念,现在扩大它的语义范围,泛指任何现象的"小",如果要指称一种有"小"的特征的现象,就可以采用组字的办法,把"小"与另一个字相组合,使它充任一个语义组成成分的作用。比方说"鲰",可以用"小鱼""杂鱼""小杂鱼"等来表示。有了这样的组合,自然可以将"鲰"之类含义狭窄、使用频率不高的字淘汰,或仅仅保留在某些固定的辞语中,从而使语汇系统向字数减少、而每个字的使用频率提高的经济、便捷的方向发展。这是编码机制的一种调整,体现汉语社团思维方式的变化,或者说,是对语言世界观的"主观性""片面性"进行的一点调整(§3.3.2—4)。"失之毫厘,谬以千里",这种调整牵一发动全身,使汉语语汇的组织发生了重大的变化。原来,汉语对现实的编码以名物为基础,动作的意义寄生于名物,而性状类的意义,除了一些联绵字之外,接近于"无",前引张清常关于《尔雅》时代"没有把颜色的概念分析出来而成为一个专词"(§3.3.5)的情况就是这方面的一个明显例证;周法高(1962,13)发出上古汉语形容词为什么那么少的疑问,也与此有关。现在,"黑""白""大""小"这一类性状性的意义从不同的字族中抽象出来了,语言中就产生了一类表性状性意义的字,改变了原来编码体系中空间(名物)、时间(动作)、性状的结构不平衡状态。同时,这一类意义抽象出来之后也就不能不使上下位概念的字义结构关系的表现形式发生重大的变化。原来,字族中的"声"是义根的标志,代表一种上位概念,而"声""形"相组配而生成的字代表一种下位概念(§5.3.4),现在从不同的"声"中抽象出共同的意义,例如"小",那就可以用"小"这个字与其他相关的字相组合,以字组的形式去表达某一个概念,这就使"声""形"退出上下位概念关系的表达,而由字组中的字去承担,使以单字编码格局为主的语汇系统向复音化的双字编码格局转化,凸显字的"序"的特点。这是语言的一种再编码,解决了原来造字的方法无法解决的一个大难题。汉语语汇的发展终于找到了自己最佳的发展道路,单音节的造字让位于多音节(主要是双音节)的组字,使二字组的结构渐次成为语汇单位的主流。所以,汉语早就在语汇层次上实现了共同语义特征的提取,完成了结构的系统性调整,使结构单位的生成方式从"形"转化为"序"。

1.4 提取语言中共同语义特征的性质犹如数学中提取"质数",J. Lyons(莱昂斯,1977a,470-472)对此的分析是有启示意义的。以表一为例,不管是横行中的各个词,还是纵行中的各个词,都有共同的语义成分,第一行的"猪、马、牛、羊、鹿"是从各列中提取出来的共同语义要素,而第一列的"公、母、小"则是从各行中提取出来的共性语义要素。这些共有的因素,莱昂斯认为就是一般所说的语义组成成分,或称为义素、语义特征。这种提取共同语义要素的方法犹如数学中用比例式提取质数。假定有一组数字比例式:2∶6=10∶30,可以从中抽出共同的成分1、2、3、10,这样,这个比例式可以改写为$(2×1)∶(2×3)=(10×1)∶(10×3)$。这里,1、2、3是质数,而10不是,应该把它改成2和5,使上述的比例式变成$(2×1)∶(2×3)=[(2×5)×1]∶[(2×5)×3]$。提取义素的过程与这种提取质数的方法差不多,表二的"声"是从不同的字中抽象出来的共同语义特征,表一的行一、列一的汉语例字的字义则是从汉语的字组中提取出来的"质数";至于这些成分是不是最小的语义组成要素? 还不能下结论,因为扩大词群的比较数量,就有可能改变"最小"的标准,例如表二从几个表"小"义的"声"中还可以再抽象出最小的共同语义特征"小",犹如上面的10可以简化为2×5那样。

提取最小语义特征的目的是为了改进语言研究的方法,用特征的组合来描写结构单位的意义,进而显示语言结构的特点。以表一为例,假定总结出来的语义成分是"最小"的,那么每一个结构单位都可以用这些成分或义素来描写：bull 就是"牛＋雄性＋成年"……，这"成年"的语义要素与"小牛"（calf）的"非成年"对立。表中的各个结构单位之间至少有一个语义特征是不同的，例如 stallion 和 bull 的差异就是"马"与"牛"，stallion 和 mare 对立是"公"与"母"，而它们和 colt 的对立就是"±成年"，等等。汉语字组中字的语义功能与英语从各个词中抽象出来的 male、female、little 一样，用特征组合的方式去表达一个概念。所以，所谓"最小的语义特征"，就概念关系来说，实际上就是如何从诸多"小"的概念中抽象出一个富有概括性的"大"概念，或者说，从诸多下位概念中抽象出一个上位概念；一个词的各个"最小语义特征"或"义素"就是一个下位概念所可能具有的上位概念的属性。例如 bull 所隶属的上位概念就有牛、雄性、成年……，这是一个开放的集，随着人们认识的深化，会不断发现它可能具有的上位概念或其他概念的新属性。这种"质数"式语义特征的提取过程实际上也是如何从语汇中抽象语法规则的一种方法，值得重视。

"质数"式的语义特征，就汉语来说，与我们前面所说的理据载体没有什么差别，其提取和抽象的方法也就是如何使一个字在字组中转化为理据的载体，在"序"中实现特定的句法语义功能。为了照应现在流行的术语，下面都较多地用语义特征的概念。比较两种语言的"质数"式的语义特征，显然有明显的差异。英语等印欧语的语义特征，如表一所述，是从语义聚合中抽象出来的，而汉语的语义特征，或者说理据载体，是在组合中呈现出来的。这个特点贯穿汉语发展的始终。史前时期的声与韵、有史时期的形与声（符），都是在组合中呈现出它们理据载体或语义特征的性质。由于此，印欧语的理据载体（§2.3.3）和语义特征是各行其道，相互没有什么联系，而汉语的理据载体和语义特征只是名称的差异，实为一体，不过在这些差异中也隐含有共同的特点，这就是它们各自根据自己语言的特点去分析上下位概念之间的关系。

1.5 上下位概念的关系是人类思维必须面对和处理的一种层级体系，不同的语言如何表现这种关系，可以因认知现实的途径和基础性编码机制的差异而呈现出不同的特点，并且由此走向语言体系性结构的差异。汉语的特点，如表二所示，先是通过形声的造字体系，而后是通过字与字的组合表现出来的，一句话，集中表现于语汇。印欧语呢，表一显示，它是从相关的语义聚合中抽象共性的语义特征，展示上下位概念的关系，不过那是晚近的事，而早期展示这一关系的领域是语法。印欧语社团取推理式的思维方式，在有上下位概念关系的大前提、小前提、结论之间进行演绎论证，提出各种理论假设，形成与此相对应的"双轨制"语法结构（§1.3.1）。从语言学史的比较研究来说，中西语言学的表现形态犹如泾水和渭水，很难找出共同的东西，但如着眼于深层的语义分析，就不难发现它们的共性，这就是在语言结构中实现和完善上下位概念的层级体系的表达，汉语形声造字体系的形成和希腊—罗马传统的语法体系的建立大致是同步的，各自用不同的方式实现与上下位概念层级体系相联系的共性语义关系的研究。现在，汉语的结构从字的"形"转向字的"序"，从字法转向句法，开始探索这一领域的上下位概念关系的表达，而印欧语的研究也相应的出现了转向，从语法转向语义，也开始了语汇领域的上下位概念关系的探索，提出义场、义素之类的理论，所以从深层的语义关系的研究来说，实也处于同一发展时期，各自弥补自己所欠缺的一环。比较中西语言学的差异，感到遗憾的是，我们没有从编码方式从"形"到"序"的调整中进行推导和演绎论证，建立相关的理论。相反，印欧语在向语义研究的转向中却积极探索相关的理论，上述莱昂斯关于义场、义素理论的介绍就是这种探索的一种表现形式。这种理论尽管还比较粗疏，进展也不大，但终究在理论上进行了一些可贵的探索。这也是两个语言社团的思维方式的差异的反映，即印欧语社团重假设、重推理、重演绎论证，因而有较多的理论建树，而汉语社团重实践、重实际问题的解决，不关心理论建设，致使丰富的实践经验难以升华为相应的理论。这是我们应该引以为训的。

2　核心字和字的句法语义功能的二重性

2.1　字组结构规则的基础是字义的组合，由于上下位概念的层级体系在汉语和英语等印欧系语言的语汇单位中的表现方式不同，因而字组的语义结构也就和词义有别。简单地说，词义是整体把握的，而字组的意义是字义的组合,合中有分,分中有合,基本的特点是"控制两点,涵盖一片"。这"两点"是由两个字显示出来的,而"一片"是暗示,需要说、听双方根据已有的知识去补充。这是语言实践中经济原则的体现,能用两个字表达的意思就不用三个、四个或更多的字。吕叔湘(1963,61,63—64)曾以"谢幕"为例分析过这种特点,"比如'谢幕',要把其中的意思说清楚还真不简单:'闭幕之后,观众鼓掌,幕又拉开,演员致谢'——这不太啰唆了点儿吗?"它只抓住"谢"和"幕"两个"点",其他的意思隐含于这两个"点"所能控制的范围内,由人们自己去补充,所以"语言的表达意义,一部分是显示,一部分是暗示,有点儿像打仗,占据一点,控制一片"。这种由交谈双方自己去补充的"暗示"的意义,类似语用学中的预设,是不见于言的已知信息;外国人学习汉语,由字面"显示"的意义是比较容易学的,而这种靠"暗示"的"不见于言的已知信息",不经长期的知识积累,是难以掌握的。所以,字组的意义不是两个字的意义的简单加合,而是"1+1>2"。

"暗示"的意义不见于字面,人们可以意会,却难以言传,但不是没有规律。概念性的字义分属于不同的概念范畴,同一范畴中的字因其语义有共同的特点,因而其隐喻、换喻的联想途径也会呈现出某种相似的规律。最近,王洪君(2005)根据大量的语料,对隶属于动物和身体两个范畴的字在字组中的字义引申规律进行了一次系统的考察,发现它们的"名之于实,各有义类"的隐喻式的组配和派生各有自己的规律,其中"动物义场单字及字组的引申主要取'像X一样'方式,而身体义场的则主要取'与X关系相同'方式"。这种研究对语义规律的研究和语言信息的处理都有很好的参考价值。

2.2 字组结构的两个"点",语汇意义上为"涵盖一片"提供明确的信息,而在结构关系上也为句法语义结构的研究开拓了前进的道路,人们可以从语汇中抽象出语法规则,为建立汉语的语义语法提供一个立足的基点;就是说,抓住字组结构的研究,我们就有可能从语汇进入语法,或者说,从字法进入句法。为什么?从前述提取"质数"式语义特征的过程中我们可以清楚地看到,每一个字都有两方面的语义功能:一是对现实现象的概括反映,表达概念的意义;二是它本身又是被概括、抽象的对象,可以从不同字义的异同比较中提取共同的语义特征,显示它在不同上下位概念交叉体系中的地位。这种语义特征的性质既与概念意义有关,又和字与字的结构相联系,因而可名之以语汇—语法意义。字的这两种语义功能,我们可以将它称之为字的语义功能的二重性。它寄生于字组,与字在"序"中的位置有关,因而需要以此为基础去探索语义功能的二重性与字组结构的关系。

自布龙菲尔德提出"自由"和"黏着"的理论以来,人们大多据此去鉴别和分离语言基本结构单位,认为能单用的就是词,不能单用的是语素。中国语言学家接受了这种理论,认为"词"是能独立运用的最小结构单位,字不符合这一标准,最多只能算"语素"。这个"独立运用"的标准固然有其成立的理由,但比较片面,也不确切,因为虚字不能单用,但公认是"词";如仅就实字来说,该定义既缺乏语义的基础,也缺乏语义与结构的关系的考察。一个实字为什么能"独立运用"?其关键是它有"独立"的语义,或者说,有它"独立"的概念意义,能指称某一类现实现象。印欧语的词因其具有这样的基础才能以不同的形态变化进入语句的结构,在词与词的组合中显示它的"独立运用"的性质。这种"独立"的语义存在于哪里?结构,对汉语来说,就是字组,而不是"单用",只要一个字在字组中具有"独立"地表达概念意义的语义功能,就没有失去它"独立运用"的资格。这是由字的语义功能的二重性的性质决定的。这里可以先不考虑那些公认能"独立运用"、即单用的字的概念语义基础,如人、牛、马、写、听、看、红、黑……,就是以那些似已失去"独立运用"能力的字而言,如"校",它虽然不能"单用",但在字组中仍然毫无疑问地能"独立"表达它的概念意义。"校"指学校,是讲授文化知识的机构,它能以此概念意义生成如下的字组:党校、高校、军校、民校、夜校、将校、留校、返校、回校、离校、进校、全校、骑校、警校、戏校、驾校、炮校、步校……,这些字组,不管它是"词"还是"词组","校"都是一个"独立"的概念,指"学校",是现实现象的概括反映,在字与字的语义组合中并没有违背概念意义的"独立运用"的原则。

2.3 人们可能会就此提出反对意见,认为"党校、高校、军校、民校、夜校、将校"等本身就是表达一个概念的,是语言中现成的备用单位,而"全校、骑校、警校、戏校、驾校"等,特别是"留校、返校、回校、离校、进校",都能扩展,是因交际的需要临时组织起来的,或者说,是由"词组"简缩的,很难说它们所表达的是一个概念,因为它们还没有凝固在一起。不错,这些字组的凝固性有程度的差异,是不是表达一个概念也有歧义,但这无关紧要,因为它们的语义都是上述的"控制两点,涵盖一片",其结构形式同型,"校"都处于字组的后字位置。这种似是矛盾的现象隐含有很多语言结构的信息,因为它们是语汇和语法的交汇点。从语汇的角度看,它们各自表达一个独立的概念,不过相互呈上下位概念的关系,即"校"是上位概念,意为讲授一般文化知识的机构,而党校、高校、骑校、警校、戏校等都是"校"的下位概念,意为只讲授某一种专业性文化知识和技能的机构。但是,从句法语义结构的角度看,要从语汇中抽象语法结构的规则,就得仔细考察字组的结构,弄清楚每一个字与语义功能二重性的关系;这种关系,简单地说,大体呈如下的状态:后字体现概念性的意义,前字体现"质数"式的语义特征,说明后字的概念意义所可能具有的其他概念体系的属性。由于处于后字位置的每一个字都有多种概念体系的属性,通过前字表现它的质数式的语义特征,相互间呈现出某种交叉的情况,因而可以根据它们的功能的异同进行再抽象,概括出若干个类别。"校"由于其使用范围比较狭窄,要从字的组合中进行"质数"式语义特征的抽象会受到比较大的限制,因而我们这里以常用的"水"字为例考察这种再抽象的途径。

"水"的意义是"无色、无味的流动液体",抽象、宽泛而笼统,且与自然的、人文的生态环境的关系非常密切,因而人们也就将它与广泛的现象相联系,借助于另一个字的组合生成反映众多现实现象的字组,而它原本抽象、宽泛而笼统的意义也就在字义之间的相互制约中具体化。"水"处于字组的后字的位置,能广泛地借助于另一个字的组合生成表达各种"水"概念的字组,而这些所借助的前字表达的是"水"可能具有的语汇—语法意义,展示它与不同概念体系的联系。比方说,水是一种液体,因而可以与液体类的概念建立起联想,借助于该类概念意义的字的组合,就能生成如汗水、泪水、奶水、露水、卤水、钢水、胶水、脸水、泔水、墨水……前字位置上的这些字与"水"的语义关系有共同的特点,可以归入"质料"的一类；水可以因温度、是否流动等的差异而呈现出各种不同的状态，因而可以与相关的字组合，生成字组，如流水、死水、冷水、凉水、温水、热水、开水、滚水、冰水……前字位置上的各个字的意义有共同性，可以归入"状态"的一类；水有广泛的用度，可以不同的方式加以使用，因而可以与意义相关的字组合，生成如吃水、抽水、饮水、引水、踩水、跳水……之类的字组，前字位置上的各个字的意义可以归入"方式"的一类，如此等等。这种组合可以有效地揭示充任义类的"水"所可能具有的种种语义特征，同时，也可以借此说明，"水"如果转入前字的位置，它也会以诸如此类的语义特征导出各类相关的概念，生成字组。如水坝、水泵、水表、水车、水稻、水雷……中的"水"表质料；水兵、水草、水产、水地、水貂、水门……中的"水"表空间（处所）；水波、水花、水灵、水货、水荒、水绿、水网……中的"水"表状态；水遁、水运、水解、水流、水葬……中的"水"表方式，等等。对字义的初步的语汇—语法化改造大致都是通过这样的途径实现的。根据字在组合中表现出来的"质数"式语义特征或句法语义的异同，可以将他们归纳为若干个类别，名之为语汇—语法意义，如形貌、颜色、质料、性质、状态、程度、原因、方式、时间、空间、工具……究竟能概括出多少种句法语义的特征，现在还没有相关的理论总结，只能随文分析。这种抽象和概括可以从一个侧面说明语汇的语法化的途径，我们要从语汇中抽象出语法规则，这是重要的第一步；有了这一步，才能摆脱具体字义的干扰进行字组的句法语义结构的研究。

　　上述的语言事实告诉我们，同一个字，由于在字组中的位置不同，就能形成不同的语义功能，说明字的语义功能的二重性和字组中字的前后位置的相互依存关系。为此，我们需要提出一个新概念：核心字，就是能借助于另一个字的组合，分蘖式地生成字组系列，以此显示它的语义功能二重性的那个字。例如，上述常用的"水"是一个核心字，能生成一系列字组；不大常用或不能独立运用的"校"也是一个核心字，因为它以其概念的功能借助于另一个字的组合生成如"党校、高校、军校……"系列的字组，又能以其所具有的语汇—语法意义，借助于另一个字的组合生成"校风、校规、校服……"系列的字组，只要人们发现现实现象中有与"校"相似或相关的联系,就能不断地借助于另一个字的组合生成表达新概念的字组,例如"炮校、步校、干校"等字组还不见于现在通行的辞书,但在口语中已很流行。核心字的位置与语义功能的这种关系实际上就是汉语社团"比类取象""援物比类"的两点论思维方式的反映,是"A借助于B,从A与B的相互关系中去把握和体悟A和B的性质与特点"这一方法论的具体运用。鉴于此,我们将二字组中处于后字位置的概念功能称为"义类",将前字位置表语汇—语法意义的功能称为"义象",由于它们已都进入字组的结构,与特定的位置相联系,因而为行文的方便,我们将扩大"语义特征"这一概念的语义范围,兼指义类和义象。

2.4 核心字是汉语语义语法的一个重要概念,它一方面为观察字组的结构模式提供了一个简明的参照点,另一方面也为字组的句法语义结构的研究提供了明确的形式标志。这两个方面需要分别研究。

3 字组的结构模式

3.1 汉语中的每一个字都可以作为核心字生成字组系列,区别只在于生成能力的强弱。大致的情况是:能单说、越常用的字,如人、牛、马、写、听、看、红、黑……,其生成能力就越强,反之就弱。例如"马"能单说、常用,它的生成字组的能力就比上述的"校"要大得多,可以生成众多数量的字组。重要的是,字的"以少数生成多数"的生成能力固然有强弱,语言中字组的数量也几近于无限,但是生成字组的方式却是很有限的,不管是旧的字组还是新的字组,都需要遵循有限而简单的生成模式。这就是:以核心字为参照点,考察它在字组中的"序"的前后,看它如何借助于另一个字的组合分蘖式地生成字组系列;有了这样的一个参照点,就可以从中总结字组的生成模式。字组中的核心字的位置只有两种可能,不是前一位置就是后一位置,并由此形成两种不同的生成模式,体现核心字的语义功能二重性。如以"马"字为例,可以根据前后位置的差异把以它为核心的字组分为两类:

A 鞍马 斑马 川马 骏马 口马 劣马 驽马 木马 赛马

　　　　探马　头马　响马　野马……
　B　马鞍　马帮　马鞭　马车　马刀　马灯　马夫　马裤　马枪
　　　　马勺　马桶　马靴　马戏……

　　这两种字组的结构类型构成汉语字组的基本生成模式,体现核心字双向分蘖式的生成潜能,非常有规律。汉语在这方面已有很好的研究和实践,具体的标志就是《现代汉语词典》和《倒序现代汉语词典》,人们可以清楚地看到同一个字的前后位置的差异与字组的生成的关系。这是汉语特点的反映,像英语等印欧系语言是很难编著出这样两种类型的词典,至少是现在还难以实现。这两本词典说的都是"词",但这些词都是以字为基础生成的字组;没有字,"词"的生成就失去了依据,无法实现"控制两点,涵盖一片"的语义编码。这些由若干个字组成的"词",我们称为字组,为叙述的方便,也可以将字组称为"辞"。"辞"与"词"原是相通的,不过在我们的体系里它们的含义不同,"辞"指字组,而"词"则是相当于英语 word 那样的结构单位。

　　《现代汉语词典》和《倒序现代汉语词典》的字组结构的模式为研究字的分蘖式地"以少数生成多数"的潜能以及与此相关的问题提供了非常有价值的线索和思路,使人们能以简驭繁,把握生成的脉络和字的立体性的结构特点。比方说,一个字能生成的字组越多,说明它的生成能力越强,使用的范围越广,对语言的运用来说就越"基本"、越"常用"(人们将它看成为"基本语汇"的两个最重要的特点);从它能借助于另一个字生成字组的年代的先后、延续时间的长短中可以悟察它的稳固性的程度;从字组的生成过程中可以考察字组的语汇化和字的语法化的相辅相成的机制;根据生成的模式可以考察缩略辞的生成机制以及它与外来辞、方言辞的改造和反改造的竞争……总之,人们从二字组的生成中可以清楚地看到字的分蘖式的巨大生成潜能。

　　3.2　字组生成的形式规律可根据核心字的位置分为三种类型:核心字居后,构成向心性字组,如"马"的字组系列的第一组;居前,则构成离心性字组,如"马"字的第二组系列;如果核心字和所组配的字相同,即一般所说的重叠(如:家家、偏偏、人人、说说、看看……),那就生成同心字组。"向心"和"离心"这两个概念原是布龙菲尔德在 1933 年根据分布的标准提出来的,前者指 IC(直接组成成分)结构体的功能、分布与其中的中心成分相同,后者指结构体的功能和分布不同于其中的任何一个结构成分。它们原来只适用于线性语法结构的分析,我们这里借用这两个概念,但在内容上进行了语义学的改造,用来分析汉语字组的语义结构。这三种结构模式,同心的含义比较明确,而向心、离心这两个概念则需要进行一点解释。先请看例子:

    A 向心   B 离心

斑马 毛色棕、白条纹相间,形状似马的动物 马鞭 赶牲口的鞭子
川马 体形较小、能负重爬山,产于四川的马 马车 泛指骡马拉的大车
海马 鱼,头像马……   马店 主要供马帮客人投宿的客店
骏马 走得快的马;好马   马枪 骑兵使用的一种枪
木马 木头制成的马   马靴 骑马人穿的长筒靴子
…… ……   …… ……

  A 组为向心字组,其语义都是马或马状的物件;B 组为离心字组,其语义都是指与马有关的物件,而不是指马。这就是说,向心字组的语义指称特点是自指,指核心字本身可能具有的各种概念意义,前字只是说明核心字的一种"质数"式的语义特征,对"马"进行语汇—语法意义的限定和修饰;离心字组的语义特点与此相反,不是指核心字本身的意义,而是转指一种与核心字的意义相关的另一种意义,如"马鞭"指鞭子,"马车"指车,"马店"指店,"马枪"指枪,"马靴"指靴子,等等,也就是说"马"作为一种"质数"式的语义特征能限制、驾驭哪些概念性的意义,或者反过来说,从哪些概念性的意义中能抽象出与"马"相关的"质数"式语义特征。由于离心字组的概念性意义都不是指马,因而可以把它的语义指称特点概括为转指。和向心、离心相对应,由两字重叠构成的字组称为同指。从自指、同指到转指,实际上是一种语义的连续统,只能就基本趋向而言,在相互邻接的区域很难划出一条截然分明的界线。根据字的语义功能二重性的特点,如以义类为基础考察字组的语义结构,那么自指的向心性字组系列的语义功能偏重于分析,看同一个概念能够挖掘出多少个语汇—语法意义的特征,而转指的离心性字组则与此相反,偏重于综合,就是在不同的概念中能抽象出什么样的共同语义特征。核心字在字组

中的不同位置集中凝聚了这种语义结构的特点。至于"自指"和"转指"这两个概念,这是朱德熙(1983)提出来的,想以菲尔墨的"格"理论为基础讨论汉语的语法结构,我们这里采用这两个概念,但对其进行了语义学的改造,含义有别于朱先生的与"格"相联系的语法理论。

  向心与离心,自指与转指,这是两对相互呼应的概念,是从两个不同的角度观察相同的语言现象时提炼出来的,前一对概念着眼于结构模式,后一对着眼于语义的指称,自指与向心对应,转指与离心对应。这是汉语生成字组的基本规律,或者说,是汉语构辞法的基本结构规律。有没有与这一规律不一致的现象?有的。如果碰到这种现象,这就需要像研究语音规律的例外那样,逐个加以研究,找出例外的原因。如仍以"马"字为例,"探马""响马"的结构形式是向心式的,但它们的语义却是转指式的,因为"探马""响马"都不是"马",而是进行某种活动的"人"。语义与形式的这种矛盾有其特殊的原因。这两个字组的意义都是表达旧时从事两种特殊活动的人。在科学技术不很发达的时代,马是最重要的一种工具,战斗、交通、运输等都离不开它,探听敌方活动的侦察兵,或拦路抢劫的盗匪,都以马为一种主要的工具,汉语社团在编码的时候就以"马"为一个参照点,以控制与"马"有关的信息。这样,"探马"虽然为一种从事特殊职业的"人",但汉语没有突出"人",而是突出"探"和"马",用这两个"点"来涵盖相关的语义,因为"探"的只能是人,不能是马,不言而喻,因而字组中可以省略"人";"响马"在抢劫前先放响箭的也只能是人,因而汉语社团也是突出"响",而不是突出人。由于这种特殊的原因,才出现字组的语义特点与形式结构不相对应的例外。例外是考验规律的,例外的解释是规律的研究的一个组成部分。

  3.3 向心、离心是字组生成的基本模式,新辞新语都是遵循着这样的模式产生的,人们虽然在理论上不一定说得清楚它的规律,"言传"给他人,但由于它深深地刻印在每一个人的脑子里,都能"意会",是熟知的模式,犹如西方人造句时必须遵循"主语—谓语"的结构框架那样,因而新字组的产生不会给交际带来多少影响,即使人们一时弄不清楚它的准确含义,也能在特定模式的指引下推导出它的大致意思。例如,"水"与"法",前者是一种流动的液体,自然现象,后者是法律、方法、社会现象,本来是两种不相干的现象,但由于水的使用需要依法进行管制,因而语言社团就将这两种相关的现象联系起来,"控制两点,涵盖一片",生成交际所需要的新字组"水法"。这种字组原来没有人说过,但人们第一次听到这个字组时仍能理解它的含义,因为它的生成方式与兵法、国法、家法、刑法……相同,而"水"和"法"这两个字的意义本来就知道,所以"水法"是用旧的材料、旧的模式生成的新字组,"旧瓶装新酒",因而人们容易理解或能很快地掌握新字组的意义和用法。即使是一些反映高科技的字组,人们也能大致了解从"旧瓶"中倒出来的"新酒"的意义。比方说,由于社会的发展,发现一种叫"莱塞"(laser)的物理现象,汉语社团将它名之为"激光"。尽管人们初时并不知道"激光"(laser)是一种什么东西,但由于这个字组的生成模式与春光、火光、冷光、亮光、反光……相同,"激"的"激发"的意思人们也是知道的,"似曾相识",因而能够联系已认识的字的意义和相关旧字组的结构模式去推断新字组的意义,不会影响对新字组的理解,或者说,用不着费多大的困难就能理解新字组的意义。这里的奥秘就是字在字组生成模式中装拆自如,灵活多变,以少驭多,是分蘖式的裂变,人们只要了解一个字的意义和分蘖式裂变的方式,就能理解或大致理解字组的意义。这是字与模式的相互关系所形成的巨大力量。现在,社会发展很快,信息量剧增,出现大量新字语,电脑也面对许多"未登录词"。尽管新字语大量涌现,但"汉字"数量并没有增加,分蘖式的裂变模式也没有变化。《现代汉语词典》在 2002 出版了增补本,增补了 1200 条"新词",用粉红色纸刊印,附于原刊本的后面,但前面的单字条目并没有因词条的扩充而增加;2005 年出第五版,在原有词语中删去了 2000 余条,另增加了 6000 余条,但字头和向心、离心的字组生成模式并没有因此而受到影响。"旧瓶"中装了"新酒",说明"旧瓶"容量的无限性和字在模式中具有"以少数生成多数"的巨大潜能。

字组的向心、离心的生成模式是从汉语的研究中总结出来的,但它具有普遍理论意义,只要是缺乏形态变化或形态变化趋于衰变的语言,都会采取这种结构方式生成新的结构单位,扩大语汇量。英语现在虽然还有形态的变化,但已趋向于衰变,因而构词的方法也明显地呈现出这样的倾向。请比较下面 A、B 两组词的结构：

A	B
White house	houseclean
hothouse	housemate
clubhouse	housewife
smokehouse	houseboat
schoolhouse	house agent
watchhouse	house keep
……	……

这都是由原本独立的词的组合。A 组的结构相当于向心字组，B 组相当于离心字组，其中的 house 就相当于核心字。翻开英语词典，很多词都有这种类型的字组结构，只是数量不等而已，大体是愈常用的词，这种类型的结构数量就愈多。从英语的发展来看，这一类的结构有愈来愈膨胀的趋势，暗示派生构词法已难以适应英语扩充语汇量的需要。其他语言也不乏这一类例子。这说明，即使像印欧语那样的语言，一旦语言的发展有需要，它也会毫不犹豫地采用语义组合的方法造词，其所依据的原则与汉语以核心字为基础的字组结构模式相同。

3.4 在语言的演变中，特别是随着语言间相互影响的加深，语汇中会产生一些与结构模式相矛盾的现象，其中最典型的就是借辞。例如英语的 olympic 借入汉语，就用汉字"奥林匹克"对注，其中的每一个汉字只代表英语的一个音节或一个字母的发音，与字的原来的意义无关。这种只表音、不表义的"字"与字的结构格局"1 个字·1 个音节·1 个概念"矛盾，"奥林匹克"的序列也与汉语字组的向心、离心、同心的生成模式无关。面对这种现象，模式就会对它进行改造，选择其中的一个音节，用一个音近的汉字代表，再借助于另一个意义相关的字的组合，将其字化，使原来不表义的音节实现表义的功能，纳入字组的向心或离心的生成模式。例如"奥运"或"奥运会"，这个"奥"就有意义了，表达 olympic 的意思，实现了字化，而"奥运"的结构也与驳运、财运、气运、民运、货运等同型（请参看宋作艳，2003）。汉语中有不少这种类型的字组,是丰富汉语语汇的一种重要途径。

　　字的语义功能有二重性,可以表义类,也可以表义象,音与义都借自外语的借辞,"借"的是义类还是义象? 都有可能,但就总体的趋向来说,以借概念为主流,只要字化了的音节进入向心的字组系列,语义的指称表自指,说明它借入的是概念,而后在语言运用中也有可能转入离心字组的系列,这样它也就可以兼表某些语汇—语法意义方面的语义特征,像汉字一样具有二重性的功能。这方面的一个典型例子就是"的士"的"的"。"的士"(出租汽车)是英语 taxi 的粤方言音译,其中的"的"只代表一个音节,由于它借助于另一个字的组合,生成字组,实现了字化,于是就能表示 taxi 的意义。例如:

a. 面的、摩的、残的、货的(出租用机动车)
　　板的、马的、驴的、骆的(出租用非机动车)
　　飞的、电的、火的、水的(非陆上、非出租用的一般交通工具)
b. 夏(利)的(士)、奔驰的(士)、豪(华)的(士)
c. 打的(士)、坐的(士)、叫的(士)、拦的(士)
d. 的哥、的姐、的爷、的票

　　a、b、c 三组的"的"有了"出租用机动车"之类的概念意义,是向心的结构形式,而 d 组的"的"是离心的结构方式,是从不同的"出租用机动车"中抽象出来的、特指服务于这一类交通工具的人或物,因而处于前字的位置表某种特定的语义特征。这个特征是从"的"的概念意义中抽象出来的,因而是借入概念之后所孳生的一种汉化了的语言现象。对借辞进行汉语化的改造,这是主流。有主流,自然也就会有支流,最典型的一个例子就是英语 beer 的音译"啤"。它最初只存在于"啤酒"这个字组中,意指"啤酒"是"酒"的一个下位概念,与汾酒、料酒、烧酒、白酒、黄酒、红酒等并列,处于向心系列中的前字位置,从而使"啤"具有"酒"的某种语义特征。义象性的语义特征是从概念中抽象出来的,因而在一定条件下也可以向概念转化,指称它所属的下位概念,并以它为核心字生成向心系列的字组。这"一定条件"就是因生产的发展而出现大量啤酒类的产品,使"啤(酒)"有了大量的下位概念。如:

扎啤(酒)　散啤(酒)　鲜啤(酒)　瓶啤(酒)　听啤(酒)　生啤(酒)　干啤(酒)
罐啤(酒)　青啤(酒)　青岛啤(酒)　长城啤(酒)

"啤(酒)"相对于"酒"来说,是一个下位概念,但相对于上列字组就是一个上位概念。不管是先借入概念还是先借入语汇——语法意义的语义特征,都需要截取某一音节对它进行字化的改造,使不表义的音节意译化,将其纳入汉语字组的向心和离心的生成模式。

印欧语之间的借词大多采用字母转写的方式,不需要意译化,因为它们的认知途径相同,都偏重于听觉,而汉语的认知途径偏重于视觉(§1.4.1),因而需要对借入的、偏重于听觉的词语进行字化的改造,使其与自己的认知途径相一致。自古以来,汉语就以其宽阔的胸怀接纳外来的辞语,将其融入自己的体系,实现汉化。初时的办法是截取外语词的一个音节,造一个形声的表义字去表达这个词的意思,实现字化。例如,随着中印文化交流的发展,佛教传入我国,需要翻译佛经,我们就用这种字化的方法造字,用以翻译梵语。buddha 最初音译为"佛陀"、"佛驮"、"浮图"……,最后就用一个"佛"字代表 buddha 这个词的意思。"佛"这个字里的"弗"是汉语原有的一个字,读音与 buddha 中的 bud-相似,因而我们的祖先就根据形声的结构框架,将它作为一个声符,再配之以形符"人",使其人格化,创造一个"佛"字,用以指称修行圆满的佛教徒。"佛"现在已经融入汉语,失去了借用和字化的痕迹,只是因为其没有同音字,才标志了它的特殊性。类似的还有如"僧(僧伽)"、"禅(禅那)"、"塔(塔婆)",都是从梵语词中选择某一个音节(一般都选首音节),用一个音近的汉字做声符,再配之以相关的形符,进行字化,使其成为一个有意义的汉字。随着语言的发展和人们的广泛应用,它们已逐渐失去借用的痕迹,像"塔"还进一步引申为塔状的建筑物,能以它为基础生成一大批与此义相关的字组:塔吊、塔灰、塔林、塔楼、塔轮、塔钟、宝塔、灯塔、炮塔、水塔、铁塔、金字塔……。随着字的生成方式由"形"转化为"序",单字编码格局解体,这种字化的方法已失去它往日的生命力,但只要交际有需要,它仍旧会古枝发芽,选择外语词的一个音节进行字化,例如化学术语的翻译大多采用这样的方法:

| 铝 aluminum | 钙 calcium | 镁 magnesium | 钠 natrium | 镓 gallium |
| 氯 chlorum | 氮 nitrogenium | 氨 ammonia | 氦 helium |

这是形声造字体系时期的字化模式，现在字组的向心、离心的生成模式是它的延续和改进，是字的句法语义的特点从"形"转化为"序"的必然发展。字与向心、离心的字组生成模式的互动是对借辞进行汉语化改造的巨大力量。

4 序位、序素和字组的句法语义结构

4.1 和字组的结构模式相对的是它的句法语义结构。根据核心字的不同位置与语义功能二重性的关系所提供的线索，字组的语义结构可用如下的公式表示：

前字的位置＋后字的位置
义象＋义类

字组中进入前一位置的字充任义象的功能，进入后一位置的字充任义类，二者的相互关系形成字组的句法语义结构。这是一种深层的结构，反映在表层，有几个重要的特点。第一，"二合"的生成机制。向心、离心、同心的字组都是通过二合的方法生成的，核心字因位置前后的差异就能实现同一个字的句法语义功能的二重性，就是这种二合的生成机制在二字组中的表现。其实，字组的结构，不管长短，都是"义象＋义类"的二合，"马车"之类的二字组自不待说，即使像"碗口大的石头""飞来了碗口大的石头"等的多字组，及至语句的生成，其生成机制也都是二合。自古至今，汉语的结构发生了很大的变化，但这种"二合"的生成机制始终未变，都是两个理据载体组合为一个基本结构单位，从而形成相关的语法构造规则。例如，声、韵二合为"名"，形、声二合为字，字的结构特点从"形"转化为"序"之后，理据载体的形式发生了变化，但二合的结构原理仍旧牢固地控制着字组的生成。二字组的结构形式虽然很短，但浓缩着二合的生成机制的结构原理，因而我们前面都以它为基础进行汉语结构的讨论。这种"二合"的生成机制与汉语社团"两点论"的

思维方式(§3.2.1)有紧密的联系,或许可以说,它就是这种思维方式在字组生成中的体现。

第二,这种二合的生成机制清楚地向人们展示:位置对字的语义功能二重性的实现具有决定性的作用,为此,我们需要再提出两个新的概念:序位和序素。序位就是语序的结构单位,而实现序位功能的结构成分就是序素。这是字的结构特点从"形"转化"序"之后而提炼出来的新概念,其中序位是抽象的,序素是具体的,其关系犹如音位和音素。"二合"的生成机制的序位只有两个,扎根于"义象＋义类"的深层语义结构,具体地说,序位就是使字、字组生成特定句法语义功能、实现语义功能二重性的结构位置,而在序位中体现特定句法语义功能的结构成分就是序素。序素可以是一个字,也可以是由若干个字组合起来的字组;不管是字或字组,一旦进入某一序位,它就是实现这一序位所赋予的句法语义功能的序素。所以,序位是"死"的,屹立不动,而序素是"活"的,像核心字作为一种序素,既可以处于前一位置,也可以处于后一位置,以它的"活"实现不同的句法语义功能。这就是说,进入某一序位的字或字组,不管它原来的字义是什么,都由序位的性质决定,不是表义类,就是表义象。比较一下以"马"为核心字的字组系列的字义结构关系,就不难理解这一点。

第三,由"二合"的生成机制所形成的"位"富有层次性,一个"大"的、复杂的结构单位往往都是由若干个"小"的、简单的结构单位通过层层二合的生成机制形成的。例如前面提到过的"飞来了碗口大的石头",它的两个"序位"依次由若干个小的"序位"二合生成：

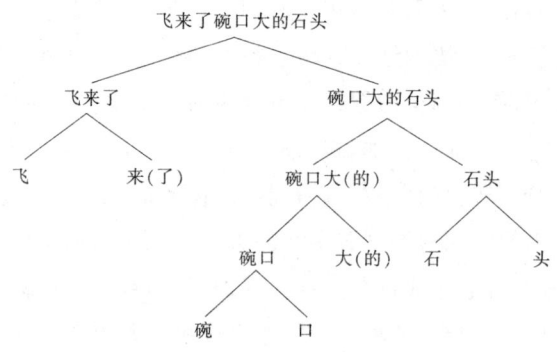

这种层层二合的生成机制贯穿于汉语结构的各个层面:音节是音素通过声、韵的层层二合(徐通锵,1991),字是形、声的层层二合(§5.3.4),"序"的层层二合只是这种生成机制的延伸,不是什么新的结构原理。

这三点都是字组"义象+义类"的语义结构的表层表现形式,是人们观察汉语结构原理的窗口。

4.2 "位"是现代语言学的一个重要概念,其基本的精神就是将语言结构单位量子化、离散化。人们已经很清楚,凡是英语以-eme 收尾的词,如 phoneme(音位)、morpheme(语素)、lexeme(词位)、sememe(义位)等等,都是"位",它的基本含义就是在某一组合位置上能和其他单位相互交替、具有区别作用的结构单位;有区别,就是不同的"位"。所以,这些"位"都是聚合关系的概念。序位的"位"的基本精神不是聚合,而是组合,是组合关系的一种结构单位,是根据汉语字组结构的特点提炼出来的一个概念,体现字的编码机制从"形"(空间)转化为"序"(时间)的一次理论转型。人们可能会就此提出反对意见,认为你说的"序位"与结构语言学的分布没有什么区别,何必多此一举!不错,这个概念确与分布有关,因为是从核心字的前后位置的差异中提炼出来的,但不能由此忽视"序位"与分布的一些差异。分布的方法是从印第安语的调查和研究中提炼出来的(§0.1.2),只管形式,不管意义,基本的精神是从同一组合位置中找出相互有区别作用的结构单位,而"序位"讲的是特定结构位置和字的语义功能的关系,是对语汇进行句法语义改造的一个平台;分布经常受到人们批评的缺陷之一是循环论证,而序位以"义象+义类"为语义基础,与循环论证无关。

语法是从语汇中抽象出来的规则(§1.1.3),要建立汉语的语义语法,就得从语汇中抽象出句法语义的构造规则,对字进行语法化的改造,而"序位"和"序素"就是为此目的而从语汇中抽象出来的两个概念,用以描写以"义象+义类"为深层语义基础而形成的结构,对语汇进行初步的句法语义的改造,人们可以根据它们的指引将字的语义功能的二重性结构化、类型化。因此,"序位"的概念不要与一般的分布混为一谈,如果一定要与印欧语的结构进行类比,倒可以与语法的"主语+谓语"结构框架相比拟,因为进入"主语"位置的词就会披上特定的形态标志,充任句子的主语,进入"谓语"位置的词也会有特定的形态标志,充任谓语;同理,汉语字组的"义象+义类"的语义结构格式,进入某一序位的字虽然没有特定的形态标志,但位置可以赋予它特定的句法语义功能,即:以"义类"为基础的序位,进入该位置的序素都偏重于概念性语义特征的表达,是现实现象的概括反映;进入以"义象"为基础的序位的序素,都偏重于语汇—语法意义的表达,多表限定性、引导性的语义特征,因而这一结构格式具有结构框架的性质,基本精神与印欧语的"主语+谓语"框架相当,都是对语汇单位进行语法化改造的一种结构框架。既然如此,两个框架的结构原则为什么有如此重大的差异?因为它们与不同的思维方式相联系,即:印欧语的"主语+谓语"的结构框架与判断相对应,是推理式思维方式在语言中的表现形式,而汉语"义象+义类"的结构则是汉语社团两点论思维方式的反映(§3.2.2)。所以,在汉语语义语法的研究中,"序位""序素"都是一个必要的概念。本来,序位只有与义类、义象相对应的两个"位",不用也能实现字组的语义结构的分析,但由于义类、义象所凸显的是语义的内容,处于深层,语法结构的性质不明显,因而这里提出"序位""序素"的概念,以强调它的句法语义结构的特点和与此相联系的框架性的性质。

4.3 结构,它涉及纵、横两个方面。前面的讨论集中于字、字组的纵向的结构,考察它们进入特定的序位而接受聚合性改造,将语汇意义概括、抽象为若干个半语汇性、半语法性的语汇—语法意义,使之呈现出特定的句法语义功能,现在需要进一步考察的是类、象之间的横向的组合规则。

核心字在不同位置中的不同语义功能显示,"义象+义类"这种概念性的深层语义结构为句法语义结构的生成提供了两种可能的思路,即:一个义类需要借助于不同的义象以显示它可能具有的不同概念体系的属性,而一个义象也需要寄生于不同的义类而显示它的语义功能,其结构的原理犹如同一个音位需要借助于不同的区别特征去描写,而同一个区别特征则寄生于不同的音位那样。这种交叉的结构使"类"与"象"的语义关系形成两种不同的类型:以"类"为核心,"象"以其质料、形貌、颜色、性质、状态、程度、数量……展示"类"所可能具有的语义特征,那么,"象"就只能对"类"起一种限定、修饰的作用,使字组的意义与义类呈上下位概念的关系,生成"以前饰后"的限定关系字组,如前述的"汗水、泪水、奶水、露水、卤水、钢水……"和"党校、高校、军校、民校……"之类;反之,如以"象"为核心,用"类"去衬托和展现"象"的语义特征,表达两个不同概念之间的关系,那么就会生成"以前导后"的引导关系。在上述以"校""马"和"水"为核心字的字组系列中,由于这几个字都表名物,所生成的字组虽然多属限定结构,但也透视出"类"如何去衬托、补充"象"的含义,展现"象"如何寄生于不同的"类",从而形成引导性的生成机制,生成如"吃水、抽水、引水、饮水;留校、返校、进校"等这样的字组。具有这种引导性功能的字多表运动的方式,因而如果"象"序位上是一个表动作的字,比方说"说",它的"以前导后"的引导机制就会显得非常突出,能与它组合的概念很多,如说辞、说法、说谎、说理、说媒、说亲、说情、说书……。这涉及形式与意义的关系,也就是相同的结构形式可以表达不同的意义。前述以"校"为核心字的字组系列中,我们就可以发现这方面的一些线索,如"留校、返校、回校、进校"等的结构形式虽与"党校、高校、军校"等相同,是向心的结构模式,但语义关系有别,"留校"等不是"校"的下位概念。形式结构的模式和句法语义结构出现了一些不相对应的情况,这就需要人们对此做出理论的解释。

限定和引导这两种句法语义结构的"序"的生成机制的差异,用一句简单的话来说,就是限定关系的生成机制是"后管前",而引导关系的生成机制是"前管后"。这是语义结构上的"向心"和"离心",前者反映上下位概念的关系,即字组的意义是"心"的一个下位概念,后者与此无关,字组的意义既不是义类的下位概念,也不是义象的下位概念,比较一下"民校"与"留校"之间的语义结构,就不难发现它们的重大差异。这两种结构的"类""象"的语义不等价,不是以"象"修饰"类",就是以"象"支配"类",都是"义象≠义类",如果字组中两个字的字义关系是"义象=义类",同义并列,如人人、家家、说说、看看以及朋友、城郭、语言、追逐、跋涉、左右、厚薄等,那就会生成并列关系或联合关系字组。

这就是说,字组的句法语义关系大致分三种类型:(1)限定关系;(2)引导关系;(3)并列关系。这是从字组的两个序位的关系中初步抽象出来的句法语义规则,说明字已从"形"的结构转向"序"的结构,可以据此去研究汉语的句法语义关系。

4.4 前面是我们从语汇中抽象出来的语法规则,主要谈到三方面的问题:

(1) 深层概念性语义结构:"义象+义类";
(2) 句法语义结构:限定关系、引导关系和并列关系;
(3) 语汇的结构模式:向心、离心和同心。

这三层结构的相互关系可简单地图示如下:

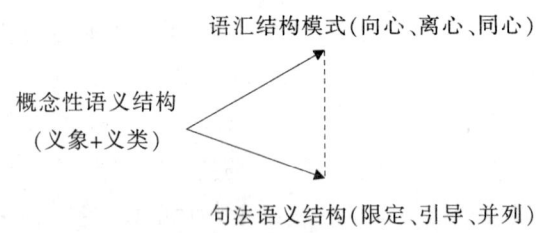

从语汇中抽象出来的语义语法的三个组成部分形成语义语法的"三角",它们虽然是各自独立的结构层,但相互存在着内在的联系。箭头表示结构关系的投射,即"义象+义类"的深层概念性语义结构投射于语汇,生成向心、离心和同心的字组结构模式,投射于字组的句法语义结构,生成限定、引导和并列的结构关系。语汇结构模式和句法语义结构之间没有直接的联系,它们只有通过深层的概念性语义结构"义象+义类"才能发生间接的联系,因而用虚线表示。三个组成成分的"三角"大致可以反映语义语法的基本精神。这是从语汇中抽象语法规则、建立语义语法的一个粗线条的轮廓。

形式和意义相辅相成,但又不是简单的对应。语汇单位的生成模式的向心、离心、同心和句法语义结构的限定、引导、并列,除了同心和并列有比较简单的对应之外,其他两种似相对应的结构之间,情况比较复杂,是既有对应又有区别。对应,表现在语汇结构模式中有起核心作用的核心字,生成向心、离心这两种不同形式的字组,而在句法语义结构中与之对应的则有一个支配性的结构成分,形成"后管前"或"前管后"的"管"的生成机制,即:或以义类为"心",使"象"饰"类",生成限定性的句法语义结构,或以义象为"心",用"类"衬补"象",生成引导性的句法语义结构。这种与"管"相联系的结构成分的支配性作用也是一种"核心",犹如核心字在字组的"序"中因位置的差异而具有不同的语义功能那样。这就形成语义结构的"心",与语汇生成模式的"心"相对应。不过这种对应是深层的,而在表层,它们之间有矛盾,因为向心模式所生成的字组既可以表达限定的句法语义结构,也可以表达引导的句法语义结构;离心结构的模式也是如此,所生成的字组也可以表达不同的句法语义结构。语法研究应该对这种既有矛盾又有紧密联系的语言现象做出理论的解释,使形式和意义和谐地并轨。

引用书目[①]

克里斯特尔(D. Crystal),1997,《现代语言学词典》,商务印书馆,2000。
鲁　川,2003,《汉语的根字字族》,《汉语学习》第 3 期。
吕叔湘,1963,《语文常谈》,三联书店,1980 年重印。
裘锡圭,1988,《文字学概要》,商务印书馆。
宋作艳,2003,《字化和汉语限定关系字组的编码机制》,《世界汉语教学》第 4 期。
王洪君,2005,《动物、身体两义场单字及两字组转义模式比较》,《语文研究》第 1 期。
徐通锵,1991,《语义句法刍议》,《语言教学与研究》第 3 期。
杨树达,1936,《释雌雄》,《语文导报》1986 年第 1 期。
周法高,1962,《中国古代语法·构词法》,(大陆)复印本。
朱德熙,1983,《自指和转指:汉语名词化标记"的、者、所、之"的语法功能和语义功能》,《方言》第 1 期。
Lyons, J., 1977, *Introduction to Theoretical Linguistics*, Cambridge University Press.

[①] 《导论》一书引用书目一并列于书后。这里把选文中引用的文献列于文后,以供参考。《导论》中其他选文的引用书目均依此例处理。——编者注。

字的语法化的"阶"和汉语语义句法的生成

语言的基本结构单位是把握语言系统的枢纽。汉语的基本结构单位是字,它在语言系统中的地位相当于印欧系语言的词,"这样说绝不意味着'字'的结构特性与英语的 word 相同,甚至连近于相同也谈不上"(赵元任,1975,241)。这种差异必然会给汉语的语法研究带来方向性的影响。这主要是:研究的重点需要从语法转向语义,从描写转向生成,以汉语的研究为基点去吸收西方语言理论的立论精神,实现二者的有效结合。

1 字和字的语法化途径

语言是音义结合的符号系统,其音义关联的基点就是确定一种语言基本结构单位的依据。据此,我们认为字是汉语的基本结构单位,其特点就是一个音节关联一个概念,形成"1 个字·1 个音节·1 个概念"的基础性结构格局。印欧系语言的词的结构格局是"1 个词·n 个音节·1 个概念",其中的音节与任何带意义的结构单位(语素、词、词组、句子等)都没有强制性的联系。字与词的这种差异使两种语言的语法结构呈现出不同的发展途径。印欧系语言是名、动、形的词类划分和它们与主、谓、宾等句法结构成分相关联的双轨制,只有二轨合一才能生成合格的语句(徐通锵,2001a,138—140);汉语是《文心雕龙》所说的"因字而生句",突出单向的生成机制,其结构层级是:字—字组—字块—形句—意句。为叙述的方便,也可以将"字组"称为"辞",以别于已和英语 word 等同的"词"。"形句"相当于传统所说的"读"(dòu)或一般语法书上所说的"小句",它虽有句的形式,但不能满足表意的要求,因而往往需要连缀若干个形句才能生成一个能表达完整意思的意句。

鉴于此,上述的层级也可以简称为字—辞—块—读—句。字是语句结构的基础。什么是字?我们原来的定义是:语言中有理据性的最小结构单位(徐通锵,1997,17)。这虽然抓住了音义结合的关键,但由于它不易为一般人理解和操作,因而现在根据语言音义关联的性质将字定义为:一个音节关联着一个概念的结构单位。这是汉语研究的立足基点和研究视角,其他异于此的结构单位,如联绵字、复合辞之类的现象也得以此为基点去研究它们的成因,犹如研究音变规律的例外那样对它们做出理论的解释。

《文心雕龙》的"因字而生句"这句话点明了字与句之间的内在联系,但字以什么样的方式"生句"? 从这种"生句"的过程中能提炼出一些什么样的生成规律?它没有提供什么凭借。现在国外有一种热门的语法理论,人们将它称为语法化,一般都偏重于词组的语汇化和实词虚化的研究。这种"化"的思路和精神用于"因字而生句"的生成过程的研究是有参考价值的,可以借此进行汉语语义句法的研究,清理"因字而生句"的规律。不过由于汉语的结构与印欧语有重大的差异,因而语法化的进程自然也会各有自己的特点。实词虚化是不同语言的语法化共同经历的一种进程,相互间隐含着一些共同的结构原理,而语法化的其他进程,不同的语言肯定会呈现出不同的特点。汉语以字为自己的基本结构单位,"因字而生句"的基础是字,语法化的进程自然也自字始;不过它无法"一步登天",直接"生句",而需要经过若干层级的语法化,形成不同的"阶"的结构单位,才能在"生句"中找到自己的地位。汉语语义句法的结构层级为什么是字、辞、块、读、句? 就是由于介于字与句之间的辞(字组)、块、读(形句)三级和字的语法化的三个"阶"相联系,即"阶"的阶梯与结构单位的逐层升级呈对应的状态。"因字而生句"的语义句法的生成规律的研究需要顺着这种结构层级逐阶进行,从中揭示相关的结构规律。

字的构造像"和尚头",没有任何语法形式的标记,不像印欧语的词那样,形态变化为每一个词标明了不同的语法身份。如何给字这样的"和尚头"进行语法化,"梳辫子"? 唯一的办法就是借助于另一个字(辞、块),以已知求未知,从它与其他结构单位的相互关系中去把握语法化的脉络,提炼相关的规律。

2 字组的生成和字的语法化初阶

从字到句的第一级阶梯是字组。字组是为适应交际的需要而将字义相关的几个字组合起来,借以表达新事物、新概念的结构单位。字组的长短不定,但至少得有两个字。二字组在汉语中占有特殊的地位,因为多字组的结构以及语义句法的结构原理实质上都只是二字组的结构原理的延伸和扩展,所以我们的研究先只限于二字组。字如何组成字组,这是考察字的语法化的第一个台阶,因而称为"初阶",其基本的方法就是借助于另一个字,使没有任何形式标记的字因这种"借助"而进入结构的网络。这是人们能从两个字的相互关系中去把握字的语法化进程的基本依据。

"借助于另一个字,使人们能从两个字的相互关系中去把握字的语法化的进程",这句话隐含有一个前提,这就是有一个字是"借助"的参照点,是已知的,以它为基础借助于另一个字,从两个字的相互关系中去分析、总结出它们相互依持、相互制约的结构化、语法化规律。这两个字的位置可以是线性的前后,也可以是非线性的左右;这种非线性的典型就是传统的楹联和律诗中的对仗,如以苏小妹三难新郎中的"闭门推出窗前月,投石冲开水底天"为例,人们就可以从已知的上联求取未知的下联,从两两相对的字、辞、句的对比和参照中去把握每一个字的字义、字义间的结构关系和语法规则。我们传统基础性的语文教学非常重视这种对仗式的训练,以便让人们(主要是儿童)从对比中"悟"出汉语语义句法的真谛。不过本文的分析重点不是这种非线性的对仗,而是字的线性组合结构,从它的生成规律的研究中揭示字的语法化途径。

字的特点是语义核心,它的线性组合既是汉语发展中由于编码机制的调整而形成的"以组字代替造字"的语汇化过程(徐通锵,2001b),也是字实现语法化的第一步。这一事实本身就清楚地说明字的语法化进程是与字组的语汇化进程相辅相成的。就字的线性组合而言,"借助于另一个字,以已知求未知",这成为"借助"参照点的那个已知的字称为核心字,可以以它为基础通过联想的桥梁去选择、借助另一个字以形成一个表达新概念的字组。核心字是字组生成的联想枢纽,通过两个不同的联想方向去"借助于另一个字",进而生成两种不同类型的字组,组成一个有共同核心的字组系族。联想的方向通过核心字的前后位置表现出来。请比较下面以"草"为核心的字组系族的两类字组:

第一组　虫草　稻草　茎草　灯草　毒草　干草　甘草　花草　粮草　……草草

第二组　草案　草包　草场　草创　草稿　草灰　草荐　草料　草帽　……草草

这是一个以"草"为核心字的字组系族。我们称第一组为向心性字组,第二组为离心性字组(徐通锵,1997,362—390);两组的最后一个字组都是"草草",即核心字和所组配的字相同(草草、家家、偏偏、看看、人人、说说……),可称之为同心字组,是向心和离心的过渡桥梁。向心和离心是字组结构的主流,《倒序现代汉语词典》和《现代汉语词典》就是这两种性质的字组的汇集。字组的这种向心、离心和同心的结构方式为每一个字的初始语法化提供了一个活动舞台,使它能借助于另一个字生成不同的字组,并在两个字的相互关系中显示其语法潜能。向心和离心的字组结构原理有普遍理论意义,只要是缺乏形态变化的语言,都会采取这种结构方式生成新的结构单位,扩大语汇量。英语现在虽然还有形态的变化,但已趋向于弱化,因而构词的方法也明显地呈现出这样的倾向(徐通锵,2001a,208)。向心、离心和同心是现代汉语的语义构辞法。

核心字的不同位置代表不同的联想方向,体现不同的语义功能:核心字处于后字的位置,表义类,其含义抽象、宽泛、笼统,只有借助于前字的意义才能使它所隐含的语义具体化;处于前字的位置,它表义象(语义特征),限制和驾驭后字所代表的义类的意义范围。核心字在字组中既可以处于前字的位置,也可以处于后字的位置,说明它既可以充当义类,也可以充任义象。这种差异提示二字组的语义结构原则是:

前字的位置＋后字的位置
义象＋义类

义类是对现实现象的概括反映,是现实现象的类别,而义象是一种语义特征,是对义类的概括反映,从不同的义类中抽象出相同的因素,因而其抽象度比义类高了一个层级。如以"草"为例,比较它在离心字组中的功能就能抽象出如原料(草包、草荒、草灰……)、方式(草案、草测、草稿……)之类的语义特征,说明"包、荒、灰……"和法令、规章、条理等的"案"、精确度要求不很高的初步测量、初步写成的文章等现象中都隐含有共同的语义特征。知道了"草"具有这些语义特征,只要交际有需要,人们就会毫不犹豫地与一个语义相关的字组合,生成新的字组,如"草风""草冰""草饼""草喻"之类,尽管它们现在是杜撰的字组,但生成的机制是允许的;电视剧《大汉天子》中无官衔的人对皇帝自称的"草臣"就是根据"草民"类推生成的一个新字组。每一个字都有这种潜能。不管是向心性字组,还是离心性字组,它们的字义结构关系都是"义象＋义类"。如果说,以核心字为基础考察字组的生成是字组研究的第一步,那么第二步就要根据"义象＋义类"的结构原则去分析字组的字义结构关系,其参照点应该是前字位置的义象,因为它的抽象层次高于义类。为此,需要给字分分类,以字类为单位去研究字组的字义结构关系。

字类不同于词类。词类是词的语法分类,目的是为了研究主谓框架下的名、动、形与句法结构成分的结构关联;字类是字的语义分类,目的是为了研究语义句法。内容不同,目的有别,分类的标准自然也就有区别。字的语义分类的标准,我们坚持两条,一是形式的,二是语义的。这两条标准如何统一?办法仍旧是"借助于另一个字",不过这"另一个字"需要经过严格的挑选,尽可能做到"少而精"。这方面的研究可资参考的资料不多,石毓智(1992)在研究"离散/连续"这一对范畴时曾用否定字"没"和"不"来鉴别结构单位的"离散/连续"的性质:能用"没"否定的是离散性现象,能用"不"否定的是连续性现象,因为"没"否定的是有无的问题,而"不"否定的只是程度的差异。我们曾采用这一标准进行字的语义分类:凡是能用"没"否定的是离散性单位,能用"不"否定的是连续性单位,既能用"没"否定,又能用"不"否定,那它就兼有离散和连续的性质。这样,分出来的类有:只表离散的、兼表离散和连续的和只表连续的三类。这里呈现出来的是从离散到连续的一个连续统,相互间无法划出一条清楚的界限,因而如何分类?分几类?每一种意见都可以找到自己的分类根据,但也各有自己的问题。我们建议分两类:只有离散性特征的字为一类,称为名字或名辞;凡具有连续性特征的字归为一类,称为动字或动辞。具体的例证可参看徐通锵(1997,447—457)。如果将字组中每一个具体的字都转化为字类,那就会呈现出"名·名"、"名·动"、"动·名"、"动·动"等几种类型的字类组配。以表义象的前字为参照点考察字义的结构关系,主要是看它是以材料、性状、原因、方式、时间、空间等语义特征去限定、修饰后字的义类呢,还是要求后字接受它的支配?如果是前者,生成的就是限定关系;如果是后者,就是支配关系。这是汉语中两种重要的字义结构关系,相当于现在一般语法书上所说的偏正结构和表及物的动宾结构。它们是人类语言共同具有的两种结构,也是古汉语语法关系的延续。洪堡特(1826,116,134)差不多在两个世纪前就根据《中庸》的研究说到这种关系在先秦汉语结构中的地位,认为:"严格地说,在汉语里词序只是指出,哪个词决定着哪个词。这种决定作用可从两个不同方面观察:一方面是一个概念的范围由另一个概念加以限定,另一方面是一个概念指向另一个概念。于是,起限定作用的词出现在受限定的词之前,被指向词跟在指向词的后面。整个汉语的语法就是建立在这两条基本的结构规律之上。"洪堡特还对这两条语序规则作了具体的解释,认为"起修饰作用的词处在被修饰词之前,宾语处在支配它的词之后。当一个动词表达一个行为的概念时,本质上要求有一个它所针对的宾语;而当一个名词表示事物(属性或实体)时,本质上要求人们进一步限定其概念范围"。比较古今汉语的结构,说明现代汉语的字组结构原理只是古汉语句法结构原理的继承和延续,也正由于此,字组的语汇化自然可以为字的语法化提供一个活动的舞台,使它能在字的组合中保持和发挥它的语法潜能。和限定、支配两种结构关系一起,还有一种与同心字组相对应的结构关系,表并列。这样,限定、支配和并列就构成汉语中三种最重要的语义关系。

字组是汉语研究的一个百宝囊,隐含有汉语的种种结构原理;弄清楚字组的结构,就可以为"因字而生句"的研究奠定坚实的基础。

3 字块和字的语法化次阶

汉语中"大"于辞(字组)的结构单位我们称为字块。这里的"大"我们打上了引号,原因是它与字组的区别不是字数的多少或组合的长短,而是组合的性质。字和字组表达的是与概念相对应的语义,一个字或一个字组表达的是一个概念,区别只在于:限定关系的字组越长,其所表达的概念在上下位概念体系上所处的层次越低,意义越具体,反之,字组越短(最短的是一个字),其所表示的意义就接近于上位概念。字块需要讨论的问题与字组不同,是两个不同的概念如何通过某种联结的手段而成为表达一个概念的结构单位。由于这种语义基础的差异,它们的研究内容自然也就有很大的不同。字组所讨论的基本上都是概念性的意义和以此为基础的字义结构规则,重点考察两个字或字组与其所处的位置相联系的字义关系,而字块需要讨论的是两个概念如何联结为一个概念的"联结",重点研究联结的方法和工具,集中讨论联结的标记和其所具有的功能。字组的语法化初阶先是"借助于另一个字"生成不同类型的字组,没有专职的"借助"工具,只能以核心字做参照点,直到从字组的字义关系中提炼出"义象+义类"的结构规则之后才"借助于另一个字"进行名、动的分类,有了专职的"借助"工具。这个工具只参与分类,不是特定字类的标记。字块与字组不同,两个不同概念的联结需要借助于专职的工具,这就是起联结作用的虚字,使之成为联结的标记。"标记"这一概念有多种理解,我们这里采用克里斯特尔(1997,215)的说法,"指语言学的一条分析原则","指某一语言特征的存在和不存在","将标记性的概念应用于语言的其他方面能在多大程度上符合人们的直觉"。特定虚字的运用就是符合人们直觉的"某一语言特征的存在"的标记,因而标记的有无是区别字组和字块的基本标准。这种"借助于另一个字"的标记比字组的语法化上了一个台阶,因而名之为次阶。

两个不同的概念为什么能"借助于另一个字"做标记而成为表达一个概念的结构单位？有没有条件的限制？有！至于如何限制，这决定于字义之间的关系。并列关系的限制是一个字或字组借助于联结的虚字去联合另一个字义类别、功能相同的字或字组，联合表示一个它们所隶属的上位概念，共同构成语句的一个结构单位。这里所用的联结虚字就是一般所说的连词，如和、与、跟、以及等等。这种情况比较单纯，讨论从略。比较复杂的是表修饰的限定关系，两个不同的概念所以能联结起来而成为表达一个概念的结构单位，就是由于表达某一概念的字或字组能借助于标记的帮助去限定另一个概念的语义范围，使字块所表达的意义成为受限定概念的一个下位概念，在语句结构中充任一个结构单位。并列关系的字块是因标记的联结而表上位概念，而限定关系则反之，是因标记的联结而表下位概念。基于此，我们将字块定义为以虚字为标记使一个概念去联合或限定另一个概念的字或字组的组合，在语句结构中充当一个结构单位。从这一点来看，字块的功能相当于字或字组，是并列关系和限定关系字组的结构原理的延伸。表限定关系的字或字组的联结是字块研究的主要内容。人们往往将字块与一般所说的词组相提并论，这是不恰当的，因为词组是从语句结构中分出来的一个层次，没有虚字的地位，着眼于描写，而字块是字组的联结，以虚字为标记，着眼于生成，考察字或字组如何为适应交际的需要而借助于一个标记性的虚字，联结生成为一个"大"于字组的结构单位。笔者在《语言论》和某些文章中也曾说到过"块"，但与字组的界限不清，现在这里做出明确的澄清和修正。

字或字组如何借助于联结虚字生成限定关系的字块？这大体上可以从两个方面去考察：一是对特定的字类进行范畴化的限定，一是因表达的需要临时借助于特定的标记联结不同的字或字组，生成表限定关系或并列关系的字块。字类分名、动，字类的限定也就是用虚字对名与动进行范畴化的限定。"范畴"的实质是分类概括，"范畴化的限定"也就是用虚字对名、动两类字进行分类概括的限定。虚字从何而来？"就地取材"，各自从本类字中选取，即从名字中选取某些字以形成量字，以便联结数与名,对名字进行语义的分类限定;从动字中选取某些字以形成介字,以便通过介字的引介将名字介绍给动字,使之对动字的语义进行限定。所以,虚字的产生大体上也是围绕着这两类字展开的,简单地说,就是介字围绕着动字转,数量字围绕着名字转。字块标记的研究与实字虚化的现象紧密地联系在一起,都是构成语法化次阶的重要内容。这种范畴化的限定基本上都是在同类字("名·名"或"动·动")的相互关系中展开的,能虚化的字都处于前字表"义象"的位置,因为它的抽象度比后字高一个层级,如由动字虚化来的介字、状字等都只能处于动字前的位置。

为适应交际的需要而临时"借助于另一个字"将一些意义相关的字或字组联结起来,生成表限定关系的字块,这最重要的"另一个字"就是"的"字,因为它是使两个小的结构单位联结为一个大的结构单位的一种黏合剂;不管原来不带"的"的字或字组是什么样的语义功能,只要后附一个"的",它就具有限定的作用,与跟随其后面的结构成分一起生成一个字块。先请看老舍《骆驼祥子》中的一段话:

> 比这一派岁数<u>稍大的</u>,或因<u>身体</u>的关系而跑得<u>稍差点劲的</u>,或因<u>家庭</u>的关系而不敢<u>白耗一天的</u>,大概就多数的拉<u>八成新的</u>车;人与车都有<u>相当的</u>漂亮,所以在要价儿的时候也还能保持住相当的尊严。<u>这派的</u>车夫,也许拉"整天",也许拉"半天"。在<u>后者的</u>情形下,因为还有<u>相当的</u>精气神,所以无论冬天夏天总是"拉晚儿"。夜间,当然比白天需要<u>更多的</u>留神与本事;钱自然也多挣一些。

短短的一段话,带"的"字组就有 14 个。"的"是限定关系的标记。如果用"以虚字为标记使一个概念去限定另一个概念的字或字组的组合,在语句结构中充当一个结构单位"这一标准去衡量,这里带"的"的结构有些与此标准相符,如"身体的关系""家庭的关系""八成新的车""相当的尊严"等等,都是由"的"联结两个字或字组,生成一个字块,充任语句的一个结构单位。但是文中也有不少带"的"的结构只有一个联系项,如"稍大的""白耗一天的""多数的"等等,与上述"的"的功能标准矛盾,不合规律。另外,诸如"身体的关系""家庭的关系"中的"的"如加以省略,不会给语义的表达和字组的结构带来什么影响,而"要价儿的时候""更多的留神"中的"的"就不能省略。这些例外有其自身的规律,不影响"的"的功能。前一组例外与"的"所联结的两个项的语义有关,这就是:

"X 的 Y"的结构,如果语义上"X 的 = X 的 Y",则"Y"可以省略。

上述引文中的"X 的"都等同于"X 的 Y",所省略的"Y"都是"车夫"。这种省略的规则实际上就是限定关系语义规律的一种表现形式。限定关系字组的语义重心或语义焦点在前,新信息在限定的部分,是任何语言环境中都不能省略的,而受定的成分由于它表达的是已知的信息,在语境许可的情况下就可以省略。至于后一组例外,那与字类的性质有关。字分名、动两类,大体情况是:同类的字或字组相组合,"的"以不出现为常,而异类的字或字组相组合,就需要有"的"的联结。同类组合的基本规律与字组的结构原理同,说明这里的字块与字组的异同会发生一些纠缠;异类的组合"的"是不能省略的。例如《骆驼祥子》中的:"坐快车的主儿","窝窝头变成的血汗","所说的万寿山,雍和宫,'八大胡同'","以卖力气就能吃饭的事","顶漂亮的车","铁扇面似的胸,与直硬的背","人家抽着转的陀螺"……这些都是以"动"限定"名"的例子;"名"限定"动"的情况大致与此类似,如"群众的支持","温度的下降","明天的抉择","环境与知识的特异","一般洋车夫的可以原谅而不便效法的恶习"等等。这些字块中的"的"都处于它所联系的两个结构项之间,不能省略,因为它们都是异类组合,限定成分需要借助"的"进行功能的转化。一个长的字组,往往可以在若干个地方加"的",这时候一般只需要保留最后的那个"的",例如"一个脸上身上都带出天真淘气的样子的大人"中出现两个"的",按照异类组合需要加"的"的规律,两个"的"都适得其所,但由于字组所限定的是"大人",其前面必须有"的",而"淘气的样子"中的"的"如予以省略,并不影响字块组合的规律性。这涉及字组与字块的关系。字组固然可以借助于虚字的联结而生成字块,但生成的字块也可以在一定条件下省略虚字而转化为字组,这"一定的条件"就是需要将它嵌入大于它的字块。上例"天真淘气的样子"的"的"如加以省略,就是这种小字块转化为字组而嵌入大字块"一个脸上身上都带出天真淘气样子的大人"的例子。层层包孕的限定关系字组经常会出现这一类情况。"的"的取舍的条件主要决定于说话人对字组所表达的概念的理解,使"的"只出现于它所联结的两个字组之间。

  标记是符合人们直觉的"某一语言特征的存在",因而应该成为语言研究的参照点。字块是以虚字为标记使一个概念去联合或限定另一个概念的字或字组的组合,因而标记应该处于所联结的两个项之间,或者说联系项居中。连字、量字、"的"字等标记都符合这一标准,只有介字的位置与此不符,不是处在其所"介"的名、动两个联系项之间,而是在名之前(如"在教室里[看书]""向东方[前进]"等)。这与其他语言的介词的结构位置形成明显的区别(如英语的 A chair will not stand on two legs 中的 on,John broke the window with a hammer 中的 with 都处于动、名之间)说明汉语介字的结构位置与语言的共性结构原理不一致,或者说,是一种例外。这种例外需要进行特殊的研究,就像研究音变规律的例外那样,找出成因,做出理论性的解释。根据我们的考察,这种例外与使动式(汉语的一种基本句式)的历史变异有关(徐通锵,1998),是连谓式的第一个动字由于其后面的名字能成为第二个动字的一个题元而转化为介字,汉语的多数介字都是从这一位置中的动字虚化而来的。汉语介字位置的特点有它自己的成因,需要联系汉语的历史演变去研究。这是从以虚字为标记的限定性字块的研究中发现的一条重要的语言理论研究的线索,有待于来日的研究。

4 读(形句)和字的语法化末阶

  高于字块的结构层次是读(dòu),高于读的层次是句,本文称为形句和意句。它们是既相联系、又相对峙的概念,所以传统谓之句读。形句虽有句形,但往往不能足意,犹如楹联只有一个上联一样;由于此,汉语中就出现由若干个形句连缀而成,并表达一个完整意思的意句,犹如上下联完成了匹配。所以,形句是与思想表述有关的最小结构单位,叙述事件的某一环节和侧面,以与其他形句相连缀而生成意句,共同完成一个完整意思的表述,使意句能成为思想表述的最小结构单位。这一层级的结构单位与字、字组、字块等的最大区别,就是它不仅仅是一种客观的结构单位,而且有说话人的主观因素参与和渗入语句的结构,使结构带有浓重的主观色彩,对所陈述的事件表现出他的主观感情、态度和意向。要实现这种单位的语法化,除了语调以外,同样需要"借助于另一个字",这种字最突出的就是语气字和带有语气作用的其他结构成分。语气字的使用和语气的表达,这是汉语"因字而生句"的一个重要条件,王力(1944,216)甚至认为"中国语里有了语气词,表示情绪的语调却居于次要地位了"。语气字的运用是说话人"借助于另一个字"将他对所陈述事件的主观感情、态度或意向的主观因素"化"入客观的语法结构,使之成为语句的一个有机组成部分,因此它是汉语语法化的一种最高表现形式,这也就是将它称之为末阶的原因。

　　语气字的特点是:轻声、义虚和结构上的黏附性,大多都位于它所要主观化的结构成分之后。这种结构成分大体上可以分为三类:指称性、述谓性和形句,语气字黏附于这些结构成分之后,说话人就可借助于它们去表达对所述事件或事件的某一侧面、某一环节的情感、态度和意向。黏附于指称成分后的语气字主要有啊、呢、吧、嚜、哩等,黏附于述谓性成分后的语气字主要是了、着、过,而这些语气字又都可以黏附于形句之后,表达陈述、疑问、感叹、祈使、反诘、假设等语气。这就是说,同一个语气字可与不同的结构成分发生关系,传递不同的信息。据此,我们可以将语气字定义为:黏附于 X 以表示说话人对所黏附的 X 的主观情感、态度和意向的字。语气字的黏附性越强,字义就越虚;处于句首王力先生称为"语气副词"的字,其义还有点"实",因而其黏附性也就比啊、呢、吧等弱一些。

　　一个句子必有所述,自然有其所述的指称性对象。语气字黏附于指称性的结构成分之后,它就是说话人用来强调指称对象的标记,使表述有一个明确的对象。朱德熙(1982a,95)认为"主语和谓语之间往往可以有停顿,而且主语后头可以加上'啊、呢、吧、嚜'等语气词跟谓语隔开"。这自然是对指称性成分的一种强调,但问题是"指称性成分"不应该限定在主语和谓语之间,只要说话人认为所表达的指称性信息是陈述的对象,就可以在其后面加上语气字,与陈述性的成分隔开,以便突出信息表达的焦点。张伯江、方梅(1996,8)在对大量语言事实进行了深入的研究之后得出结论,认为"首先,语气词出现在主语成分之后并不占绝对优势;其次,出现在语气词之前的不仅有名词性成分,还有副词、连词、动词等,因此不足以据此把主谓结构和其他结构分开。但语气词在句中的分布并不是随意的,它永远不会在焦点信息所在的最小结构里……句中语气词实际上是说话人对句子信息结构心理切分的手段,并不与句法成分相干……"这一观察很有说服力,说明这种语气字是跟说话人所要强调的信息切分的手段有关,用它来标记指称性的结构成分,如:"人家呀,说咱们这招牌跌份!""人家说呀,咱们这招牌跌份!""人家说咱们这招牌呀,跌份!"语气字"呀"前面的结构成分都是指称性的,"呀"是指称性成分的标记,只是说话人因对信息的切分不一样,才在同一句话里用"呀"标记出不同的指称。

句子的信息焦点都凝聚于陈述。指称性结构成分既然可以伴随有语气字的标记,突出它作为陈述对象的身份或背景,那么按常理推论,陈述性的结构成分也理应伴随有相应的语气字,以借助于它突出其信息焦点的作用。情况是否如此?回答应该是肯定的。这一点,我们与张、方的看法有异,原因是语气字的范围不一样。如前所述,语气字的特点,一是语义的"虚",二是语音的轻声,三是结构上的黏附性,黏附于它所寄生的结构成分。陈述中的核心成分是动字或动辞,以它为基础突出信息的焦点和重点。根据语气字的这几条标准,应该将黏附于动字后的虚字也列入语气字的范畴,就是说,句中的语气字不应只局限于"啊、呢、吧、嚜"之类,也应该将一般所说的"体"标记的"了"($\cdot$lə)、"着"($\cdot$tʂə)、"过"($\cdot$kuo)等列入语气字的范畴,因为它们也都是"用以结煞实字与句读者"(《马氏文通》),动字借助于它(了、着、过)表达说话人对所陈述事件或事件的某一环节、侧面的主观情感、态度和意向。它们是突出陈述信息焦点的最重要的标记,应该成为研究陈述性结构成分的参照点,改变目前流行的以动辞(含一般所说的形容词)为参照点的研究"了、着、过"的倾向。这种新视角的研究现在已经开始探索,刘勋宁

(1999)的《现代汉语的句子构造与词尾"了"的语法位置》和刘一之(2001)的《北京话中的"着(·zhe)"字新探》就是这方面的两篇有代表性的论著,其共同的特点都是以"了"(·lə)和"着"(·tʂə)为参照点去研究它们本身的语法功能,"了"表动态,"着"表静态,不过这种"静"与"动"虽有客观的静、动基础,但主要强调的是说话人在将连续的现实现象进行离散化时表现出来的对"静"与"动"的主观认定:"静"凸显事件的持续状态,以"着"为标记;"动"凸显事件的运动状态,以"了"为标记。"过"的功能与"了"(·lə)、"着"(·tʂə)有别,主要表客观的经历,很少寄托说话人的主观情感、态度和意向,因而相比较而言,它在结构中的功能较为单纯。至于它们所表示的静、动的对象,那决定于它们所黏附的位置:黏附于动字,表示的是动字意义的静与动;黏附于句尾,则表示整个句意的静与动。"了"(·lə)、"着"(·tʂə)、"过"(·kuo)既是句中的语气字,也是句尾的语气字,刘勋宁(1999)关于"了"(·lə)的两条应用规则是符合汉语的结构规律的。"了"(·lə)、"着"(·tʂə)、"过"(·kuo)是字的语法化程度最高、最重要的标记,它们与其他语气字一起组成汉语的语气字系统,各依所处位置的差异而表示说话人的不同主观情态的语法意义。

语气字是汉语特有的一类字,是语法结构实现主观化的一个重要标记。特点的形成自有它特殊的原因,这恐怕与语言社团的思维方式有关,因为语法结构实际上就是思维方式的一种外在表现。汉语社团的思维方式是"比类取象"、"援物比类"为特点的两点论,用联想的方式在"类"与"象"两个"点"之间建立起联系,进行比喻例证式的说明(冯友兰,1948,15—19;徐通锵,1997,38—52)。联想和比喻例证富有主观性,只要说话人能在两个"点"之间建立起言之成理的联系,就能对事物的性质和特点做出合理的解释。本文自然无法对此进行具体的讨论,但汉语语法结构的特点、特有语气字系统的运用、语句主观性的表达等等,都应该从语言与思维方式的相互关系中去寻找它的答案。

5 标记性的虚字和汉语语义句法研究的参照点

前面我们顺着字的语法化的"阶"初步清理出"因字而生句"的生成

途径和线索,想借此为实现汉语的研究重点从语法转向语义、从描写转向生成的转向探索前进的道路。这一思路与现在流行的语法体系大相径庭,可以成为主流研究思潮的一个对立面。学术的生命在于比较、在于竞争,人们可以在对立面的比较中鉴别利弊优劣,弃短择长,探索新的途径,以推进汉语的研究。

汉语是一种语义型语言,没有形态变化,因而"借助于另一个字,以已知求未知",从两种结构单位的相互关系中去揭示每一种结构单位的语法化潜能,就成为语法研究一条重要的途径。字的语法化"三阶"说就是以此为基础展开的,它的基本精神就是以虚字为研究的参照点进行相关的研究;字组的生成,虽然没有特定的虚字做参照点,但核心字的运转机制已为虚字的运用铺设了前进的砖石。三个"阶"都有相应的虚字参与,使辞(字组)、块、读各级单位都能发挥它的语法化潜能,为"因字而生句"架设过渡的桥梁;而随着"阶"的提升,所"借助于另一个字"的字义的虚化程度也就越高,呈现出语法化的"阶"与字义虚实的正比关系。如果承认我们的这一假设还有几分道理,那就需要改变我们语法研究的参照点,应该以语序和虚字为视角去整理汉语的语法规则,而不要一味地"外国的理论在那儿翻新,咱们也就跟着转"(见吕叔湘1986年为龚千炎《中国语法学史稿》写的序言),在名、动、形的词类划分和它们与句子结构成分的对应关系上兜圈子。一般的语法书都说,汉语的语法形式主要是语序和虚字,但它们在汉语语法研究中从来没有成为一种视角或参照点去整理、提炼汉语的语法规则。这是有悖于语法理论研究的基本精神的。印欧语的语法理论是根据一致关系为纲的语法形式(词形变化、名动形的词类划分和句子成分的对应关系等)建立起来的,因而富有生命力。我们如果不是机械地学习西方的语法理论,而是学习它的立论精神,看它如何从材料的梳理中提炼相关的理论和方法,那么我们就应该以汉语的语法形式为参照点,进行相应的理论建设。我们提出"借助于另一个字,以已知求未知"的研究方法就是想根据这种精神,以虚字为参照点,探索汉语语义语法的生成和相关的规律;至于这种参照点和语序的关系,那需要另行研究,本文无法涉及。总之,我们要设法探索汉语自己的规律。朱德熙先生(1982b)说过的

一段话很精彩,我这里不嫌啰唆,引述于下:

> 汉语语法研究不应该模仿印欧语,古汉语也一样。中国本来没有语法,对外来的东西可以学习、吸收、借鉴,这并不错。问题是你老跟别人走,看不到自己的特点,就不对。王先生、吕先生的书早就提出这个问题,我们的汉语有我们自己的规律,但到现在为止,我认为仍受印欧语的影响,不知不觉的影响。这个东西使得我们不能往前走,问题早就提出来,但摆脱不了,这是因为先入为主。各个学科都有这个问题。科学最可怕的是一种教条,或者是框框,这不光是人文科学,自然科学也是这样。物理学的发展就说明这个问题,受一些老框框限制住啦。先入为主和传统观念对科学的束缚非常大。有的时候超出我们的想象之外,不知不觉地受到这些限制,总觉得这是大家这样说的,不应该有问题呀! 其实,问题就出在这儿。过去荒谬的东西,现在都变成了真理。我们语言学也不例外。

"我们的汉语有我们自己的规律"这句话,人们可能有不同的理解,但强调需要研究"自己的规律",这是完全正确的;至于什么是"自己的规律",见仁见智,那是需要讨论的问题。本文想以"借助于另一个字,以已知求未知"的研究方法去探索汉语"自己的规律",虽然与"大家这样说的""传统观念"唱反调,但目的是想为汉语语法的研究提供一种新的研究视角和参照点,以利于人们的比较研究。

引用书目

冯友兰,1948,《中国哲学简史》,北京大学出版社,1985 重印。
洪堡特,1826,论汉语的语法结构,姚小平编译《洪堡特语言哲学文集》,湖南教育出版社,2001,第 105—121 页。
洪堡特,1826,论语法形式的通性以及汉语的特性,同上,第 122—177 页。
克里斯特尔,1997,《现代语言学词典》(沈家煊译),商务印书馆,2000。
刘勋宁,1999,现代汉语的句子构造与词尾"了"的语法位置,《语言教学与研究》第 3 期,第 4—22 页。
刘一之,2001,《北京话中的"着(·zhe)"字新探》,北京大学出版社。

石毓智,1982,《肯定和否定的对称和不对称》,学生书局。

王　力,1944,《中国语法理论》,山东教育出版社,1994重印。

徐通锵,1997,《语言论》,东北师范大学出版社。

徐通锵,1998,自动和使动,《世界汉语教学》第1期,第11—21页。

徐通锵,2001a,《基础语言学教程》,北京大学出版社。

徐通锵,2001b,编码机制的调整和汉语语汇系统的发展,《语言研究》第4期,第35—45页。

张伯江、方　梅,1996,《汉语功能语法研究》,江西教育出版社。

赵元任,1975,《汉语词的概念及其结构和节奏》,袁毓林主编《中国现代语言学的开拓和发展——赵元任语言学论文选》,清华大学出版社,1992,第231—248页。

朱德熙,1982a,《语法讲义》,商务印书馆。

朱德熙,1982b,在香山语法会议上的发言,《语言文字应用》1998年第1期,第28—32页。

(原载于杨自俭主编《英汉语比较与翻译》,上海外语教育出版社,2004)

语言范畴的性质和表达的研究①

1 语法范畴和语义范畴

1.1 不同语言的主观性与语言结构的关系的差异直接影响语言范畴的生成途径和类型。总的趋向是：形态型语言生成语法范畴，语义型语言生成语义范畴。

"范畴"是一种分类概括，反映人们对现实现象的本质的认识。语言范畴是用一种特定的标记表达语言社团对现实现象的分类概括的认识。语法范畴的标记就是词的形态变化，语义范畴也有它自己的表现形式，由凸显主观性因素的虚字表示。以往只研究语法范畴，这是远远不够的，应该根据不同语言的特点提炼相应的范畴；特别是提出语法研究中的主观性和主观化之后，语义范畴的重要性也就显示出来了，对汉语来说，这一点尤为重要。

1.2 语法范畴和语义范畴都是对现实的认识的分类概括，区别只是：语法范畴与基本结构单位的形态变化相联系，由特定的形式标记指明每一种范畴的性质和功能，这就使语言对现实现象的分类概括都需要经过这种变化规则的调整，因而由特定形态变化表现出来的语法意义不一定和现实现象的实际性质相一致。例如俄语，它的名词有性的变化：以辅音收尾的为阳性，以元音-o、-e 收尾的为中性，以元音-a 收尾的为阴性，因而 армия（军队）就是阴性，因为它的词尾元音是-a（я [ia]），而与"军队"这种现实现象的性质无关。语义范畴与此不同，它对现实现象的分类概括是直接的，不需要经过形态变化规则的调整，因而不会发生语义范畴与现实的矛盾。

---

① 本文摘自徐通锵《汉语字本位语法导论》(2008)第十四章，第 287—299 页。

采用语法范畴进行编码的语言,由于每一个范畴都有特定的形式标记,因而这种类型的语言的语法规则很繁杂,"条条框框"很多,但系统性强,脉络清楚。例如,性、数、格的范畴集聚于名词;形容词的形态变化与它所修饰的名词相一致;时、式、体等范畴集聚于动词;名、动词入句后受一致关系、支配关系等规则的支配,形成一套规则严整的形式体系;人们只要掌握了这套体系,就能较好地掌握这种语言的结构,清楚地了解每一种形式变化所表示的特定意义,排除了人们主观随意理解的可能性。这种类型的语言研究大都偏重于语言规则的描写以及这套规则系统对语句结构的制约,不大注意表达的研究。印欧系语言是取语法范畴认知途径的语言,人们凭借词的形态变化的引导去理解结构规则与意义的联系。英语的形态变化虽已衰退,但统率形态变化的一致关系还顽强地坚持着它的阵地,动词以"时"为核心的形态变化体系也还相当完整地保存着,因而我们仍旧可以凭借相应的形态变化去把握英语的语法范畴。语法范畴的核心问题是词类的划分,用洪堡特(1836)的话来说,"语法范畴就是一些带有一定语法特性的词的类别""与句子所表达的命题的同一性有密切的关系",因而形成我们前面所说的"双轨制"的语法结构(§1.3.1)①。语法范畴是研究结构的句的构造规则的最好的向导。

1.3 语法范畴可分显性和隐性两种类型。前面提及的性、数、格、时、体、态等都属于显性语法范畴,与词的形态变化相联系。隐性的语法范畴以往鲜有研究,只有美国语言学家沃尔夫(B. L. Whorf)对此有深入的考察。1937 年,他在《语法范畴》一文中将范畴分成"显性"和"隐性"两种类型,认为每一种类型各有自己的形式标记,其中显性范畴的形式标记是特定的语素,如英语名词的复数标记-s,也就是我们前面所说的词的形态变化,而隐性范畴的标记"不是附加的语素,而是型式(patterning)类别,例如对某种语素的系统的回避、词汇选择、作为类别序列的词序;总体来说,就是与确定的语言结构的联系"(为照应全书术

---

① 这里的"双轨制"指《导论》第一章谈到的印欧语的语法结构特点,即句子结构成分和词类划分。——编者注。

语的统一,译文中"词素"这里一律改为"语素")。例如,英语的"不及物动词形成一个隐性范畴,其标记是不具备被动分词、被动语态和使役语态";英语名词的"性"也是一种隐性范畴。为了具体了解这种隐性范畴的性质,我们这里不嫌啰唆,将沃尔夫的这一段论述引述于下:

> 另一类隐性范畴是英语中的性。每一个普通名词和个人的名字都属于一个特定的性类别,但是只有在用单数人称代词指称名词的情况下,才会出现典型的显性标记;如果是中性,则可用疑问代词或关系代词"what"、"which"做标志。它的语法规则与拉丁语中的显性的性系统一样严格。在拉丁语中,大多数名词带有性标记。毫无疑问,对于很多英语中的普通名词而言,外国人对于事物真实性属及其科学的生物、自然分类的知识,可以替代语法类别知识本身,但他们的这种实际知识的用途毕竟十分有限,因为阳性和阴性类别中还有很大一部分是成千上万的人名。一个对西欧基督教名字的文化背景毫无了解的外国人只能一点点地学习,即观察:"Jane"(简)属于"她"类而"John"(约翰)属于"他"类。还有许多名字明显相似但性属相异,例如:"Alice:Ellis"(艾丽斯:埃利斯)、"Alison:Addison"(艾莉森:艾迪生)、"Audrey:Aubrey"(奥德丽:奥布里)、"Winifred:Wilfred"(威尼弗雷德:威尔弗雷德)、"Myra:Ira"(迈拉:艾拉)、"Esther:Lester"(埃丝特:莱斯特)。而且,对于任何"自然"特征的了解也不能使观察者认识到生物类别的名称,如动物(鸟、鱼等)属于"it"(它);小的动物通常用"it"来指称,大的动物常用"he"(他);狗、鹰和火鸡常用"他";猫和鸲鹆常用"she"(她);身体部位和整个植物界用"it";作为虚设人物(而非地理概念)的国家用"she";作为虚设人物的城市、社会、公司用"it";人体用"it";鬼魂用"it";自然用"she";具有帆或动力系统的船只或有名字的小船用"she";未命名的划艇、独木舟、木排用"it",等等。语言学习者,包括本族语中没有性属的学习者,在英语性属方面常犯错误,这些错误足以表明我们语言中的性是一个隐性范畴,而不是自然的、非文化的差异在语言中的反映。

这种隐性的语法范畴"隐"于字里行间,不经深入的观察,是难以发现这种规律的,因为"隐性范畴的标记,无论是语素还是句型,都只出现于某类句子。而不是出现于某个词或某个成分所属范畴的每一个句子"。隐性的范畴尽管偏重于语义,但它还不是语义范畴,上引这段话中的最后一句"语言学习者……"就清楚地表明了它们之间的区别。

1.4 不管是显性的语法范畴还是隐性的语法范畴,它们都是结构的句的构造规则的标记。语义范畴不同于语法范畴,它是根据现实现象的不同性质直接地概括出来的一种分类体系,体现主观对客观的认识,不需要经过形态变化规则的调整。现实,对于生活在同一个地球上的人们来说,是相同的,或基本相同的,但如何将这种相同的现实概括为语义范畴,由于人们的观察角度不同,着眼点有别,不同的语言或同一语言的不同的时期都有可能呈现出差异,形成不同的分类体系。传统的汉语研究曾因表达目的的差异进行过不同的分类,例如《尔雅》是按自然现象的类别分类,以满足训诂释义的需要;《广韵》是按韵分类,以满足做诗押韵的需要,等等。但是,它们都不是语义范畴,因为范畴需要有相应的形式标记,形成结构,使之成为结构与表达的联系桥梁。《尔雅》的分类没有形式标记,而且分类缺乏概括性;按韵分类的《广韵》有形式的标记,但着眼点不是语义,没有与相应的语义类别相联系,因而都无法成为语义范畴,和语法结构规则的研究的关系不大。要研究汉语的语义范畴,还得找出它的形式标记。

2　字的语法化末阶和汉语语义范畴的标记

2.1 汉语语法的不同类型的标记大都来自实字的虚化,语义范畴的标记也不例外。重要的是要弄清楚标记的生成机制和途径。

实字虚化的条件,基本的原则是:一位置,二语义(§11.1.2)①,而虚化的不同机制则与不同的句法语义功能的标记相联系。我们在

---

① 参见《导论》第十一章,"位置"指字在结构中的位置,"意义"指字义。——编者注

§8.3.3中曾说过:"'2+1'和'1+2'的结构方式①也为观察语义范畴的生成提供了一个很有价值的途径,这就是其中的'1'如因语用推衍(§13.2.2)而有规则地扩大它的运用范围,使用频率很高,这就有可能因语义磨损而虚化,成为某种语义范畴的标记,如-子、-儿、-头。这种标记的产生为观察字的语法化进程提供了一个新的视角。"

2.2 "2+1"和"1+2"都是三字组的结构所提供的线索,是一种结构模式,一方面联系着二字组的句法语义结构"义象+义类",另一方面也提示它同样适用于三字组以上的字组结构的分析。这就是说,这里的"1"与"2",重要的不是它的具体数值,而是它的位置;每一位置上出现的结构单位,不管是一个字还是由几个字组成的字组,两个位置的结构单位的关系反映汉语"A借助于B……"的"二合"的结构原理,是"义象+义类"的生成机制的延伸。由于此,我们可以以此为基础去考察实字虚化或语法化的机制。义象位置上的序素,它的虚化主要是使名、动辞再分类,细化每一类辞的句法语义功能,即从名辞中分出量字、从动辞中分出状字(副字、介字),或者借助于特定的标记"的"使其所依附的结构成分的句法语义发生功能性的转化,从"动"转化为"名",生成限定结构。由这一机制生成的语法化我们称为"字的语法化次阶"。这已在§10和§11两章中进行过具体的讨论,不赘。这里需要重点讨论的是处于"义象+义类"中的"义类"位置的序素的虚化或语法化,和这一机制相联系而进行语法化的字和次阶不同,一是单音节,二是能"结煞实字与句读"(《马氏文通》),三是能凸显主观性因素的参与,表示说话人对所述现象的态度、感情和意向。这是字的语法化的一种新类型,因而我们将由这一机制生成的语法化称为字的语法化末阶,如-子、-儿、-头。这是语义范畴的标记,是探索结构与表达的关系的参照点和向导。这里不妨以"了"为例进行一些必要的说明。

"了"是现代汉语的一个重要虚字,由实字虚化而来。它原是一个动字,意为"结束、了结"(《广雅·释诂四》:"了,讫也。")。它从动字虚化为一个语义范畴的标记,根据现在一般的看法,大体上经历了以下的

---

① 指三字组的两种结构模式,"2+1"如"保护人","1+2"如"打官腔"。——编者注。

过程(例子选自孙锡信,1999):

(1) 昏昏不觉一生了,斯类尘沙比不少。(《祖堂集》卷四)
　　——"了"独用
(2) 军官食了,便即渡江。(《变文集·伍子胥变文》)
　　——动+了
(3) 早朝礼佛了,不相拜谒,直归自房。(《入唐记》卷二)
　　——动+名+了
(4) 见了师兄便入来。(《变文集·难陀出家缘起》)
　　——动+了+名

　　现在一般都认为,从例(1)到例(4)是它虚化或语法化历程的反映。例(1)是"了"作为动字独立运用,表"结束、了结"。例(2)是两个动字连用,"了"相当于现在一般语法书上所说的"补语",字义仍为"结束、了结"的意思,但已带有一定的依附性,需有后续的小句才能完成句意。例(3)是"动"和"了"之间加了"名",但"了"的语义与例(2)同,字义也还没有完全虚化。例(4)与例(3)的重要区别是"了"与"名"易位,"了"依附于"动",表示所依附的动字的意义的实现,字义虚化。这是根据现在的语感解释例(4)的"了"的意义和功能,因为这个"了"现在读轻声;至于当时的读音是什么样的,我们无法从字形中推知,只能验之以现代的语音状态,推断它大致已弱化为轻声。字音的弱化应该是与字义虚化相伴随的产物,是主观性渗入语言结构的标志。虚化和弱化应是一个长期的演化过程,例(4)的"了"的字组结构,至少在初期,这个"了"仍应是动字,意义为"结束、了结"的"讫也",结构格式是"动$_1$+动$_2$"。根据字组中字品之间的关系,"动$_1$+动$_2$"的句法语义功能的结构应为"末品+次品",前字降品以用,容易语法化,但这里却是后字"了"语法化,为什么?这决定于语义和位置。动字都有连续性的语义特征,"了"的"讫也"可以将连续的特征离散化,有助于表示"我"对动作的实现或必将实现的状态的一种认定。这种语义关系使"了"在语用推衍中逐步虚化,成为动字语义范畴化的标记,使前附于它的字、字组具有统一的离散化、时态化的句法语义功能。其次,汉语的发音机制是前强后弱,韵尾的弱化和消失、轻声的产生、儿化的形成等都是这种发音机制的具体表现。"义象＋义类"的字组结构,如果义类位置上的序素的语义依附于前字,能将义象位置上的序素范畴化,前强后弱的发音机制就能使它的语音弱化,以此巩固虚化的结果。语义的虚化和语音的弱化相辅而行,没有语音的弱化,实字字义的虚化是无法实现的。这个例子大致可以反映字的语法化末阶的生成机制。

前述的虚化机制说明,字的语法化次阶的生成机制决定于"义象＋义类"的义象位置的序素的虚化,主要是用于名、动两类字的再分化、再分类,服务于结构的研究,而字的语法化末阶的生成机制则决定于义类位置的序素的虚化,对前附于它的字、字组的句法语义功能进行范畴化,使其具有统一的句法语义功能,实现主观化。

2.3 -子、-儿、-头、-了等表示语义范畴的标记是一种特殊类型的虚字,我们将其统称为语气字。这是字的语法化末阶的主要表现形式,人们借此实现语言表达的主观化,体现说话人对所述事件的主观感情、态度或意向。语气是语言表达的一种重要形式,它或表现为特定的语调,或表现为停顿,或表现为特定语气字的使用。语调是不同语言的句子都必须具备的,差异只在于高低升降的变化模式不同而已,而语气字则是汉语所特有的,它与停顿一起形成汉语"±语气"的标记,即语气字是有标记的停顿,而停顿是无标记的语气,说话人灵活地运用这种"±语气"的标记生成小句,表达他对所述事件或事件的某一环节、侧面的主观感情、态度或意向。这里最值得关注的是语气字,因为它是语义范畴的标记。

语气字,《马氏文通》称它为"助字",认为"凡虚字用以结煞实字与句读者,曰'助字'。《文心雕龙·章句》云:'乎''哉''矣''也'亦送末之常科。送末者,即结煞实字与句读之谓也。故古人谓助字为语已之辞,所以别于连字为句端之辞也",这种助字为"华文所独"。这里强调语气字"结煞实字与句读","为语已之辞",抓住了语气字功能的核心。人们可能会就此提出问题:这种"结煞实字与句读"的语气字和字的语法化末阶有什么关系?怎能生拉硬拽地将它看成为字的语法化末阶的表现形式?这一责难似乎很有道理,但如仔细加以分析,就不难发现字的语法化末阶和语气字之间的内在联系。我们在§6.3.2说过,汉语字组的结构规则是借助于"因字而生句"的"序"的规则形成的,因而辞法和句法高度一致。"结煞实字与句读"的"语已之辞",它的句法结构格式是"语(句、读)+1",这个"1"字义虚化、字音弱化,它和"语(句、读)"的组合是语句的一种结构模式,而且是古已有之的结构模式。字组的结构规则与"因字而生句"的规则一致,这种模式自然也会影响字的语法化的进程,就是字组中的某些字因语用推衍而语法化,会遵循既有"语(句、读)+1"的生成模式,形成字的语法化末阶的生成机制,以"结煞实字与句读",将前附于它的序素(字、字组)的句法语义功能范畴化、主观化。王力(1943,1944)在《中国现代语法》《中国语法理论》二书的第22、23两节对语气字进行了深入的分析,认为语气字表示说话人的主观态度,不同的语气字"虽各有其语法上的意义(如决定、疑问、反诘、夸张等),但多少带着些情绪,所以若译成英语,语气可称为 emotional moods,语气词可称为 emotional particles",甚至认为"中国语里有了语气词,表示情绪的语调却居于次要地位了"。早在八十多年前,王先生就突出了语气字在实现语言表达主观性、主观化中的地位和作用,实在难能可贵。王先生书中还谈到了"语气末品",如"难道""索性""简直""偏""倒""竟"等,因它们本身处于谓词之前,具有"副词的性质","是一种语气副词",与字的语法化末阶的生成机制无关,也不是"结煞实字与句读"的虚字,因而不属于我们的语气字的范围。语气字应限制于《马氏文通》的"结煞实字与句读"的"语已之辞"。

2.4 语气字一般都定义为"后置虚词",常常列举的例字有啊、啦、吧、了、么、呢、哪、呐、呃、噻等,大多着眼于它们与句意表达的关系,也就是比较关注"用以结煞实字与句读"的"结煞句读"的功能,而不大关注语气字与"结煞实字"的关系。其实语气字的这两种功能是有区别的,"结煞句读"的语气字需要表达的是说话人对所述事件的主观感情、态度或意向,完善句意,而"结煞实字"的语气字侧重于信息结构的调整,表达句中某一结构成分所隐含的状态,或强调主观性的情绪,或强调对现实状态的认定,使它充任语义范畴的标记。这种"结煞实字"的语气字,经常谈到的有-子、-儿、-头、-了、-着、-过之类。不管是"结煞实字"还是"结煞句读",语气字本身因字义虚化、字音弱化,只能充任语义范畴的标记,必须依附于它前面的结构成分才能实现它的语气功能。鉴于此,我们将语气字定义为"依附于 X 以表示说话人对所依附的 X 的主观情感、态度和意向的字"。

"结煞实字"与"结煞句读"的语气字的分布是不一样的,这种差异反映它们的功能的不同。"结煞句读"的语气字分布于句末,经常提到的有:的、了、着、过、吗、呢、啊、吧、啦……,其中的每一个语气字都传递特定语气,落实信息的表达。例如,"的"可以黏附于句末而表示说话人对所述事件的肯定性判断,朱德熙先生(1978)曾写过一篇《"的"字结构和判断句》的论文,讨论了 5 种判断句的结构。又如"吧",它多表委婉的语气(如"去吧,没有兴趣;不去把,又不好意思。");在疑问句中表委婉的询问,多带有揣测而又期盼能得到对方肯定的回答("你去吧?");在祈使句中多带有商量、建议的委婉态度("你快给我讲讲吧!")(请参看徐晶凝,1998,28)。每一个句末语气字的语气都需要进行个别的研究,但并不是不能从中总结出一些一般性的语气,予以范畴化,如"的"的判断性、"吧"的委婉性,等等,不过这还有待于来日的研究。这些句末语气字都是"说话人对所述谓事件或事件的某一环节、侧面所表现出来的主观情感、态度和意向"的具体表现,其作用犹如王力先生所说的"中国语里有了语气词,表示情绪的语调却居于次要地位了"。

句尾语气字的功能与句意的传递相联系,而句中的语气字主要是用于信息结构的调整。这种语气字大致可分两类,一类如啊、呀、哇、呢之类,一类如了、着、过,前者的功能主要是说话人借助于它使前附的结构成分指称化,表达"我"对所述事情的情感、态度和意向,后者主要是使信息焦点化,表示以它们为标记的结构成分是句意的信息焦点所在。下面只就前者进行一些必要的讨论,后者所涉及的问题有待后续各章展开。

用啊、呀、哇……之类的语气字对信息结构进行切分已为很多语言学家所关注。朱德熙(1982a,213)曾以"他最喜欢吃冰糖葫芦"为例,着眼于分布,考察语气字"啊"的出现环境,认为它可以出现在句内的停顿处,即可以单独地出现于"他""他最喜欢"之后,或同时出现于二者之后,但决不能出现于"最"和"吃"的后头,因而得出结论:"句子内部的停顿必须在词与词的交界处,但是不一定跟句子的结构层次一致"。这一解释着眼于层次的结构,而不是信息的表达。张伯江、方梅(1996,8)对这一类语言现象的解释可能更有助于揭示语气字的功能,认为啊、呀之类的"语气词在句中的分布并不是随意的,它永远不会在焦点信息所在的最小结构里……句中语气词实际上是说话人对句子信息结构心理切分的手段,并不与句法成分相干……"这一观察很有说服力,说明这种语气字是跟说话人所要强调的信息切分的手段有关,借此表达语言的主观性和主观化,凸显说话人的主观情感、态度和意向。这种语气字在表达上有两个重要的作用:第一是"句子信息结构心理切分";第二是在结构上将其所依附的结构成分指称化,也就是根据表达的需要调整相应的指称,使之成为焦点信息的表述对象。如仍以上述朱德熙所举的那个例子为例,语气字"啊"就可以出现于不同的结构成分之后,如"他啊""他最喜欢啊""他啊,他最喜欢啊",不管"啊"前的结构成分原来是什么性质,都转化为指称;"啊"所以能出现于不同的位置,就是由于说话人对信息的切分不一样,用语气字调整所指称的对象。所以,我们这里想强调的是,分布于句子中间的那些如啊、呀、吧、么、嘛、啊、呢……之类的语气字是切分指称性成分与述谓性成分的一种手段,突出它前面的是一种指称性信息的结构成分,为后面焦点信息的述谓性结构指明确切的范围和方向。

根据上述,实现句读的语气字与信息表达的关系,基本的规律大致就是:处于句中"结煞实字"的语气字的功能是调整信息,句末的是落实信息的表达。总之,语气字的广泛运用是汉语主观性的因素参与语句结构的重要标记,由它标志"我"对所述事件的情感、态度和意向。这是汉语表达的句的一个"华文所独"(《马氏文通》)的重要特点。

2.5 语气字是字的语法化末阶的表现形式,是主观化的标记,我们将据此进行语义范畴的研究。

字的结构特点从"形"转化为"序"之后,我们一直在探索它的语法化的途径,提出字的语法化的"三阶"说:初阶是借助于"不",分出名、动两类字,为字组结构的研究和从语汇中抽象语法规则开拓前进的道路;

次阶和末阶借助于字组的"义象＋义类"的语义结构考察字义虚化的机制,分析"阶"的差异和字的语法化的关系。每一个"阶"都各有自己的特点和适用的范围,其相互的关系是,随着"阶"的提高,其所标记的语言结构成分逐步从客观的语言结构向主观化的语言表达转化。表达是对结构的运用,处于动态语言系统的最高层,是调整结构规则、使之服从表达需要的指挥棒,汉语"±语气"的生成和运用、字组在表达中的语句化,等等,都是这种调整的表现形式。语言研究必须把握结构与表达的相互制约、相互制衡的关系,避免只孤立地研究某一个侧面的"片面性"。

3 语义范畴和表达的研究途径

3.1 语义范畴和语法范畴各有自己的形式标记,但相互有重要的区别。语法范畴,不管是显性的还是隐性的,其所赖以表示的形式是纯粹的语法标记,是客观的,概括性强,只要具有某种形式,就肯定具有某种语法意义,人们可以据此把握这种语言的结构规则。这就是说,它是结构的标记,不是表达的标记,主观性的因素无法影响标记的生成和性质。相反,语义范畴的标记和它不同,相互的区别主要表现为:首先,它带有浓重的主观性,着眼于主观对客观现实现象的态度、感情和意向,是表达的标记;其标记功能的强弱决定于字义虚化和字音弱化的程度,基本的原则是"化"的程度越高,其范畴化标记的功能也就越强,如上述的"了"。其次,生成机制有一定的弹性,同一个字,在字组"义象＋义类"的"义类"位置中,有的可以虚化,成为范畴化的标记,而有的仍保持着它的语义的独立性,表达概念性意义,使同一个字呈现出两种不同的语义功能的情况,如"子、儿、头"之类。第三,虚化和弱化都是主观化的标志,由于它在语言运用中的使用频率很高,其功能可能因运用过于频繁而磨损,因而在人们的意识中日渐淡化而消失,这就可能在音系中留下异于规律的例外,产生变音(§15)。总之,语法范畴的标记属结构的研究范围,语义范畴的标记属表达的研究范围,每一种范畴都需要放到特定的领域中去研究,超越其所适用的领域,就会走向谬误。

英语等印欧系语言和汉语的语言范畴的不同性质使语言研究呈现出不同的走向：印欧语侧重于结构的分析，强调客观的结构规则如何制约主观的表达，突出组词造句的规则的研究，而汉语正好反过来，忽视结构单位的组合规则的分析，而强调主观因素的参与，偏重于修辞，并用"±语气"的标记表示说话人对所述事情的主观感情、态度或意向。不同类型的语言研究各有它们自己的"片面性"，而这种"片面性"会给语言研究的途径或策略选择带来深刻的影响。

3.2 语言研究的途径有"从外到内"和"从内到外"两条路子。所谓"从外到内"就是从结构形式到意义内容，偏重于对语言结构的理解，而"从内到外"则正好相反，由意义内容到结构形式，偏重于表达。语言研究策略的选择与语言结构的特点紧密相关。研究结构的句，讲形态、讲语法规则，从外到内；而研究表达的句，需要着重讲主观因素的参与，讲修辞，从内到外。这"内"与"外"虽然有别，但却是相通的，在研究思路上与其说对立，还不如说互补。"从外到内"的研究需要补之以主观性因素的参与，探索主观化的途径，而"从内到外"的研究则需要补之以结构规则的梳理，沟通"内"与"外"的联系。

"从内到外"的研究，最重要的是语义范畴的确定，看每一个范畴有些什么样的表达方法。汉语研究中首先系统地进行"从内到外"的研究的是吕叔湘出版于1942年的《中国文法要略》。《要略》的"表达论"分"范畴"和"关系"两个方面讨论"从内到外"的研究策略。"范畴"中分析了"数量""指称""方所""时间""反正·虚实""传信""传疑""行动·感情"诸范畴，"关系"中分析了"离合·向背""异同·高下""同时·先后""释因·纪效""假设·推论""擒纵·衬托"，具体考察每一个范畴的表达方式。如"指称"范畴就分"有定"和"无定"两章，从"三身指称""我们与咱们""的、之""相、见"等的运用中讨论"有定"的范畴，从"疑问指称""任指""虚指""数量称代"等方面讨论"无定"的范畴。这种"从内到外"的研究设想来自法国语言学家勃吕诺（Ferdinand Brunot）。勃吕诺认为，语言和思想互为表里，学习一种语言，应该既能理解，又会表达，一般语法只顾理解的方面，忽略表达，有很大的局限，因此他自己从两方面分析法语的语法。《要略》的"表达论"第一次对汉语语法作了从内到外的描写,实际上等于语法手段的同义辞典,是对汉语语义句法的一次非常有价值的探索。后来由于结构语言学思潮的兴起,人们都钟情于结构的研究,"从外到内",忽视表达的研究;当代,随着语用学的兴起和发展,这种"从内到外"的研究途径又重新得到了重视,利奇、斯瓦特威克的《交际英语语法》就是这方面的一部代表作。该书在"前言"中指出,学生英语学习的成效不佳,"恐怕得部分地归咎于'语法疲劳'(grammar fatigue),倘若能从另一个角度去看待语法,就是说,将语法结构与语义、用法以及情景等系统地糅合在一起,对学生当有补益"。作者举了这样一个例子:时间观念能出现于四个不同的场合,即动词的时态、时间状语、表示时间的介词短语、与时间有关的连词,"假如学生关心的是如何使用语言,而不是学习语言的结构,那他不难发现","通过结构传授语法知识的传统教学法本身""不可能对他提供多少实际帮助"。为此,作者吸取语义学、实用语言学和语言功能教学法的最新研究成果,写就一部《交际英语语法》。它以应用语法为核心,以语义范畴为纲,将相似的概念归拢在一起,对数量、有定和不定、时间、持续、地点、方向和距离……的表达方法进行详尽的分析,编出"一本新型语法书"。这实际上是一本英语的语义语法,很值得一读,告知人们要重视表达的研究。

  3.3 要从结构与表达的相互制约、相互制衡中研究语义型语言的动态性运转状态,宜以"从内到外"的研究途径为基础,再补之以"从外到内"的方法,形成"内"与"外"相结合的研究思路。"内",定语义范畴;"外",找出范畴的标记,并以此为参照点,将"内"的范畴形式化。字的语法化末阶的生成机制已为这种研究思路奠定了语言结构的基础,问题是如何付诸实践。我们下面将遵循这一思路,选择褒贬与爱憎、空间与时间、肯定和否定、有定和无定这四对语义范畴讨论表达与结构的相互制约、相互制衡的关系,将中编各章所讨论的结构规则纳入动态的表达系统。

引用书目

利 奇、斯瓦特威克,1987,《交际英语语法》,张婉琼、葛安燕译,北京出版社。

吕叔湘,1942,《中国文法要略》,商务印书馆,1982年重印。
马建忠,1898,《马氏文通》,中华书局,1956年校注本。
孙锡信,1999,《近代汉语语气词》,语文出版社。
王　力,1943,《中国现代语法》,《王力文集》第2卷,山东教育出版社,1985。
王　力,1944,《中国语法理论》,《王力文集》第1卷,同上,1984。
沃尔夫,1937,《语法范畴》,《论语言、思维和现实——沃尔夫文集》(高一虹等译),湖南教育出版社,2001。
沃尔夫,1940,《作为精确科学的语言学》,同上。
沃尔夫,1942,《语言、心理与现实》,同上。
徐晶凝,1998,《语气助词的语气及其教学探讨》,《世界汉语教学》第2期。
张伯江、方　梅,1996,《汉语功能语法研究》,江西教育出版社。
朱德熙,1978,《"的"字结构和判断句》,《中国语文》第1—2期。
朱德熙,1982a,《语法讲义》,商务印书馆。

有定和无定[1]

1 定指和有定

1.1 有定与无定是英语 definite、indefinite 的翻译,是一对重要的句法语义范畴。有定和定指,我们在§13.3.3中曾论及这两个概念,但没有展开讨论。它们都涉及表达的主观性和主观化,与语法结构有密切的关系,但含义有别。"定指"着眼于语义与现实的关系,特指现实中的某一种或某一类确实存在的现象,而"有定"虽以定指为语义的基础,但着眼于句法结构成分之间的关系,是驾驭语法结构的枢纽和杠杆。要从语汇中提炼相关的语法规则(§1.1.3),弄清楚这两个概念以及它们在语法结构中的地位,应该是比较重要的。

1.2 根据学界一般的理解,"定指"是指名性字语对现实现象的指称。汉语和此有关系的概念大致有四对,即:"±有指""±定指""±实指""±通指"。陈平(1987)曾根据"名词性成分的所指对象(referent)同实际语境中存在的事物之间的关系"对这些概念进行过深入的讨论,认为"有指是指名词性成分的表现对象是话语中的某个实体",反之即为无指;发话人"如果预料受话人能够将所指的对象与语境中某个特定的事物等同起来,能够把它与同一语境中可能存在的其他同类实体区分开来",那么这个名词性成分就是定指的(identifiable);"只有有指成分才有定指和不定指的区别","只有不定指成分才有实指和虚指的区别",通指是指"整个一类事物","一方面,它并不指称语境中任何以个体出现的人或物,从这个角度看,它与无指成分有相同之处。另一方面,通指成分代表语境中一个确定的类,从这个角度看,它与定指成分

---

[1] 本文摘自《汉语字本位语法导论》第十九章,第372—384页。——编者注。

有相同之处"。这四组概念都着眼于名性字语与现实现象的联系,似乎都是语汇性的概念,但与语法结构有密切的联系,因为不同的指称特征一进入"话题—陈述"的结构框架就会呈现出不同的语法特点,人们可以从中悟察语汇和语法的关系。

跟指称有关的四组概念,跟"有定"这个概念有纠缠的就是"定指"。什么是有定?《现代语言学词典》(克里斯特尔,1997)的解释可以代表当前流行的看法:

> 语法和语义学用来指一个具体的、可识别的实体(或一类实体);通常与无定的(也叫非有定的,但不常用)对立。英语中的有定性一般用定指的限定词(如 this"这",my"我的")来表达,特别是用定冠词 the。有定名词短语常称作有定摹状词(definite description),特别见于哲学语言学文献中,其所指对象不仅从其名词识别,还根据详细到足以与所有其他所指区别开来的描摹,例如 the present Queen of England"当今英国女王"。

这一论述的意思很明确,认为"有定"就是指"一个具体的、可识别的实体或一类实体",有限定词的形式标记,可用于专称性的名词或名词短语,"有定摹状"。从这一点来看,它的语义指称确与定指没有什么区别。如何鉴别"有定"?这里提出来的标准不大一样,其中"一个具体的、可识别的实体"和"有定摹状"的专称着眼于语义与现实的关系,而"定指的限定词"和定冠词的运用则着眼于结构成分之间的关系,前者相当于我们所说的"定指",而后者则与我们所说的"有定"性概念有关,暗示定指是有定的语义基础之意。从传统到现在,对"有定"这一概念的认识大体上都与这一论述类似,或者说,大同小异,将"±有定性"归属于名词,甚至只限于冠词。我们想对此提出一点"离经叛道"的看法,对"定指"和"有定"这两个概念进行一些补正。

语言是现实的编码体系。"定指"着眼于语义和现实的关系,只要对现实有确切的所指,不管是体现空间的名物,还是体现变化的时间,都应该归属于"定指"的内涵,因而不要将它仅仅局限于名词性成分的指称。如何确定"定指"的内涵?应根据它与"有定性"范畴的关系进行具体的分析。有定,它一方面联系着"定指",以它为语义基础而与句法结构中的其他结构成分发生联系,形成这样那样的结构,另一方面联系着语言世界观的"主观性"、"片面性"(§3.3.2)以及语言社团时空观的"动"或"静",使这种"主观性""片面性"通过有定性范畴表现于语言结构。正由于此,我们认为,有定性范畴的特点决定着一种语言的语法结构脉络,其基本的走向是:如果语言世界观的"主观性""片面性"重空间,重"静"不重"动",那么其有定性范畴大致都集聚于名性字语,因而前述名性字语的"定指"的概念与它的关系很密切;如果语言世界观是重时间,重"动"不重"静",那么其有定性范畴大致都集聚于动性字语,表现为动词的特定的"时",名词性结构成分的"±定指"往往也需要接受它的调整。总之,有定性范畴处于语言结构中的核心地位,是联系语汇和语法的枢纽,它以语义的定指为基础,特指现实中"一个具体的、可识别的实体(或一类实体)"或某一种特定的时态,同时又以这样那样的方式联系着句中的各个结构成分,驾驭相关的语法规则,形成以有定性范畴为核心的语法体系;不同的语言由于其有定性范畴的表现方式不同,因而也就形成各具特点的语法体系。

1.3 有定性范畴固然是语言结构的枢纽和杠杆,但需要通过定指性的语言现象去把握、去分析。定指和有定的这种关系,我们不妨先根据汉语的相关现象进行一些必要的考察。如前所述,汉语世界观的"主观性""片面性"的表现是重"静"不重"动",因而名性字语的定指与有定性范畴的关系比较密切。这是汉语的特点,但我们可以从这种特点中悟察和提炼语言共性的结构原理。

范畴都有相应的标记为其表现形式,汉语有定性范畴自然有它自己的标记,不过由于它与语义的关系比较密切,因而表现形式比较复杂。有定以定指为基础,因而有些结构单位的语汇意义如确已指明"一个具体的、可识别的实体(或一类实体)",那它就不一定需要特定的标记;如语汇意义没有指明"一个具体的、可识别的实体(或一类实体)",那么就需要有相应的标记,或者用"这""那"之类的指示代字的标记将指称个体化、定指化,或者使结构单位进入特定的句法位置,使其成为一种陈述的对象。特定的句法位置,这是"有定"这一概念的最一般的或最高的标记形式,因为不管有定性的结构单位有无标记,都可以自由地进入这一句法位置。上述跟定指有关的四对概念与有定性范畴都有这样那样的关系,但表现形式有别。我们这里根据陈平的分析,将相关的内容整理成下表,以便讨论"±定指"等和有定的关系。

NP	±有指	±定指	±实指	±通指
A 人称代词	＋	＋	＋	＋
B 专有名词	＋	＋	＋	＋
C 这/那＋(量词)＋名词	＋	＋	＋	＋
D 光杆普通名词	＋/－	(＋/－)	＋/－	＋
E 数词＋量词＋名词	＋/－	(＋/－)	＋/－	＋
F 一(＋量词)＋名词	＋	－	＋/－	－
G 量词＋名词	＋/－	－	＋/－	＋

A、B两组因其语义的定指性,进入句法语义结构时不需要有特殊的标记;C组的"量词＋名词"的语义是无定的,加上"这""那"的标记之后就实现了有定性。D组为"光杆普通名词",它的"±有定性"决定于它在句法结构中的位置和功能。同一个"光杆普通名词",处于句首"话题"的位置上表有定,而在"陈述"的位置上表无定;在"把"字句、有领属性修饰语的位置中表有定,在一般所说的"宾语"位置中表无定,等等。E组情况与D组一样,不赘。F、G两组由于和语义的定指无缘,自然也就不可能获得有定性的句法语义特征。

1.4 综上所述,汉语以定指为基础的有定性结构单位有不同的表现形式,有些有标记,有些没有标记或不需要标记;不管哪一类形式,最终都可以统率于话题的位置,使它成为有定性概念的最具概括性的表现形式,我们据此将其看成为有定性范畴。这一事实暗示,有定性范畴是驾驭语法结构的枢纽和杠杆,抓住了它,也就容易将各种相关的现象联系起来,使人们能就此梳理语法结构的网络。定指和有定的这种关系体现汉语结构的特点,但这种特点中隐含有语言的共性结构原理,这就是需要通过定指去把握和探索有定性范畴的表现形式;通过有定性范畴去把握语言的结构网络,人们可以此为纲,以简驭繁,梳理语言的语法规则。

2　有定性范畴和语法结构的枢纽

2.1　有定性范畴是联系语言世界观和语义定指性现象的纽带,一种语言的语法研究如能以此为基础,就能建立起一种能比较有效地分析语法现象的语法理论。仔细考察一下现在流行的语法理论,就不难得出这样的结论。

通过定指性现象的研究找出有定性范畴,这应该是普遍适用于不同语言的语法研究的有效途径。印欧语世界观与汉语不同,它的"主观性""片面性"表现为重"动"不重"静",在时间大道上运动的"我"关注的是时间的变化(§16.1.2),因而它的定指性现象首先是通过动词的"时"的变化表现出来的。时(tense),这是印欧语语法理论的核心,每一个句子都需要有一个定式动词,指明特定的时。这是它的定指性,有定性是在此基础上形成的,犹如汉语名性字语的定指性与有定性话题的关系那样,决定着语句结构的走向;人们以此为基础建立相关的语法理论,就形成一般所说的"谓语动词中心论"。现在流行的语法理论都将"定指""有定"归属于名词,实在有失片面;即使以印欧语来说,名词的"±有定性"实际上只是一种第二性的现象。人们可能会说,这是胡说八道。但是,只要对语言现象稍加推敲,就不难得出我们的结论。

2.2　印欧语的动词隐含着有定性范畴,这是有许多痕迹或根据的。首先,印欧系语言的语法结构,只要像俄语那样现在还保存着完整的、成系统的形态变化,它的谓语动词的人称、数、时、式、体等范畴必须是确定的,称为定式动词(finite verb)。一个句子必须有一个定式动词,而且也只允许有一个定式动词,如果还有其他动词,那只能是不定式动词(infinitive verb)。定式动词是一个句子的句法结构的核心。名词的"有定"和"无定"的英译文是 definite 和 indefinite。这两个词的词根与 finite verb 中的 finite 一致;它们原是由同一词根派生出来的几个词,语义一致,区别只是所指的词类不同:finite 指动词的有定,definite

指名词、冠词的有定。finite 和 infinitive 现在一般翻译成定式和不定式,那是翻译的问题,如果把它们翻译成有定和无定,不会有任何问题。人们可能会说,你在做文字游戏。否!名词和动词词根的这种一致性反映印欧系语言的深层的编码机制。梵语是一种印欧系语言,对它的研究形成语文研究三大传统之一的印度传统。在巴尼尼语法诞生前的一个世纪,即公元前五世纪左右,印度曾爆发过一场关于名词和述词的关系的争论,结论是"名出于动",语法学家最后都以这一原则进行语法研究(§3.3.4)。梵语是印欧语的一种语言,其中构词法的研究是希腊—罗马传统不曾涉及的一个领域,这种"名生于动"的理论对了解印欧系语言的编码机制有重要的价值。现代英语名词的有定和无定实际上就是这种生成机制遗留下来的一种痕迹,就是说,finite 是根本的,definite 是派生的,名词、冠词的有定性实际上是在动词有定性的前提下提出来的。印欧系语言的有定性范畴的基础是谓语动词。

其次,以"主语—谓语"为结构框架的语法结构,谓语动词的人称、数、时等必须是有定的,没有一个定式动词就无法建立和主语的一致关系,无法生成合乎语法的句子。相反,和定式动词有一致关系的主语虽然在结构形式上也是不可少的,但语义上却可以是无定的,甚至还可以出现没有实际意义的虚位主语,其中最重要的就是 it 和 there。这就是说,语法结构的语义核心是有定性的动词(finite verb),一个句子可以没有其他的结构成分,但是绝不能没有一个在性、数、人称、时、式、体方面有定的动词。形态变化丰富、复杂的拉丁语和俄语就不乏这种只有一个有定性动词的句子。

第三,有定性范畴既然是语法结构的核心和枢纽,因而它在语法结构中的地位就具有恒定少变的特点。古英语原来是形态变化很丰富的语言,但在往后的发展中形态大量简化,从综合语向分析语的方向演变,但是动词的形态系统变化较少;特别是"时"(tense)的系统,至今还保存着相当复杂的形态变化。为什么?因为动词中隐含着有定性范畴,语言结构不允许它轻易发生变化;如果发生了变化,那语言的结构类型和语法结构的根本原则就会发生重大的改变。这就是说,有定性范畴是一种语言的语法结构格局的基础,非常稳固。

2.3 基于这样的认识,我们认为有定性范畴的确定不能局限于名词,而应该着眼于句法结构各组成部分之间关系,哪一种句法语义特征是驾驭整个语法体系的枢纽,直接地或间接地统率着各种语法规则,那就应该将它看成为有定性范畴。它是连接语法与语义的轴心和纽带。一种语言的语法理论如能建立在有定性范畴的基础上,它的研究方向和途径就不会发生什么问题,解释力也会比较强,反之,它就会离开自己语言的结构基础,走入歧途。印欧系语言的语法理论所以具有生命力,成为世界各国语言学家的学习目标,其原因就在于它扎根于印欧系语言的有定性范畴的研究,不管是传统语法,还是现代的语言学,语法研究的核心都是以有定性的谓语动词为基础,而后展开相关问题的研究。以乔姆斯基为代表的生成—转换理论的研究重点从转换转向生成,实际上就是从句式的转换关系转向以动词为基础的生成机制,提炼出相关的理论。印欧语研究中的各种语法理论,如配价理论、及物性理论、系统功能语法等,都是以谓语动词为基础展开相关的研究的;即使以着眼于名词的格语法,它也得以动词为基础考察"名"与"动"的关系。所以,不同的语法理论在这一点上是相当一致的,究其原因,就是它们都无法摆脱印欧语的有定性范畴的影响,不然,它的研究就会与社会的需要脱节,难以立足。

总之,印欧系语言的语法理论,从古至今,不管是这个"派",还是那个"派",都以谓语动词为中心,这就是说,这种语言的语法理论从来没有离开过自己的有定性范畴,因而是一些好的或比较好的语法理论。但是,任何理论都有它自己特定的适用范围和条件,离开这种范围和条件,它就会走向谬误。汉语的语法理论都是外来的。我们一直采用印欧系语言的语法理论,特别是英语的语法理论,来研究汉语的语法结构,但是汉语的结构基础不同于印欧语,有定性范畴不是谓语动词,因而印欧语的语法理论超越了它所适用的范围和条件,不适合,或者说,不完全适合汉语的研究。吸收异文化的研究成果,这本来是学术进步的一种表现,应该充分肯定,但现在的弊病是过分注意和强调理论的表层形态,即:人家讲"主语—谓语"的结构和与此相联系的名词、动词、形容词的划分,我们也就照葫芦画瓢,醉心于词类的划分和它们与句子成分的关系;人家以谓语动词为基础建立相应的语法理论,我们也仿效不误,而对印欧语语法理论的立论精神、即它是根据什么材料建立相应理论的来龙去脉却没有予以应有的关注。我们学习印欧语的语法理论,只能学习它的精神,而不能借用相应的概念来剪裁汉语的语言事实。印欧语语法理论的立论精神是什么?根据我们的理解,就是紧紧抓住语言的有定性范畴,并以它为基础,展开相关的研究。我们学习印欧系语言的语法理论,应该抓住这一思路的关键,弄清楚汉语的有定性范畴。

3 有定性范畴的探索和汉语语法研究

3.1 每一种语言的语法都有它自己的有定性范畴。汉语的有定性范畴,犹如前述,不同于印欧语,不是谓语动词,而是句首的话题。根据印欧语语法理论研究的启示,我们应该根据汉语有定性范畴的特点进行汉语的语法研究。前辈的语言学家已据此进行了一段摸索的过程。

3.2 汉语语法的研究最早对"有定和无定"的问题进行系统研究的是吕叔湘(1942)。他在《中国文法要略》中专门有两章分别讨论"有定"和"无定"的问题,其讨论的广度和深度远远超出当时一般语法书对这一问题的研究,不过就其解释的着眼点来说,仍旧是"一个具体的、可识别的实体(或一类实体)",很少涉及它与整体语法结构的关系。过了四年,吕叔湘(1946)对这一问题的研究前进了一大步,针对"榻上坐着一老子""今儿偏偏来了个刘老老"和"大树大皮裹,小树小皮裹""这个理我就不明白了"这两类语言现象,对有定性与句法结构的关系进行具体而深入的考察。他指出,前一类现象"有几个特点可以注意:① 里边的动词是很有限制的,不但是必须是无受事的,并且大多数是指示身体的运动或变化的。② ……动词前头大多数有表处所或时间的附加语,极少直接用动词起头的。③ 这个施事实体词大多数是无定性的,可以用'有'字把它提到动词前的位置上去,如'榻上坐着一老子'可以改成'榻上有一老子坐着'";这一原理虽有例外,出现了有定性的人或物,但其前面加了个"一""一个","仿佛把这些作无定性的人或物看待似的"。至于后一类"大树大皮裹,小树小皮裹"的现象,吕先生认为它的特点是:"它的受事词必须是有定的,不是有指示词(写出或隐藏)或领格限定,就是周遍性的。我们遇不着无定性的例子。"这就是说,后置的施事是无定的,而前置的受事则是有定的,"±有定性"是结构成分的语序发生变动的原因。吕叔湘联系这些语言事实讨论汉语语法的结构特点,提出了一些独特的看法,认为汉语的句法分析比印欧语言困难的原因有两个:"一,隐藏和省略的部分太多;二,缺少语形变化的依据。"由于此,"我们所能凭藉的只有位置和施受关系这两项,而这两项评准给我们的答案,有时候一致,有时候不一致",因而汉语主宾语的确定"原则上以施事词为主语,以受事词为宾语;但在只有受事词的句子里,要是受事词位置在动词之前,也算是主语"。显然,吕先生在这里偏重于语义标准,"位置"仅仅作为一种参考,认为"国语既没有语形等等的顾虑,又何妨把这个原则充分应用开来;除了极少数例外,每个句子里实体词和动词的施受关系是不难确定的。既把主语限于施事词,没有施事词的句子就算没有主语,不必再有被动句的说法。可是我们必须承认这种分析法的前提:句子不必都有主语。要是觉得这样不合适,也不妨不立'主语'和'宾语'的名目,干脆就称'施事'和'受事'","甘愿冒重复啰唆的危险,再把这个问题说一遍:分析国语的句子,是不是可以只讲施事受事,不讲主语宾语? ……"。如果顺着这一思路发展,汉语语法的研究可能会早一些走上独立研究的道路。

20 世纪 40 年代汉语语法关于"±有定性"及其相关问题的研究已经达到了相当高的水平,但遗憾的是,在 50 年代的主、宾语问题的讨论中竟然很少有人谈及"±有定性"与汉语句法结构的关系。这主要是由于西方语言理论的深刻影响。当时正是结构语言学的发展的黄金时期,它的研究方法经过赵元任等的介绍而对汉语语法研究产生了深刻的影响。这是语言学的结构主义思潮,刚刚开始探索独立的汉语语法研究道路的中国语言学根本无法与之抗衡,连位置与施受关系并重的吕叔湘也向重位置的结构分析法转移。语法研究就不再探索"±有定"和语法结构的关系,只能说明它离开汉语的结构特点越来越远。

3.3 《马氏文通》以来,汉语语法研究的理论和方法大体上都是随着西方语言学理论的发展而变化的。60 年代末,随着结构语言学的衰落,活跃在欧美的华裔语言学家开始从新的视角探索汉语语法研究的道路,重新审视有定性范畴在语法结构中的地位,其中最重要的就是赵元任(1968),将"±有定性"纳入整个语法体系中去考察,明确提出"有一种强烈的趋势,主语所指的事物是有定的,宾语所指的事物是无定的"。他为此列举了这样一些例子:

  水开了。：发水了。   火着了。：着火了。
  我要请客。：客来了。   哪儿有书？：书在哪儿？
  我看完了书了。：书看完了吗？

处于句首位置上的语言成分都是话题,表有定性,而"宾语"位置上的结构单位所指的事物则是无定的。确实,就句法结构的总的倾向来说,句首位置大多是"话题"的有定性的一个重要的形式标志。除此之外,赵元任还列举了其他的一些形式特征:"这个""那个"表有定,"一个"表无定,"人们不太愿意在句子起头用'一个''一件',宁可说'有一个''有个',甚至光说'有'(有人来了)";"周遍性的事物如'个个儿人''件件事'被认为是有定性的,必得搁在前头(双双鞋都穿破了)"。这些特征都是有定性的形式标记。§19.1.3①的讨论实际上只是这一分析的理论化、条理化。

形式标记具有系统性。赵元任所列出的形式标记大致可分两类,一是限定字的标记,二是句首话题的位置,就句法关系而言,后者显得更为重要,因为任何一个字、字组或字块,不管它是"名"性的,还是"动"性的,只要一进入句首的"话题"位置,就自然而然地获得了有定性的特征。先请比较下列例句:

  (1) 走行,不走也行。   走了就好了。
  (2) 光说没用。   说比做容易。
  (3) 打是痛,骂是爱。   站着不动很难。

---

① 即本文第一节第三小节。——编者注。

(4) 干净最重要。　　　　　　干干净净的舒服。

例(1)、(2)、(3)引自赵元任的《汉语口语语法》，例(4)是朱德熙的用例。所以选用他们用过的例子，主要是为了说明问题，即出现在"话题"位置上的不光有"光杆普通名词"，而且还有现在的语法书称之为"动词"和"形容词"的结构单位。这些处于"话题"位置上的"动词"或"形容词"，不管它们原来具有什么样的特征，现在都有了有定的性质，指称一种确实存在的现实现象。像例(1)的"走"不是指有连续性特征的动作，而是指"走"还是"不走"这样的一个特定事件。例(2)、(3)两例的"说""打""骂""站着不动"和例(4)的"干净""干干净净的"，情况与"走"一样，不是指动作或性状，而是指事件。面对这些现象，反对动词、形容词"名物化"理论的朱德熙(1961b；1982a，101)也不得不承认"这些动作、行为、性质、状态等等已经事物化了，即变成了可以指称的对象"。这些现象都清楚地说明，"话题"位置上的结构单位具有统一的语义特征，即有定性；或者反过来说，凡是具有有定性特征的结构单位都可以进入话题的位置，如§19.1.3①的表中的A、B、C三组的结构单位，因其有定性可以自由地进入这一句法语义的位置。

3.4　经过几十年断断续续的探索，汉语有定性范畴的探索取得了一些成效，其中最重要的共识就是句首的"主语"表有定，"宾语"表无定。至于汉语的有定性范畴能不能成为调节汉语语法结构的一个"纲"？这需要语言事实的检验，主要是考察它能否成为调节句法语义结构的"杠杆"。先请比较下面一般认为是汉语语法结构特点的几条规则：

(1)"主语"表有定性，处于句首的位置；

(2)受事主语句特别丰富；

(3)句首的介字可以省略（"对这个问题我有意见～这个问题我有意见"）；

(4)主谓谓语句；

---

① 即本文第一节第三小节。——编者注。

(5) 周遍性主语句,特别是其中的重叠表周遍性("家家都有一本难念的经");

(6) "把"字句;

(7) "被"字句;

(8) 存现句(如"台上坐着主席团")。

这些规则所体现的语法结构确是汉语的特点,无法用印欧语的语法理论来分析。但是这些语法结构规则的特点"特"在什么地方? 就是"特"在有定性还是无定性上。从规则(1)到规则(7),表面看起来有 7 条规则,但从语义句法的结构规则来说,这里只有一条有定性的语义规则,这就是:有定性的结构成分处于句首话题的位置或可以调整到句首话题的位置,否则就需要有特定的语法标记。现在参照上述规则的顺序顺次加以说明:

(1) 有定性的结构成分处于句首的位置充当话题。这是一条基本的有定性规则,小孩儿学话首先得掌握这条规则,而后才能学会其他相关的规则。我们可以这条规则为参照点进行分析。

(2) 句中如有两个或多个有定性结构成分,那对句法结构的调整和变化就会产生重大的影响:"陈述"中的有定性结构成分可以移至句首,这就产生诸如"受事主语句""主谓谓语句"之类的结构;如果不是移至句首,而是移至接近句首话题的位置而强调它是一种被处置的对象,则可用"把"字移位;如果要移动句首的有定性结构成分的位置,改变其话题主动性的句法语义地位,那可以用"被"字移位;如于理解无碍,"被"字可省略(如"桌子〔被〕他移动了一下")。

(3) 这种省略"被"字的结构、句首介字省略的规则和前述因有定性的受事移至句首而形成的所谓"受事主语句",这些都是形成汉语"主谓谓语句"的重要途径和原因。这些原因使句首的位置可以依次出现两个或两个以上的有定性成分,其排列的顺序大体上根据说话人想要突出谈话主题的重要性程度而定,一般都把想要强调的重点放在前面,形成由远及近,层层套合的所谓"主谓谓语句"。

(4) 周遍性表有定性的结构成分只能置于句首做话题。

所以,从规则(1)到规则(7),这些表面上看起来没有联系的规则实际上只是同一条有定性语义规则的不同变体;抓住了有定性,也就抓住了统率这些规则的"纲"。规则(8)里的"主席团"是无定的,因而不能调整至句首的位置,我们把它放在这里是为了便于和前7例规则进行比较。生活在汉语社团中的人一旦学会了汉语,也就会得心应手地用这种有定性规则来灵活运用相关的表现形式。语法研究有"从外到内"和"从内到外"两条路子(§14.3.2),有定性范畴和前7条规则之间的关系就是这种"内"与"外"的关系的具体表现,我们可以从有定性规则的"内"来了解"受事主语句""主谓谓语句"之类的"外",即使碰到一些例外,也可以从"±有定性"的关系中得到合理的语义解释。语法研究的理论和方法不大好说对与错,但是可以分出好与坏,衡量的标准就是简明和有解释力,凡是能用简明的规则解释尽可能多而广泛的语言现象,它就是一种比较好的理论和方法。和现行的语法理论相比,有定性的语义规则显然比现在流行的语法理论简明而有解释力,可以清楚地揭示出上述不同规则之间的内在联系,对"内"与"外"进行统一的分析。现在的语法理论对上述的规则进行个别的研究也是需要的,问题是没有从"外"进到"内",抓住统一的结构原则。上述的分析可以从一个侧面说明有定性范畴在语法结构中的核心地位。

引用书目

陈　平,1987,《释汉语中与名词性成分相关的四组概念》,《现代语言学研究》,重庆出版社,1991。

陈　平,1988,《论现代汉语时间系统的三元结构》,同上。

克里斯特尔(D. Crystal),1997,《现代语言学词典》,商务印书馆,2000。

吕叔湘,1942,《中国文法要略》,商务印书馆,1982年重印。

吕叔湘,1946,《从主宾语的分别谈国语句子的分析》,同上。

赵元任,1968,《汉语口语语法》,商务印书馆,1979。

朱德熙,1861b,《关于动词形容词"名物化"的问题》,《现代汉语语法研究》,商务印书馆,1980。

朱德熙,1982a,《语法讲义》,商务印书馆。

徐通锵先生主要学术活动年表

1931年11月16日，出生于浙江宁海县北乡的一个小山村。

1946年9月—1949年6月，就读于奉化中学初中。初中毕业后同时考取浙江省立宁波中学和浙江省立宁波高级工业学校。但最终违背父亲的意愿，放弃了可保以后衣食无忧的工业学校，选择继续读高中。

1949年9月—1952年7月，就读于浙江省立宁波中学高中。

1952年秋，考入北京大学中文系。最初倾心文学，后转向语言学，此后专心于语言学的研究。

1956年，毕业留校，在中文系语言学教研室任高名凯先生助教。同年暑期去河北涿鹿县做方言调查，并与唐作藩先生合写了《涿鹿人怎样学习普通话》（油印稿）。

1958年初—1959年初，下放至门头沟区清水乡上达摩村劳动。

1959年，参加《语言学基础》教材的编写。同年随袁家骅先生去山西大同、朔县调查方言。

1960年，与武彦选先生一起带学生赴河南洛阳调查方言。同年在《中国语文》1960年第12期发表《评岑麒祥的〈普通语言学〉》，署名薄鸣。

1961年，与陆俭明先生合作，在《中国语文》1961年第4期发表《论语言发展的原因和规律》，署名薄鸣、俭明。同年在《中国语文》1961年第8期发表《谈词义和概念的关系问题》，署名薄鸣。

1963年，在《北京大学学报（人文科学版）》1963年第2期，发表《词义和概念》，署名薄鸣。同年去工厂搞"四清"。

1964年，和王福堂先生去山西太谷调查方言。同年去湖北江陵农村劳动，搞"四清"。

1965年，在《中国语文》1965年第2期发表《对结构主义语言学分布原则的几点批判》。

1966年,"文革"开始,被打为"黑帮爪牙",在圆明园农场树村大队劳动。

1969—1971年,下放至江西干校劳动。

1973年,与中文系王福堂先生、唐作藩先生等带学生去湖南韶山,一边劳动,一边调查方言。

1975年9月—1976年9月,在平谷许家坞和昌平"200号"下放劳动。

1979年,开始与叶蜚声先生合作,梳理综述中国现代语言研究历史,探索西方语言学理论和汉语研究相结合的途径。与叶蜚声先生合作在《中国语文》1979年第3期发表《"五四"以来汉语语法研究评述》。同年聘任为北京大学中文系副教授。

1980年,与叶蜚声先生合作在《语文研究》1980年第1期发表《历史比较法和〈切韵〉音系的研究》,在《北京大学学报》1980年第3期发表《译音对勘与汉语的音韵研究》。同年去山西太原调查方言。

1981年,在《语文研究》1981年第1期发表《内部拟测法和汉语上古音系的研究》。同年,与叶蜚声先生合作写出《语言学纲要》书稿。

1981年,与叶蜚声先生合著的《语言学纲要》由北京大学出版社出版。同年,在商务印书馆出版的《语言学论丛》第七辑发表论文《历史上汉语和其他语言的融合问题说略》。在《中国语文》1981年第6期发表论文《山西平定方言的儿化和晋中的所谓"嵌 l 词"》。

1982年9月—1983年9月,赴美国加州(柏克莱)进修访学,主修历史语言学。回国后开设"历史语言学"课程。

1984年,任中文系语言学教研室主任。同年,访美期间整理的访谈录《美国语言学家谈历史语言学》发表于商务印书馆出版的《语言学论丛》第十三辑;论文《山西祁县方言的新韵尾-m 与-β》发表于《语文研究》1984年第3期。

1985年4月—6月,在山西闻喜和祁县调查方言。11月,参加第五届中国少数民族双语教学研究会第五届学术讨论会,提交报告《说变异》。同年,在《中国语文》1985年第3期发表论文《宁波方言的"鸭"

[ɛ]类词和"儿化"的残迹——从残存现象看语言的发展》；在《中国语文》1985 年第 6 期发表论文《语言研究的发展和五年来的〈语文研究〉》，此文摘要后转载于《语文研究》1986 年第 1 期。同年受聘为北大中文系教授。

1986 年，与王洪君先生合作论文《说"变异"——山西祁县方言音系的特点及其对音变理论的启示》发表于《语言研究》1986 年第 1 期，后收入山西人民出版社 1989 年出版的《山西方言研究》。与王洪君合作论文《山西闻喜方言的声调——附论"每一个词都有它自己的历史"》发表于《语文研究》1986 年第 4 期。论文《近年来中国语言学的若干变化》发表于《语文导报》1986 年第 11 期、第 12 期。同年 5 月，论文《宁波方言的"鸭"[ɛ]类词和"儿化"的残迹》获北京大学首届科学研究成果论文一等奖。同年还获北京大学、北京市高教局和北京市教工会颁发的"为人民教育事业辛勤工作三十年"表彰证书。

1987 年，至宁波天一阁查阅《鄞县通志》等资料，并调查当地方言。同年，连续在《语文导报》1987 年第 8 期、第 9 期、第 10 期上发表《语言研究方法的历史嬗变》。11 月，论文《宁波方言的"鸭"[ɛ]类词和"儿化"的残迹》获北京市哲学社会科学和政策研究优秀成果二等奖。在《语言研究论丛》第三辑（南开大学中文系《语言研究论丛》编委会编）发表论文《语言发展的不平衡性和历史比较研究》；在《语文研究》1987 年第 4 期和 1988 年第 1 期发表论文《语言变异的研究和语言研究方法论的转折》。

1988 年 1 月，与叶蜚声先生合著的《语言学纲要》获国家教委高等学校优秀教材二等奖。同年，在《烟台大学学报》1988 年第 3 期发表论文《语言变异的研究和两种对立语言观的结合》；与王洪君先生合作论文《梅耶〈历史语言学中的比较方法〉选评》发表于胡明扬主编的《西方语言学名著选读》（中国人民大学出版社同年 12 月出版）。同年 12 月，在《中国语言学报》1989 年第三期发表论文《音系中的变异和内部拟测》（商务印书馆出版）。

1989 年，在《语言教学与研究》1989 年第 2 期发表论文《语言理论研究的现状和对今后研究工作的几点建议》；在《中国语文》1989 年第 2

期发表《变异中的时间和语言研究》。同年获博士生导师资格。

1990年，在《中国语文》1990年第1期发表论文《结构的不平衡性和语言演变的原因》；在《语文研究》1990年第1期发表论文《山西方言古浊塞音、浊塞擦音今音的三种类型和语言史的研究》；在《语文研究》1990年第4期发表《进一步加强山西方言的研究——纪念〈语文研究〉创刊十周年》。

1991年，论著《历史语言学》由商务印书馆出版。同年，论文《百年来宁波音系的演变》发表于《语言学论丛》第十六辑（商务印书馆出版）；论文《结合——语言理论研究的发展趋向》，发表于《语文研究》1991年第2期；论文《语义句法刍议——语言的结构基础和语法研究的方法论初探》，发表于《语言教学与研究》1991年第3期，该篇论文又收入李瑞华主编的《英汉语言文化对比研究》（1990—1994）（上海外语教育出版社1996年出版）。同年，参加国家汉办召开汉语语法研究座谈会（清华园），第一次宣讲字本位主张。

1992年10月，获得国务院授发的政府特殊津贴证书。12月，参加香港"华语区语言学教学研讨会"，发表论文《在"结合"的道路上摸索前进》，Newsletter No.13（香港），受到国内外专家关注。

1993年6月，论著《历史语言学》获北京大学第四届科学研究成果著作二等奖。10月，参加中国语言学会第七届学术年会，讲述字本位理论。12月，被东北师范大学出版社聘请为《中国现代语言学丛书》常务编委。同年，《徐通锵自选集》（自选论文集）由河南教育出版社出版。

1994年，论文《"字"和汉语的句法结构》发表于《世界汉语教学》1994年第2期，该论文又收入李瑞华主编的《英汉语言文化对比研究》（1990—1994）（上海外语教育出版社1996年出版）；论文《"字"和汉语研究的方法论——兼评汉语研究中的"印欧语眼光"》发表于《世界汉语教学》1994年第3期；论文《音系的结构格局和内部拟测法——汉语的介音对声母系统演变的影响》发表于《语文研究》1994年第3期、第4期；论文《文白异读与语言史的研究》发表于余志鸿主编的《现代语言学》（第三届全国现代语言学会议论文集）（语文出版社出版）。同年11月，论著《历史语言学》获北京市第三届哲学社会科学优秀成果一等奖。

1995年,论文《加强"字"的研究,推进中国语言学的发展》在《语言文字应用》1995年第1期发表。同年12月,论著《历史语言学》获全国高等学校人文社会科学研究优秀成果奖一等奖。

1996年,论文《阴阳对转新论》发表于山西教育出版社1996年出版的《语文新论》,该篇论文还收入《北京大学百年国学文粹》(北京大学出版社1998年出版)。论文《音系的非线性结构原理和语音史的研究》发表于《民族语文》1996年第6期;与王洪君先生合作的论文《改革开放以来的中国理论语言学》发表于许嘉璐先生等主编的《中国语言学现状与展望》(外语教学与研究出版社出版)。同年,论文集《汉语研究方法论初探》由商务印书馆出版。

1997年,论文《有定性范畴和语言的语法研究》发表于《语言研究》1997年第1期;论文《核心字和汉语的语义构辞法》发表于《语文研究》1997年第3期;字本位理论的论著《语言论——语义型语言的结构原理和研究方法》由东北师范大学出版社出版。同年12月,受聘为国家教育委员会人文社科研究专家咨询委员会委员。

1998年,论文《中西语言学的结合应以字的研究为基础》发表于《语言文字应用》1998年第1期;论文《声母语音特征的变化和声调的起源》发表于《民族语文》1998年第1期;论文《自动和使动——汉语语义句法的两种基本句式及其历史演变》发表于《世界汉语教学》1998年第1期;论文《说"字"——附论语言基本结构单位的鉴别标准、基本特征和它与语言理论建设的关系》发表于《语文研究》1998年第3期;与陈保亚先生合作的《二十世纪的中国历史语言学》发表于刘坚主编的《二十世纪的中国语言学》(北京大学出版社出版)。同年9月,论著《语言论》被评为1997年度吉林省长白山优秀图书一等奖,12月,该论著获北京市第五届哲学社会科学优秀成果二等奖。

1999年,论文《"字"和汉语语义句法的生成机制》发表于《语言文字应用》1999年第1期;论文《汉语的特点和语言共性的研究》发表于《语文研究》1999年第4期;论文《"字"和汉语的语义句法》收入马庆株编的《语法研究入门》(商务印书馆出版)。同年7月,被黑龙江大学聘为客座教授;10月,被华中师范大学语言学系聘请为客座教授;11月,被首都师范大学语言研究中心特聘为顾问兼客座教授。

2000年,参加首届中国语言学史研讨会,与会致辞。论文《说"本位"——字的研究和语言理论建设》发表于江蓝生、侯精一主编的《汉语现状与历史的研究》(中国社会科学出版社出版);论文《高名凯先生和他的语言理论研究》发表于《燕京学报》第8期(北京大学出版社出版);论文《〈马氏文通〉与中西语言学结合的道路》发表于论文集《面对新世纪挑战的现代汉语语法研究》(山东教育出版社出版)。同年10月,提交《教育部语言学"十五"研究规划咨询报告》。

2001年,论文《字和汉语语义句法的基本结构原理》发表于《语言文字应用》2001年第1期;论文《编码机制的调整和汉语语汇系统的发展》发表于《语言研究》2001年第1期;论文《说"结合"——就汉语音韵的研究论中西语言学结合的途径》发表于《语言学问题集刊》第1辑(吉林人民出版社出版);论文《声调起源研究方法论问题再议》发表于《民族语文》2001年第5期;论文《对比和汉语语法研究的方法论》发表于《语言研究》2001年第4期,该篇论文又收入王菊泉、郑立信编的《英汉语言文化对比研究》(1995—2003)(上海外语教育出版社2004年出版)。同年,论著《基础语言学教程》由北京大学出版社出版。

2002年1月,受聘为商务印书馆语言学出版基金评议委员;8月,参加上海华东师范大学"中国英汉语比较研究会第五次国际学术研讨会",宣讲论文《字的语法化的"阶"和汉语语义句法的生成》;9月,参加山西"第二届晋语学术研讨会",在会上做了学术报告;11月,在中国海洋大学文学院做理论语言学专题"名家课程"的讲授。同年,论文《"改革开放"以来的语言理论研究》发表于《广播电视大学学报》2002年第2期。6月,被北京大学党委评为"优秀共产党员"。

2003年,论文《音节的音义关联和汉语的变音》发表于《语文研究》2003年第3期。同年11月,受聘为中国海洋大学客座教授,并在该校"名家课程"系列中讲授了"字本位"理论,其间接受中国海洋大学文学院孟华和黄亚平的访问,访谈录音稿整理为《从语言学的中西古今的结合中探索语言理论研究的途径》,附在论著《汉语结构的基本原理——字本位和语言研究》一书后面。同年12月,接受北京外国语大学张宜访问,录音整理稿《徐通锵教授谈语言理论研究》,发表于《外语教学与研究》2004 年第 4 期,又作为附录收入《汉语结构的基本原理——字本位和语言研究》(中国海洋大学出版社 2005 年出版)。

2004 年,论文《思维方式与语法研究的方法论》发表于《北京大学学报(哲学社会学版)》2004 年第 1 期;论文《字的语法化的"阶"和汉语语义句法的生成》发表于杨自俭主编的《英汉语比较与翻译》(5)(上海外语教育出版社出版);论文《音变的规律和汉语方言的分区》发表于《南开语言学刊》第四辑(南开大学出版社出版);论文《编码的理据性和汉语语义语法形态的历史演变》发表于《语言学论丛》第三十辑(商务印书馆出版)。同年自选论文集《汉语研究方法论初探》由商务印书馆出版。同年 6 月,受聘为教育部社会科学委员会委员。12 月,全国首届汉语字本位理论专题研讨会在中国海洋大学(青岛)召开,做了《结构单位的重新分析和汉语语义语法研究》专题报告,会后第二次在海洋大学讲授"名家课程"。

2005 年 1 月,论著《基础语言学教程》获"北京高等教育精品教材"奖;4 月,在济南东方大厦主持召开第一次"汉语字本位研究丛书"编委会会议,讨论学术背景、理论建设应用研究等问题,落实了第一辑的写作计划,与山东教育出版社签订了出版合同;10 月,参加由浙江大学汉语史研究中心、浙江省语言学会等主办的"新世纪汉语研究暨浙江语言学研究回顾与前瞻国际高级论坛",讲演题目"汉语特点的研究和语言理论建设"。同年,论文《字本位和语言研究》发表于《语言教学与研究》2005 年第 6 期。论著《汉语结构的基本原理——字本位和语言研究》由中国海洋大学出版社出版;论文《字的重新分析和汉语语义语法研究》发表于《语文研究》2005 年第 3 期。

2006 年,论文《汉字与认知》发表于戴汝潜主编的《识字教育科学化教学汇粹》(中国轻工业出版社出版)。论文《思维方式与语法研究的方法论》被评为第七届北京大学学报优秀论文。同年 7 月结束研究生必修课"语言研究方法论"在北大的最后一期授课。同年 11 月 25 日,因病在北京辞世。

2007 年,遗著《语言学是什么》由北京大学出版社出版。

2008年,遗著《汉语字本位语法导论》由山东教育出版社出版;遗作《字本位基础理论》发表于杨自俭主编的《字本位理论与应用研究》(山东教育出版社出版)。

编后记

《徐通锵文选》是北京大学中文系为纪念百年系庆出版的《北大中文文库》系列中的一部。我很荣幸承担这部文集的选编工作。

选编的原则是尽量较完整地反映徐通锵先生语言学思想,选取代表性著述,同时侧重后期的著述。选编内容除选自论著《汉语字本位语法导论》中的三篇小标题序号有调整外,其余一律未做任何改动。为方便阅读,一些地方加了编者注,并撰写了"前言"及"徐通锵先生主要学术活动年表",供读者参考。选编注释中的疏漏之处,恳请广大读者批评与指正。

选编过程中徐师母丁宁真老师曾提供资料上的帮助,中文系语言学教研室的其他老师们曾阅览了本书"前言"并提出了宝贵意见,北大出版社编辑欧慧英、李凌在排印中付出辛勤劳动,在此谨致谢忱。

适逢徐通锵先生诞辰80周年,谨以此纪念。

李 娟
2010年8月